MEINOLF DIERKES

Produktivität und Expansion

Beiträge zur Verhaltensforschung

Herausgegeben von Prof. Dr. Dr. h. c. G. Schmölders, Köln

Heft 13

Produktivität und Expansion

Ein Beitrag zur empirischen Theorie des Wirtschaftswachstums und des Unternehmerverhaltens

Von

Dr. Meinolf Dierkes

DUNCKER & HUMBLOT / BERLIN

Gedruckt 1971 bei Alb. Sayffaerth, Berlin 61
Printed in Germany

ISBN 3 428 02450 8

Inhaltsverzeichnis

Einführung

Die große Hoffnung, die Gesetze zu finden, welche die langfristige Entwicklung des Sozialproduktes bestimmen[1], hat die Wirtschaftswissenschaft seit den Anfängen der klassischen Schule zu immer neuen Anstrengungen und Versuchen getrieben. Die bibliothekenfüllende Literatur zeigt, wie stark gerade Fragen der wirtschaftlichen Entwicklung die Nationalökonomen aller Zeiten bewegt haben. Die Kluft jedoch, die zwischen der Realität des Wirtschaftslebens und den Ansätzen der herrschenden nationalökonomischen Theorie mit ihrer Vielzahl von „heroic simplifications" klafft, wird auf keinem Gebiet so deutlich wie gerade im Bereich der Wachstumstheorie.

Das sich immer wieder offenbarende Versagen der aus ihr abgeleiteten Wirtschaftsprognosen und die — vor allem im Hinblick auf die wenig entwickelten Länder — auffallende Wirkungslosigkeit der von ihr empfohlenen wirtschaftspolitischen Maßnahmen[2] machen die Unzulänglichkeit einer Theorie, die heute zu einem „Ritual logischer Exerzitien im Sprachgebrauch der Ökonomie"[3] denaturiert worden ist, stets aufs neue deutlich. Diese Kritik richtet sich nicht so sehr gegen einzelne wachstumstheoretische Modelle, sondern vielmehr gegen das „nahezu allen Theoretikern bisher gemeinsame Vorgehen bei der Erstellung ihrer Modellansätze"[4], die sich „statt den wirtschaftenden Menschen der ökonomischen Realität zu beachten und s e i n Verhalten"[5] zu analysieren, meist nur darauf konzentrieren, im ökonomischen Wunderland der strengen Rationalität das wachstumsrelevante „Verhalten" der Arbeit und des Kapitals zu erfassen.

---

[1] *Bombach*, G.: Artikel „Wirtschaftswachstum", in: HdSW, Bd. 12, Stuttgart—Tübingen—Göttingen 1965, S. 467.

[2] Vgl. *Dürr*, E.: Alternativen der Wachstumsplanung in Entwicklungsländern, in: Wirtschaftspolitische Chronik, Heft 1, 1969, S. 83.

[3] *Schmölders*, G.: Geleitwort zu Wirtschaftstheorie als Verhaltenstheorie — ein Symposion der Forschungsstelle für empirische Sozialökonomik, Berlin 1969, S. 7.

[4] *v. Weizsäcker*, Chr. C.: Möglichkeiten methodischer Neuansätze in der Wachstumstheorie, in: Hoffmann, W. G. (ed.), Beiträge zur Wachstumstheorie, Tübingen 1969, S. 51.

[5] *Schmölders*, G.: Der private Haushalt als Gegenstand der Verhaltensforschung, in: Schneider, Fr. (ed.), Die Finanzen des privaten Haushalts, Festschrift für Walter Kaminski zum 70. Geburtstag, Frankfurt 1969, S. 45.

Diese Unzulänglichkeiten der neoklassischen Wachstumsanalyse[6] lassen die Forderung nach einer „positiven Theorie, die es besser macht als die heute existierende Wachstumstheorie“[7], laut werden — einer Theorie also, die das wachstumsrelevante Verhalten des Menschen zu erklären versucht, so wie es in der Realität zu beobachten ist, ohne von unrealistischen und ungeprüften Verhaltensannahmen auszugehen. Diese Forderung resultiert letztlich aus der Überzeugung, daß „die Sozialökonomik eine empirische Wissenschaft ist, die sich darum bemühen muß, die Phänomene der ökonomischen Realität zu erklären; sie muß daher ihre Aussagen von vornherein so formulieren, daß sie an dieser Realität überprüft und gegebenenfalls modifiziert werden können“[8].

Zur Entwicklung einer so verstandenen empirischen Wachstumstheorie will die vorliegende Arbeit einen Beitrag leisten. Aufbauend auf den bisherigen theoretischen[9] und empirischen Forschungen[10] der sozio-ökonomischen Wachstumsanalyse wird versucht, mit Hilfe der Fragestellung, der Methoden und der Techniken der sozial-ökonomischen Verhaltensforschung, die sich auf anderen Teilgebieten bereits bewährt haben, „die Diskussion darüber anzuregen, wie die Theorie der Wirtschaftsentwicklung durch diese Forschungsrichtung bereichert und in ihrer praktischen Brauchbarkeit gestärkt werden kann“[11].

Im grundlegenden, theoretischen Teil werden zunächst die methodischen Anforderungen an eine empirische Theorie des Wirtschaftswachstums dargestellt und die bisherigen nationalökonomischen Wachstumstheorien daraufhin analysiert, inwieweit sie diesen Ansprüchen gerecht werden oder — soweit sie diese Forderungen nicht erfüllen — in welchem Umfang doch wenigstens ihre Ansätze und Hypothesen für den Aufbau einer empirischen Wachstumstheorie verwendet werden können. Ein zweiter Abschnitt dieses theoretischen Teiles diskutiert dann den Rahmen, in dem eine Wachstumstheorie, die den Anspruch erhebt, empirisch

---

[6] Vgl. *Föhl*, C.: Inwieweit ist Wirtschaftswachstum machbar?, Berlin-München 1968, S. 5.

[7] *v. Weizsäcker*, Chr. C.: Möglichkeiten methodischer Neuansätze in der Wachstumstheorie, S. 51.

[8] *Schmölders*, G.: Geleitwort zu „Wirtschaftstheorie als Verhaltenstheorie“, S. 7.

[9] Vgl. *Schmölders*, G.: Der Beitrag der Verhaltensforschung zur Theorie der wirtschaftlichen Entwicklung, in: Kloten, N., et al. (ed.), Systeme und Methoden in den Wirtschafts- und Sozialwissenschaften, Erwin von Beckerath zum 75. Geburtstag, Tübingen 1964, S. 363 f.; *Lewis*, A.: Theorie des wirtschaftlichen Wachstums, Tübingen-Zürich 1956; *Braibanti*, R. and *Spengler*, J. (ed.): Tradition, Values and socio economic Development, Durham 1961.

[10] Vgl. z. B. *McClelland*, D.: The Achieving Society, Princeton 1961, Deutsche Ausgabe: Die Leistungsgesellschaft, hrsg. von Wendt, J. und Fleischmann, G., Stuttgart—Berlin—Köln—Mainz 1966.

[11] *Schmölders*, G.: Der Beitrag der Verhaltensforschung zur Theorie der wirtschaftlichen Entwicklung, S. 363.

zu sein, erarbeitet werden muß. Es zeigt sich dabei, daß dazu ein interdisziplinärer Ansatz erforderlich ist, daß also der Ökonom hier „auf wechselseitigen Austausch mit den benachbarten Wissenschaften vom Menschen, vor allem mit der Soziologie, der Anthropologie und der Wissenschaft von der Politik angewiesen ist“[12]. Dieser interdisziplinäre Ansatz muß notwendig mikroökonomisch fundiert sein, da eine empirische Wachstumstheorie „nicht in makroökonomischen Begriffen von hohem Aggregationsgrad“[13] erstellt werden kann, sondern sich vielmehr den Trägern der Entwicklung, d. h. direkt den einzelnen Wirtschaftseinheiten zuwenden muß, die durch ihre Entscheidungen den Ablauf des wirtschaftlichen Geschehens bestimmen.

Auf der Basis dieser Rahmenbedingungen einer empirischen Wachstumstheorie wird in der vorliegenden Untersuchung der Beitrag der Unternehmungen zum wirtschaftlichen Wachstum analysiert. Da der Produktionsfunktion als Verhaltensfunktion eine Schlüsselrolle bei der Erklärung des wachstumsrelevanten Unternehmerverhaltens zukommt[14], wird zunächst — in Auseinandersetzung mit der herrschenden Produktionstheorie — versucht, eine empirische dynamische mikroökonomische Produktionsfunktion aufzustellen und daraus abzuleiten, in welchen Bereichen Unternehmungen zum Wirtschaftswachstum beitragen können. Sodann werden die zentrale Hypothese über wachstumsförderndes oder -hemmendes Unternehmerverhalten in diesen Bereichen und die Faktoren entwickelt, die dieses Verhalten beeinflussen. Besteht auch die Zielsetzung im wesentlichen darin, Hypothesen über das wachstumsrelevante Unternehmungshandeln und seine Einflußfaktoren aufzustellen und empirisch zu überprüfen, so wird doch auch kurz auf den Beitrag eingegangen, den die übrigen Wirtschaftssubjekte, die Haushalte[15], der Staat und die Außenwirtschaft zum gesamtwirtschaftlichen Wachstum leisten; dadurch sollen die bisherigen Ansätze einer empirischen Wachstumstheorie geschlossen dargestellt und darüber hinaus Möglichkeiten gezeigt werden, wie aus diesen einzelnen Teilstücken einer empirischen Theorie der Wirtschaftsentwicklung ein Gesamtmodell zu erstellen wäre.

Der empirische Teil stellt sich anschließend eine erste Überprüfung des dargestellten Angebotsmodells einer empirischen Wachstumstheorie zur Aufgabe, die am Beispielsfall der kleinen und mittleren Unternehmun-

---

[12] Ebenda.

[13] *Schneider*, E.: Einige Bemerkungen zur Theorie des wirtschaftlichen Wachstums, in: Money, Growth, and Methodology, Festschrift für Johan Åkerman, Lund 1961, S. 30.

[14] Vgl. *v. Weizsäcker*, Chr. C.: Möglichkeiten methodischer Neuansätze in der Wachstumstheorie, S. 52.

[15] Eine ausführliche Darstellung des Nachfragemodells sowie seine empirische Überprüfung ist zu finden bei *Biervert*, B.: Der Beitrag der Haushalte zum wirtschaftlichen Wachstum, Berlin 1969.

gen in Frankreich durchgeführt wird. Warum sich relativ kleine Wirtschaftseinheiten als Untersuchungsobjekte für diesen ersten emprischen Test besonders empfehlen und aus welchen Gründen gerade die französische Wirtschaft für diesen Test ausgesucht wurde, wird des näheren begründet. Eine Auswahl der im theoretischen Teil beschriebenen Hypothesen über ein wachstumsförderndes oder -hemmendes Unternehmungshandeln wird sodann empirisch überprüft und anschließend versucht, die getesteten Hypothesen in einem funktionalen Zusammenhang zu erfassen. Den Abschluß des empirischen Teils bildet die Überprüfung der Erklärungsebene, d. h. einer Auswahl von Determinanten eines wachstumshemmenden oder fördernden Unternehmungshandelns.

A. Allgemeiner Teil

Ansätze zu einer empirischen Wachstumstheorie

I. Anforderungen an eine empirische Theorie des wirtschaftlichen Wachstums

Alle wesentlichen Kriterien für die Anforderungen, die an eine wissenschaftliche Theorie unabdingbar gestellt werden müssen, ergeben sich aus den Zielen der jeweiligen Wissenschaft[1]. Die Anforderungen an eine Theorie des wirtschaftlichen Wachstums als Teil der nationalökonomischen Theorie[2] müssen somit aus den Zielen, die der Volkswirtschaftslehre als Wissenschaft gesetzt sind, abgeleitet werden. Sieht man die Sozialökonomik als empirische Wissenschaft an, die zur Aufgabe hat, die Phänomene der ökonomischen Realität zu erklären[3], so muß es ihr primäres Ziel sein, das Verhalten der wirtschaftenden Menschen zu analysieren[4], um Möglichkeiten einer Prognose und Beeinflussung dieser Verhaltensweisen entwickeln zu helfen.

Als erste Anforderung an eine so verstandene volkswirtschaftliche Theorie ergibt sich daraus das Postulat, nur solche Hypothesen und Theorien aufzustellen, die an den Erscheinungen der Realität überprüfbar sind[5] und keine Sätze gelten zu lassen, „die einfach hingenommen werden müssen, weil es aus logischen Gründen nicht möglich ist, sie nachzuprüfen“[6].

Die zweite zentrale Anforderung ist die der Erklärung: die Theorie soll die Phänomene der ökonomischen Realität nicht nur beschreiben, sondern auch erklären können[7]. Nur eine Theorie, die in der Lage ist,

---

[1] Vgl. *Scherhorn*, G.: Methodologische Grundlagen der sozialökonomischen Verhaltensforschung, Köln und Opladen 1961, S. 38.

[2] Die Begriffe Volkswirtschaftslehre, Sozialökonomik und Nationalökonomie werden im folgenden synonym verwendet.

[3] *Schmölders*, G.: Geleitwort zur „Wirtschaftstheorie als Verhaltenstheorie“, S. 7.

[4] Vgl. *Albert*, H.: Modellplatonismus, in: Topitsch, E. (ed.), Logik der Sozialwissenschaften, 2. Aufl., Köln—Berlin 1965, S. 406.

[5] Vgl. *Popper*, K.: Logik der Forschung, 2. Aufl., Tübingen 1966, S. 4.

[6] *Popper*, K.: a. a. O., S. 21.

[7] Vgl. *Wölker*, H.: Die Bedeutung der empirischen Verhaltensforschung für die ökonomische Theorie, Geisenheim 1961, S. 13; vgl. auch *Albert*, H.: Pro-

diesem Kriterium gerecht zu werden, kann als Basis für eine Prognose dienen; allein eine „den Spielregeln der empirischen Wissenschaft entsprechend konstruierte Theorie erlaubt grundsätzlich wissenschaftliche Vorhersagen des zukünftigen Geschehens in ihrem Objektbereich“[8]. Zugleich wird sie durch die Erfüllung des Erklärungspostulates auch der vierten Anforderung, der Möglichkeit des technologischen Gebrauchs gerecht, d. h., sie kann „Grundlage einer Rationalpolitik in sehr weitem Sinne dieses Wortes“[9] sein.

Diese Anforderung, die an jede empirische Theorie gestellt werden muß, gilt auch für die Theorie des wirtschaftlichen Wachstums, die die Aufgabe hat, „die quantitativen und qualitativen Veränderungen der Gesamtproduktion und der Nachfrage nach wirtschaftlichen Gütern und Dienstleistungen“[10] zu erklären. Eine empirische Theorie des Wirtschaftswachstums sollte daher:

1. nur empirisch überprüfbare, d. h. jederzeit falsifizierbare Sätze enthalten und „die in ihnen vorkommenden Begriffe operationalisiert, d. h. mit eindeutigen Hinweisungen für die empirische Prüfung versehen“[11] haben,
2. als explikative Theorie die Kräfte aufzeigen, die das Wachstum der Volkswirtschaft bestimmen und dadurch
3. eine Prognose ermöglichen sowie
4. dem Wirtschaftspolitiker Ansatzpunkte an die Hand geben, an denen er mit Hilfe geeigneter Instrumente den Wachstumsprozeß beeinflussen kann[12].

---

bleme der Theoriebildung, in: Albert, H. (ed.), Theorie und Realität, Tübingen 1964, S. 47.

[8] *Albert*, H.: Theorie und Prognose in den Sozialwissenschaften, in: Topitsch, E. (ed.): Logik der Sozialwissenschaften, S. 130.

[9] *Albert*, H.: Probleme der Theoriebildung, S. 68.

[10] *Schmölders*, G.: Der Beitrag der Verhaltensforschung zur Theorie der wirtschaftlichen Entwicklung, a. a. O., S. 364. Dieser umfassende Begriff des Wirtschaftswachstums wurde gewählt, um die beiden Begriffe „wirtschaftliche Entwicklung“ und „wirtschaftliches Wachstum“ synonym gebrauchen zu können; denn die sophistische Unterscheidung zwischen einer rein quantitativen (Wirtschaftswachstum) und einer rein qualitativen Betrachtung (wirtschaftliche Entwicklung) ist nicht geeignet, zur Klarheit der letztlich in einer bestimmten welfare-Vorstellung begründeten Operationalisierung dieses wirtschaftspolitischen Ziels beizutragen (vgl. *Zimmermann*, G.: Sozialer Wandel und ökonomische Entwicklung, Stuttgart 1969, S. 5 ff.).

[11] *Scherhorn*, G.: Aufgaben der sozialökonomischen Verhaltensforschung, in: Wirtschaftstheorie als Verhaltenstheorie, S. 9.

[12] Vgl. *Bombach*, G.: Artikel „Wirtschaftswachstum“, S. 767.

II. Die mangelnde Aussagekraft der bisherigen Wachstumstheorien

1. Ältere Versuche zur Erklärung des wirtschaftlichen Wachstums

Analysiert man anhand dieser Kriterien die Ergebnisse der bisherigen Wachstumsforschung, so wird man feststellen, daß sie den wissenschaftstheoretischen Anforderungen an eine empirische Theorie nur zu einem geringen Teil gerecht werden.

„*Die Klassiker* betrachteten die wirtschaftliche Entwicklung einfach als Begleiterscheinung der selbstverständlichen Weiter- und Höherentwicklung des Menschen, die als solche schlechthin zum Glaubensschatz ihrer Epoche gehörte[1/3].“ Sie schilderten zwar „bereits die natürlichen, sozialen und politisch-rechtlichen Bedingungen“[4] des wirtschaftlichen Wachstums und konnten auch die Bedeutung von Sparen, Kapitalakkumulation, Bevölkerungswachstum und technischen Fortschritt für die Entwicklung einer Volkswirtschaft hervorheben[5], „zu geschlossenen Wachstumssystemen gelangten sie jedoch nicht“[6].

Ein wesentlicher Grund hierfür dürfte darin liegen, daß sie den Wachstumsprozeß „nur als eine vorübergehende Erscheinung ansahen“[7], die, bedingt durch die Unvermehrbarkeit des Produktionsfaktors Boden, letztlich in einen stationären Zustand auslaufen würde[8]. Es war daher „aus ihrer Sicht heraus richtig, die Untersuchungen auf den stationären Zustand und sein Gleichgewicht“[9] zu konzentrieren. Darüber hinaus waren die Vertreter der klassischen Schule der Überzeugung, schon durch die Analyse der stationären Wirtschaft[10] Gesetzmäßigkeiten finden zu können, die — wenn auch mit Einschränkungen und Veränderungen — ebenfalls für eine evolutorische Wirtschaft gelten würden. Zu dieser bewußten Einschränkung des Forschungsbereiches kommt, daß das theoretische Instrumentarium der Nationalökonomie sich zu dieser Zeit noch in der Phase des „take-off“ befand, zu einer umfassenden Analyse des Wachs-

---

[1/3] *Schmölders*, G.: Der Beitrag der Verhaltensforschung zur Theorie der wirtschaftlichen Entwicklung, S. 365.

[4] *Klatt*, S.: Zur Theorie der Industrialisierung, Köln und Opladen 1959, S. 44.

[5] Vgl. *Okun*, B. and *Richardson*, R. W.: Studies in Economic Development, New York—Chicago—San Francisco—Toronto—London 1964, S. 27—60.

[6] *Klatt*, S.: a. a. O., S. 44.

[7] *Neumann*, M.: Unternehmungsgewinn und wirtschaftliches Wachstum, Diss. Köln 1963, S. 9.

[8] Vgl. *Mill*, J. S.: Grundsätze der politischen Ökonomie, Deutsche Ausgabe, hrsg. von *Gehrig*, W., 2. Band, Jena 1921, S. 67.

[9] *Neumann*, M.: Unternehmungsgewinn und wirtschaftliches Wachstum, S. 9.

[10] Die Bezeichnung der Betrachtungsweisen „statisch“ und „dynamisch“ wurde von ihnen noch zur Kennzeichnung des stationären oder evolutorischen Zustandes der Volkswirtschaft verwandt. Vgl. *Mill*, J. S.: a. a. O., Bd. 2, S. 311.

tumsprozesses also noch nicht ausreichte. So ist es zu erklären, daß die wachstumstheoretischen Ansätze der klassischen Schule sich letztlich in einer vagen Beschreibung des sozialen und gesellschaftlichen Rahmens der wirtschaftlichen Entwicklung sowie einiger ihrer ökonomischen Aspekte erschöpften[11], ohne ein umfassendes theoretisches Konzept des Wirtschaftswachstums, das den eingangs genannten wissenschaftstheoretischen Anforderungen gerecht werden konnte, zu entwickeln[12].

Die *historische Schule,* die mittels deskriptiver Forschung versuchte, die „Vorarbeit für eine allgemeine umfassende Theorie"[13] zu leisten, stellte den volkswirtschaftlichen Wachstumsprozeß „in Form aufeinanderfolgender Stufen, Wirtschaftssysteme, Wirtschaftsstile oder Wirtschaftsepochen"[14] dar. Diese wurden gewonnen „durch einseitige Steigerung eines oder einiger Gesichtspunkte und durch Zusammenschluß einer Fülle von diffus und diskret, hier mehr, dort weniger, stellenweise gar nicht vorhandener Einzelerscheinungen, die sich jenen einseitig hervorgehobenen Gesichtspunkten fügten zu einem in sich einheitlichen Gedankengebilde"[15]. Es ergab sich so „eine Fülle lebendiger Beschreibungen wirtschaftspolitischer Entwicklungsprozesse"[16], die unter dem Aspekt des jeweils hervorgehobenen Entwicklungskriteriums zwar eine Anzahl empirisch überprüfbarer Sätze enthielten, aber nicht in der Lage waren, das Wachstum der Volkswirtschaften und seine Ursachen vollständig zu erfassen und vor allem auch nicht die Zwangsläufigkeit der Aufeinanderfolge der einzelnen Stufen, Stile usw., d. h. das allmähliche Hinüberwachsen von einer Entwicklungsstufe in die andere erklären konnten[17]. Soweit diese Schwierigkeiten von einzelnen Vertretern der historischen Schule erkannt wurden, gingen sie dazu über, entweder ihre Aussagen auf jeweils nur ein Element der Wachstumsfolge, d. h. den einzelnen Stil, die

---

[11] Vgl. *Mill,* J. S.: a. a. O., Bd. 2, S. 310—386.

[12] Vgl. *Singer,* K.: Zur Wirtschaftspolitik und Theorie der englischen Klassiker, in: *Montaner,* A. (ed.): Geschichte der Volkswirtschaftslehre, Köln—Berlin 1967, S. 37.

[13] *Stavenhagen,* G.: Geschichte der Wirtschaftstheorie, 2. Aufl., Göttingen 1957, S. 184. Es muß vermerkt werden, daß die Vertreter der historischen Schule aus den Ergebnissen dieser Forschung keineswegs induktiv „Gesetzmäßigkeiten" der Volkswirtschaft ableiten wollten, sondern vorhatten, dieses Material zur deduktiven Prüfung von Hypothesen über die nationalökonomischen Prozesse zu nutzen. Vgl. *Schmoller,* G.: Grundriß der allgemeinen Volkswirtschaftslehre, 1. Teil, Leipzig 1923, S. 113—126.

[14] *Klatt,* S.: Zur Theorie der Industrialisierung, a. a. O., S. 47; vgl. auch *Schöpf,* A.: Das Prognoseproblem in der Nationalökonomie, Berlin 1966, S. 137 bis 148.

[15] *Weber,* M.: Die „Objektivität" sozialwissenschaftlicher und sozialpolitischer Erkenntnis, in: Gesammelte Aufsätze zur Wissenschaftslehre, 2. Aufl., Tübingen 1951, S. 191.

[16] *Bombach,* G.: Artikel Wirtschaftswachstum, S. 764.

[17] Vgl. *Elsner,* K.: Wachstums- und Konjunkturtheorie, in: *Ehrlicher,* W.: *Esenwein-Rothe,* I., *Jürgensen,* H., *Rose,* K. (ed.): Kompendium der Volkswirtschaftslehre, Göttingen 1967, S. 248.

einzelne Epoche usw. zu beschränken und damit auf jeden Erklärungs- und Prognosewert der Hypothesen über den gesamten Entwicklungsprozeß zu verzichten (Spiethoff)[18] oder eine rein geschichtliche Theorie aufzustellen (Schmoller, Bücher)[19]. Derartige geschichtliche Theorien als Grundlage historischer Prognosen sind jedoch, wie Popper nachgewiesen hat, aus logischen Gründen unmöglich[20]. Die Ergebnisse der Forschung der historischen Schule über den volkswirtschaftlichen Entwicklungsprozeß bieten somit zwar eine Fülle von Anregungen für die weitere Wachstumsforschung, können jedoch nicht als eigentliche Wachstumstheorie gelten, die den erwähnten wissenschaftstheoretischen Anforderungen an eine empirische Theorie gerecht wird[21].

Betrachtet man den Beitrag, den *Karl Marx* zur Theorie der wirtschaftlichen Entwicklung geleistet hat, so müssen grundsätzlich zwei verschiedene wachstumstheoretische Ansätze unterschieden werden:

1. die Marxsche Stufentheorie und
2. sein Modell der erweiterten Reproduktion[22].

In seiner Stufentheorie, die von einigen Autoren als die eigentliche Marxsche Wachstumstheorie angesehen wird[23], versucht Marx ebenso wie die Stufentheoretiker der historischen Schule, anhand eines Entwicklungskriteriums die historische Höher- und Weiterentwicklung von Gesellschaft und Wirtschaft darzustellen. Aufbauend auf seinen Vorstellungen von der dialektischen Entwicklung der Gesellschaft und der allgemeinen Fortschrittsidee[24] stellt Marx die Organisation der Produktionsverhältnisse als Kriterium der Entwicklung heraus; seine sich hieraus ergebenden Entwicklungsstufen reichen von der Urgemeinschaft über die Sklavenhaltergesellschaft und den Feudalismus bis hin zum Kapitalismus[25]. Da nach Marx die „politischen, sozialen und kulturellen Charakteristika einer Gesellschaft abhängig sind von der Art und Weise, wie der Wirtschaftsprozeß geführt wird“[26], impliziert diese Stufentheorie über die Entwicklung der Gesellschaft auch eine sie fundamental bestimmende ökonomische Wachstumstheorie.

---

[18] Vgl. *Jahn*, G.: Die historische Schule der Nationalökonomie, in: *Montaner*, A. (ed.): Geschichte der Volkswirtschaftslehre, S. 49.

[19] Vgl. *Jahn*, G.: ebenda, und *Schmoller*, G.: Grundriß der allgemeinen Volkswirtschaftslehre, S. 113—126.

[20] Vgl. *Popper*, K. H.: Das Elend des Historizismus, Tübingen 1965, S. XII.

[21] Vgl. auch *Bombach*, G.: Artikel Wirtschaftswachstum, S. 164.

[22] Vgl. *Marx*, K.: Das Kapital, Kritik der politischen Ökonomie, 3 Bände, Hamburg 1867—1894, Bd. 2, 21. Kap.: Akkumulation und erweiterte Reproduktion.

[23] Vgl. *Rostow*, W. W.: Stadien wirtschaftlichen Wachstums — Eine Alternative zur marxistischen Entwicklungstheorie, Göttingen 1960, S. 174—198.

[24] Vgl. *Stavenhagen*, G.: Geschichte der Wirtschaftstheorie, S. 141.

[25] Vgl. *Adelman*, J.: Theories of Economic Growth and Development, London, New York 1962, S. 66 ff.

[26] *Rostow*, W. W.: Stadien wirtschaftlichen Wachstums, S. 175.

Wie die Stufenlehren der historischen Schule muß aber auch der stufentheoretische Ansatz von Marx „als wissenschaftliche Theorie der geschichtlichen Entwicklung“[27] nach den Popperschen Überlegungen als nicht möglich abgelehnt werden. Hinzu kommt, daß die in der Marxschen Stufenlehre eingebauten Vorstellungen vom Verfall des Kapitalismus[28], nämlich seine Lehren von der „Reservearmee an Arbeitslosen“, der „Konzentration des Kapitals“ und seine „Verelendungstheorie“ sich als Prognosen nicht bewährt haben[29]. Als rein geschichtliche wie auch falsifizierte Theorie kann daher die Marxsche Wachstumstheorie, soweit sie die Stufenlehre betrifft, aus der Reihe der theoretischen Ansätze, die den volkswirtschaftlichen Wachstumsprozeß umfassend gemäß den genannten wissenschaftstheoretischen Kriterien erkären wollen, ausgeschieden werden.

Im Gegensatz zu dieser Stufentheorie, die die Entwicklung über die einzelnen historischen Gesellschaftsformen aufzeigen soll, stellt Marx im 21. Kapitel seines „Kapitals“, das sich mit der „erweiterten Reproduktion“ befaßt, ein Modell für das Wachstum innerhalb der kapitalistischen Gesellschaftsordnung auf[30]. Es handelt sich hierbei um „das erste dynamische und gleichzeitig kreislauftheoretische Wachstumsmodell“[31], das den Wachstumsprozeß in Form eines Zwei-Sektoren-Modells darstellt[32]. In diesem Modell[33] hängt das Wachstum des Sozialproduktes von der Höhe der zusätzlichen Investitionen, die durch die Akkumulation eines Teiles des Mehrwertes durch die Unternehmer bewirkt werden, von der Mehrwertrate wie auch von der organischen Zusammensetzung des Kapitals ab[34]. Marx arbeitet hierbei nur „mit sogenannten Erweiterungsinvestitionen, bei denen also kein technischer Fortschritt vorliegt, sondern die ein konstantes Einsatzverhältnis von Kapital und Arbeit bei konstanter Kapital- und Arbeitsproduktivität erfordern“[35]. Die seinem Schema zugrunde liegende makroökonomische Produktionsfunktion ist damit eine Leontief-Funktion mit ihrer strengen Limitationalität der Produktionsfaktoren.

---

[27] *Popper*, K. H.: Das Elend des Historizismus, S. XII.

[28] Vgl. *Stavenhagen*, H.: Geschichte der Wirtschaftstheorie, S. 139, und *Schumpeter*, S.: Kapitalismus, Sozialismus und Demokratie, Bern 1946, S. 75.

[29] Vgl. *Kerschagl*, R.: Was kann uns Marx heute noch sagen? in: Montaner, A. (ed.), Geschichte der Volkswirtschaftslehre, S. 160.

[30] Vgl. *Marx*, K.: Das Kapital, Kritik der politischen Ökonomie, a. a. O.

[31] *Klatt*, S.: Zur Theorie der Industrialisierung, S. 45.

[32] Vgl. *Ott*, A. E.: Marx und die moderne Wachstumstheorie, in: Der Volkswirt, 21. Jg., Nr. 16 vom 21. April 1967, S. 637.

[33] Eine ausführliche Darstellung ist zu finden bei *Ott*, A. E.: a. a. O., S. 637 f., und *Moravcik*, I.: The Marxian Model of Growth and the „General Plan“ of Sowjet Economic Development, in: Kyklos, Vol. XIV, 1961, S. 552 bis 559.

[34] Vgl. *Ott*, A. E.: a. a. O., S. 638.

[35] *Ott*, A. E.: Marx und die moderne Wachstumstheorie, S. 638.

Wie S. Klatt und A. E. Ott gezeigt haben, ist es möglich, das Marxsche Wachstumsmodell durch Umformungen in die Form der post-keynesianischen Modelle vom Domar-Harrod-Typ zu überführen[36]. Es muß jedoch betont werden, daß im Gegensatz zu diesen Modellen, die allein zum Ziel haben, die Bedingungen eines gleichgewichtigen Wachstums aufzuzeigen[37], das Marxsche Modell auch Auskunft über den allgemeinen Mechanismus und die Ursachen des Entwicklungsprozesses geben soll[38]. Daher muß auch an dieser Stelle die fundamentale Kritik einsetzen: Die Annahme einer strengen Limitationalität der Produktionsfaktoren mag vielleicht bei einzelnen mikroökonomischen Produktionsfunktionen berechtigt sein[39], es konnte bis jetzt jedoch noch nicht nachgewiesen werden, daß sie die für eine Wachstumstheorie grundlegende Annahme über die makroökonomische Kombination der Produktionsfaktoren repräsentiert, zumal sie die für die Veränderungen des Sozialproduktes wesentlichen Substitutionsvorgänge ganz außer acht läßt. Als zusätzlicher Kritikpunkt am Modell der erweiterten Reproduktion muß die Vernachlässigung des technischen Fortschritts hervorgehoben werden[40], die dazu führt, daß ein weiterer wesentlicher Teil von Wachstumsursachen unberücksichtigt bleibt. Hinzu kommt drittens, daß die wenigen Globalgrößen, die Marx in seinem Modell als Ursachen der Veränderungen des Sozialproduktes anführt, die „Zusammenfassung einer Vielzahl von Faktoren ökonomischer, technischer und politischer Art"[41] sind. Eine Wachstumstheorie aber, die den Entwicklungsprozeß umfassend erklären will, muß gerade diese grundlegenden Faktoren aufzeigen[42]. Als vierter Kritikpunkt am Marxschen Modell ergibt sich, daß die Theorie der erweiterten Reproduktion neben „objektiven" Faktoren wie Mehrwertrate und organische Zusammensetzung des Kapitals das Ausmaß des Wachstums allein vom Verhalten einer einzigen Gruppe von Wirtschaftssubjekten, dem Akkumulationsverhalten der Unternehmer, abhängig macht, während neuere Ansätze immer wieder betonen, daß die Wachstumsrate einer Volkswirtschaft letztlich der Ausfluß des Verhaltens aller am Wirtschaftsprozeß Beteiligten ist[43]. Die Marxsche Wachstumstheorie enthält somit zwar zum Teil Sätze, die mit empirisch-statistischen Methoden an der Realität überprüfbar sind[44], wird aber den wissenschaftstheoretischen Kriterien der Erklä-

[36] Siehe *Ott*, A. E.: a. a. O., S. 638 und *Klatt*, S.: Zur Theorie der Industrialisierung, S. 47.

[37] Vgl. S. 24 dieser Arbeit.

[38] Vgl. *Moravcik*, I.: The Marxian Model of Growth . . ., S. 558.

[39] Vgl. *Gutenberg*, E.: Grundlagen der Betriebswirtschaftslehre, 1. Band, Die Produktion, 6. Aufl., Berlin—Göttingen—Heidelberg 1961, S. 227 f.

[40] Vgl. *Ott*, A. E.: a. a. O., S. 638.

[41] *Moravcik*, I.: The Marxian Model of Growth . . ., S. 559.

[42] Vgl. *Moravcik*, I.: ebenda.

[43] Vgl. *Schneider*, E.: Das Spiel mit den Wachstumsraten, in: FAZ vom 14. 3. 1967.

[44] Siehe *Moravcik*, I.: a. a. O., S. 568.

rung, Prognose und technologischen Anwendung nicht gerecht. Ein Test der Prognosemöglichkeit der Theorie der erweiterten Reproduktion führte daher auch zu einer Falsifikation des Marxschen Modells[45].

Als weiterer ebenso breit angelegter Versuch, das Phänomen des Wirtschaftswachstums zu erklären, muß *Schumpeters Theorie der wirtschaftlichen Entwicklung*[46] angesehen werden. Ausgehend von der Gleichgewichtslage eines annähernd stationären Zustandes wird die Wirtschaft — nach dem Schumpeterschen Konzept — durch das Auftreten dynamischer Unternehmer in den Aufschwung gerissen. „Schumpeter knüpft (hierbei) die Existenz seines Unternehmers nicht ausschließlich an eine bestimmte Wirtschaftsordnung (z. B. Marktwirtschaft), sondern rein an die Funktion, in welchem Wirtschaftssystem und bei welcher Wirtschaftsordnung immer er diese Funktion erfüllt[47].“ Die „Zentralsonne“ seiner Wachstumstheorie sind die „Innovationen“, d. h. die schöpferischen Neuerungen in Form neuer Produktionsmethoden, neuer Produkte, neuer Absatzmärkte, neuer Beschaffungsquellen, neuer Organisationen, die eine kleine Gruppe von Unternehmern durchsetzt[48]. Wesentliche Bedeutung für das Schumpetersche Konzept hat der zusätzliche Kredit, der den dynamischen Unternehmer in die Lage versetzt, den bisherigen Kombinationen die für die Durchsetzung der Neuerungen erforderlichen Produktionsfaktoren wegzukonkurrieren. „Schumpeter glaubt (also) feststellen zu können, daß der technische Fortschritt, die dynamischen Unternehmer und die Kreditschöpfung wesentliche Erscheinungen der Wirklichkeit sind, aus denen sich die wirtschaftliche Entwicklung in einer der Realität entsprechenden Form deduzieren läßt. Die Theorie enthält (somit) Hypothesen über reale Abläufe“[49] und erfüllt daher das erste wissenschaftstheoretische Kriterium, die empirische Überprüfbarkeit.

Ist sie aber auch in der Lage, die Ursachen des Wachstumsprozesses umfassend darzustellen und damit dem Kriterium der Erklärung zu genügen?

Zwei fundamentale Aspekte des Schumpeterschen Systems ermöglichen es, ihm grundsätzlich einen höheren Erklärungswert als den bisher behandelten Theorien der wirtschaftlichen Entwicklung zuzusprechen[50]:

---

[45] Vgl. *Moravcik*, I.: a. a. O., S. 560—571, besonders S. 569.

[46] *Schumpeter*, J.: Theorie der wirtschaftlichen Entwicklung, eine Untersuchung über Unternehmergewinn, Kapital, Kredit, Zins und den Konjunkturzyklus, 5. Aufl., Berlin 1952.

[47] *Hofmann*, M.: Das unternehmerische Element in der Betriebswirtschaft, Berlin 1968, S. 101.

[48] Vgl. *Schumpeter*, J.: Theorie der wirtschaftlichen Entwicklung, S. 100.

[49] *Rose*, K.: Der Erkenntniswert der Wachstumsmodelle, in: Jahrbücher für Nationalökonomie und Statistik, Bd. 168, Stuttgart 1956, S. 330.

[50] Auf die hervorragende Bedeutung der Schumpeterschen Theorie für die Kausalerklärung des Wachstumsprozesses weist auch Schneider hin. Vgl. *Schneider*, E.: Einige Bermerkungen zur Theorie des wirtschaftlichen Wachstums, S. 30.

1. sein Ansatz, den Wachstumsprozeß durch das Verhalten der Wirtschaftssubjekte zu erklären und
2. die mikroökonomische Fundierung seiner Theorie.

Durch seine Reduktion des Wachstumsphänomens auf menschliches Verhalten eröffnet sich Schumpeter die Möglichkeit, „das ökonomische Geschehen ... eingebettet und verwoben in die Gesamtheit der Lebensvorgänge (darzustellen), deren Bedeutung für wirtschaftliche Vorgänge“[51] in den übrigen wachstumstheoretischen Ansätzen zwar immer wieder betont wird, die aber nur selten in das theoretische Konzept einbezogen werden. Schumpeter weist somit erstmals darauf hin, daß der Wachstumsprozeß nicht von einer versteckten Automatik abhängig ist und dementsprechend automatisch abläuft, sondern wesentlich durch die Entscheidungen von Wirtschaftssubjekten und ihr daraus resultierendes Verhalten bestimmt wird[52]. Eine derartige Darstellung besitzt jedoch, da sie es vermeidet, mit nichtempirischen Verhaltensmechanismen (Entlohnung nach der Grenzproduktivität, Gewinnmaximierungshypothese a. ä.) zu arbeiten, eine weitergehende Erklärungskraft für die ökonomische Realität als Theorien, die sich allein auf solche Mechanismen stützen[53].

Die mikroökonomische Fundierung seines Systems, die darin besteht, daß das Durchsetzen neuer Kombinationen, also das „dynamische Unternehmer-Sein“, als mikroökonomische Determinante der makroökonomischen Größe „wirtschaftliche Entwicklung“ angesehen wird, gibt Schumpeter darüber hinaus die Möglichkeit zu zeigen, wie mikroökonomische Prozesse auf die Aggregate wirken. Sein Modell erreicht somit einen höheren Erklärungswert, als alle diejenigen wachstumstheoretischen Ansätze, die makroökonomische Aggregate ohne Kenntnisse über ihre mikroökonomischen Zusammenhänge in das Erklärungssystem einbeziehen[54].

Trotz dieser für die Erklärung des Wachstumsphänomens auch heute noch „bahnbrechenden Neuerungen“ der Schumpeterschen Theorie kann auch dieser Ansatz noch nicht als ausreichend für die umfassende Erklärung des Prozesses der wirtschaftlichen Entwicklung angesehen werden. Folgende zum Teil empirisch untermauerte Hypothesen lassen sich als Gründe hierfür anführen:

1. Die Schumpetersche Theorie gibt eine monokausale Erklärung des Entwicklungsphänomens, indem sie ausschließlich angebotsorientiert

---

[51] *Schmölders*, G.: Konjunkturen und Krisen, Hamburg 1962, S. 302.

[52] Vgl. *Krieghoff*, H.: Technischer Fortschritt und Produktivitätssteigerung, Berlin 1958, S. 9, und *Eisermann*, G.: Joseph Schumpeter als Soziologe, in Kyklos, Vol. XVIII, Fasc. 2, S. 296.

[53] Vgl. *Schmölders*, G.: Ökonomische Verhaltensforschung, in: ORDO—Jahrbuch, Bd. V, Düsseldorf und München 1953, S. 203 ff.

[54] Vgl. *Scherhorn*, G.: Aufgaben der sozialökonomischen Verhaltensforschung, S. 9.

aufgebaut ist und den Unternehmer als alleinigen Träger der wirtschaftlichen Entwicklung ansieht[55]. Dieser Ansatz führt jedoch zu weitgehenden Aussagebeschränkungen, da in der Realität festzustellen ist, daß die übrigen Wirtschaftseinheiten: Staat und Haushalte, ebenfalls das Wachstum der Volkswirtschaft durch ihr Verhalten beeinflussen[56].

2. Schumpeter überbewertet die Rolle der ruckartigen Veränderungen, die er als allein verursachend für den Entwicklungsprozeß ansieht, und unterbewertet jene der kontinuierlichen Veränderungen, die er der Wirtschaft in Ruhelage zuweist[57]. „Dieses Schema reicht (jedoch) nicht aus, weil die konkrete Entwicklung nicht nur durch die ruckweise auftretenden Revolutionen und Strukturveränderungen der Produktionsprozesse, sondern auch durch fortgesetzte Anpassungen an Datenveränderungen (Bevölkerungszunahme, Veränderung der Geschmacksrichtung) charakterisiert ist"[58].

3. Im Mittelpunkt des Schumpeterschen Systems steht nicht die Unternehmung als institutionelle Einheit und ihr Beitrag zur wirtschaftlichen Entwicklung, sondern ein bestimmter Unternehmertyp, der durch sein Handeln, nämlich das Durchsetzen neuer Kombinationen, die Volkswirtschaft in Aufschwung bringt. Schumpeter orientiert sich — obwohl seine Theorie grundsätzlich nicht an ein bestimmtes Wirtschaftssystem gebunden sein sollte — hier stark an einem historischen Unternehmertyp, dem „großen Eigentümerunternehmer" des 19. Jahrhunderts; in seiner Lehre fand die Idealisierung und Heroisierung des kapitalistischen Unternehmers ihre Zuspitzung[59]. Dieses personenbezogene Konzept der wirtschaftlichen Entwicklung stieß jedoch in dem Augenblick an die Grenzen seiner Erklärungsfähigkeit, als die ursprüngliche personenbezogene „Unternehmerfunktion veralterte"[60], d. h. ein Kollektiv von Managern die Führung der Unternehmungen übernahm und der in den Forschungslabors der Großindustrie institutionalisierte technische Fortschritt[61] die spontane Übernahme tech-

---

[55] Vgl. *Werner*, J.: Das Verhältnis von Theorie und Geschichte bei Joseph A. Schumpeter, in: Montaner, A. (ed.), Geschichte der Volkswirtschaftslehre, Berlin 1967, S. 291.

[56] Vgl. *Schmölders*, G.: Der private Haushalt als Gegenstand der Verhaltensforschung, S. 45 ff.

[57] Vgl. *Schumpeter*, J.: Theorie der wirtschaftlichen Entwicklung, S. 100, ebenso *Werner*, J.: a. a. O., S. 290.

[58] *Schneider*, E.: Einige Bemerkungen zur Theorie des wirtschaftlichen Wachstums, S. 20. Vgl. hierzu auch *Rexhausen*, F.: Der Unternehmer und die volkswirtschaftliche Entwicklung, Berlin 1960, S. 25.

[59] Vgl. *Rexhausen*, F.: a. a. O., S. 28.

[60] *Schumpeter*, J.: Kapitalismus, Sozialismus und Demokratie, Deutsche Ausgabe, 2. Aufl., München 1950, S. 214 f.

[61] Vgl. *Schumpeter*, J.: a. a. O., S. 215.

nischer Neuerungen durch den dynamischen Unternehmer substituierte. Schumpeters Konzept besitzt insoweit also nur einen Erklärungswert für den volkswirtschaftlichen Entwicklungsprozeß einer bestimmten historischen Periode.

4. Mit seinem Schema der fünf Arten „neuer Kombinationen“[62] hat Schumpeter zwar einen wesentlichen Teil des Beitrages der Unternehmungen zum wirtschaftlichen Wachstum aufgezeigt, ihn aber noch nicht in seiner ganzen Fülle erfaßt[63]; neben die von Schumpeter aufgezeigten Komponenten treten nämlich noch eine Vielzahl anderer Verhaltensweisen, in denen sich ebenfalls der Beitrag der Unternehmungen zur wirtschaftlichen Entwicklung manifestieren kann[64].

5. Das Verhalten der dynamischen Unternehmer, so wie es Schumpeter vorführt, reicht darüber hinaus nicht aus, den Wachstumsprozeß allein hinreichend zu erklären, da Schumpeter nicht gezeigt hat wann, d. h. unter welchen Umständen diese dynamischen Unternehmer auftreten[65]. Erst ein weiteres Eindringen in die Kausalzusammenhänge würde eine Prognose und auch eine Beeinflussung des Entwicklungsvorganges ermöglichen. Da Schumpeter jedoch nicht ausdrücklich dargetan hat, unter welchen Bedingungen und warum seine wirtschaftlichen Neuerungen stoßweise auftreten, wird seine Theorie den oben dargestellten Anforderungen nicht voll gerecht[66].

Schumpeters Theorie der wirtschaftlichen Entwicklung erfüllt somit zwar weitgehender als die anderen älteren wachstumstheoretischen Ansätze die Anforderungen, die an eine empirische Theorie der wirtschaftlichen Entwicklung gestellt werden müsssen; aber auch sein Schema reicht letztlich noch nicht völlig aus, den Wachstumprozeß umfassend zu erklären[67].

2. Die herrschende Wachstumsauffassung

Als Fortsetzung und Erweiterung der verschiedenen älteren Ansätze zur Erklärung der wirtschaftlichen Entwicklung lassen sich heute drei Hauptströmungen erkennen[68]:

---

[62] Vgl. *Schumpeter*, J.: Theorie der wirtschaftlichen Entwicklung, S. 100.

[63] Vgl. *Klatt*, S.: Zur Theorie der Industrialisierung, S. 146.

[64] Vgl. S. 80 dieser Arbeit.

[65] Vgl. *Hofmann*, M.: Das unternehmerische Element in der Betriebswirtschaft, S. 109.

[66] Vgl. *Dürr*, E.: Wachstumstheorie und Wachstumspolitik, in: Jahrbücher für Nationalökonomie und Statistik, Bd. 176 (1964), S. 537.

[67] Vgl. *Werner*, J.: Das Verhältnis von Theorie und Geschichte bei Joseph A. Schumpeter, S. 292.

[68] Vgl. *Brandt*, K.: Zur Theorie des Wirtschaftswachstums, in: Zeitschrift für Nationalökonomie, Bd. 17 (1957), S. 341.

1. die Modelltheorie,
2. die historische und statistische Forschung und
3. die sozio-ökonomische Analyse.

Von diesen drei Richtungen kommt der weitgehend formalisierten Modelltheorie in der Nachkriegszeit — gemessen an der Zahl der Veröffentlichungen und Forschungsansätze wie auch der wirtschaftspolitischen Resonanz — die größte Bedeutung zu. Hier wären wiederum die post-keynesianische nachfrageorientierte und die heute allgemein herrschende neoklassische Version der Wachstumstheorie zu unterscheiden.

Die post-keynesianische Wachstumstheorie, deren Grundlagen von Domar und Harrod schon 1939 und 1946 gelegt wurden, entstand aus der Kritik an Keynes und den Stagnationstheoretikern unter seinen Schülern. Sie warf diesen vor, in ihren Überlegungen zwar berücksichtigt zu haben, daß jede positive Nettoinvestition zusätzliches Einkommen schaffe, aber vollkommen vergessen zu haben, daß mit dieser Investition auch die Möglichkeit gegeben sei, das Güterangebot in der Volkswirtschaft zu erhöhen. Diese Analysestrategie sei zwar für die Erklärung kurz- und mittelfristiger Beschäftigungsschwankungen legitim, werde aber der Realität bei der Betrachtung des langfristigen Trends nicht gerecht. Die post-keynesianische Wachstumtheorie stellte daher dem Keynesschen Einkommenseffekt der Investition deren Kapazitätseffekt gegenüber. Ihre Überlegungen basieren im wesentlichen auf folgenden Annahmen:

1. Jede positive Nettoinvestition vermehrt die Produktionskapazität der Wirtschaft.
2. Es besteht eine proportionale Beziehung zwischen dem Realkapital einer Wirtschaft und dem damit erzeugten Gesamtprodukt.

Die zentrale Zielsetzung der post-keynesianischen Wachstumstheorie ist jedoch nicht — wie man vielleicht erwarten würde — die Darstellung von Kausalfaktoren der wirtschaftlichen Entwicklung und ihrer Verknüpfung, sondern „die Frage nach den Voraussetzungen eines ungestörten Fortschritts“[69], also „nach den generellen Bedingungen eines gleichgewichtigen Wachstums (balanced growth)“[70]. Die post-keynesianische Wachstumstheorie beschäftigt sich damit in erster Linie mit den Fragen der Stabilität und Instabilität des Wachstums und hat zum alleinigen Ziel, die Voraussetzungen für ein dynamisches Gleichgewicht herauszuarbeiten. Ihr System besteht jedoch nur „aus einer Reihe von definitorischen Sätzen, die miteinander verknüpft sind. Empirische Hypothesen

[69] *Rose*, K.: Der Erkenntniswert der Wachstumsmodelle, in: Jahrbücher für Nationalökonomie und Statistik, S. 321.

[70] *Schneider*, E.: Einige Bemerkungen zur Theorie des wirtschaftlichen Wachstums, S. 27.

enthält es nicht"[71]. Die post-keynesianischen Wachstumsmodelle werden daher auch den eingangs niedergelegten Anforderungen an eine empirische nationalökonomische Theorie nicht gerecht; eine Aussage über die Realität, d. h. über die Kräfte, „die das tatsächliche im Zeitablauf zu beobachtende Wachstum bestimmen"[72], liegt weder in der Zielsetzung dieser Richtung der Wachstumstheorie, noch ist sie ihr aufgrund der realitätsfernen Annahmen ihrer Modelle möglich[73].

Die Domar- und Harrodschen Grundmodelle erfuhren in den folgenden Jahren noch weitere Entwicklungen. Es wurde versucht, durch Multisektorenmodelle[74] eine weitgehende Aufgliederung der großen Aggregate vorzunehmen sowie die Staatstätigkeit[75] und den Außenhandel[76] in das System einzubeziehen. Die zentrale Problemstellung blieb jedoch die Analyse des Gleichgewichtsphänomens, so daß Folgerungen für die Wachstumspolitik auch aus diesen erweiterten Ansätzen der post-keynesianischen Theorie nicht hergeleitet werden können[77].

Eine neue Ära der Wachstumstheorie begann 1956 mit den ersten Ansätzen von Solow, Tobin, Swan und Little, die sich völlig von der „Instabilitätsneurose" der Post-Keynesianer frei machten und wieder auf das Ertragsgesetz mit seiner Grenzproduktivitätstheorie zurückgriffen[78]. Sie nahmen somit kurzerhand an, das Gleichgewichtsproblem sei gelöst[79] und bauten eine rein angebotsorientierte Theorie auf.

Neben den Realkapitalbestand der Post-Keynesianer führten sie als neue selbständige Wachstumsfaktoren die Arbeit und den technischen Fortschritt in ihre Modelle ein. Solow benutzte hierbei eine Produktionsfunktion, die 1927 von Cobb und Douglas aufgestellt worden war und bereits 1942 von Tinbergen[80] bei Wachstumsanalysen verwandt wurde:

$$Y = a \cdot L^m \cdot K^n \cdot e^{rt}$$

---

[71] *Rose*, K.: a. a. O., S. 330; vgl. auch *Albert*, H.: Modellplatonismus, in: Topitsch, E. (ed.), Logik der Sozialwissenschaften, a. a. O., S. 415.

[72] *Schneider*, E.: Einführung in die Wirtschaftstheorie, Bd. 3, S. 246.

[73] Vgl. *Gerfin*, H.: Langfristige Wirtschaftsprognose, Tübingen—Zürich 1964, S. 25.

[74] Vgl. *Mead*, J. E.: A Neo-Classical Theory of Economic Growth, London 1962.

[75] Vgl. *Timm*, H.: Staat, Wachstum und Preisniveau, in: König, H. (ed.), Wachstum und Entwicklung der Wirtschaft, Köln—Berlin 1968, S. 153 ff.

[76] Vgl. *Johanson*, H. G.: Gleichgewichtiges Wachstum in offenen Volkswirtschaften, in: König, H. (ed.), Wachstum und Entwicklung der Wirtschaft, S. 125 ff.

[77] Vgl. *Föhl*, C.: Wieweit ist Wirtschaftswachstum machbar?

[78] Vgl. z. B. *Solow*, R. M.: A Contribution to the Theory of Economic Growth, Quarterly Journal of Economics, Bd. 70, 1956.

[79] Vgl. *v. Weizsäcker*, C. Chr.: Zur ökonomischen Theorie des technischen Fortschritts, Göttingen 1966, S. 12.

[80] Vgl. *Tinbergen*, J.: Zur Theorie der langfristigen Wirtschaftsentwicklung, Weltwirtschaftliches Archiv, Jena, Bd. 55 (1942).

wobei Y das reale Sozialprodukt,
L die Arbeit,
K das Realkapital,
t die Zeit,
f den technischen Fortschritt,
a eine Konstante,
m die partielle Elastizität der Produktion in bezug auf die Arbeit,
n die partielle Elastizität der Produktion in bezug auf das Kapital
bedeuten.

Bei allen Produktionsfunktionen der neoklassischen Wachstumstheorie handelt es sich um sogenannte CES-Funktionen, d. h., es werden konstante Substitutionselastizitäten unterstellt. Die größte Bedeutung von diesen CES-Funktionen haben solche, die wie die Douglas-Funktion eine Substitutionselastizität von $\varepsilon = 1$ unterstellen.

Die Veränderungen des Sozialproduktes werden damit auf Veränderungen der Einsatzmengen der „beiden identifizierbaren Faktorkomplexe Arbeit und Realkapital sowie eine Reihe weiterer, im einzelnen nicht näher unterscheidbarer Faktoren — zusammengefaßt unter der Bezeichnung ‚technischer Fortschritt' — zurückgeführt"[81].

Als Prämissen dieser ersten Ansätze der neoklassischen Wachstumstheorie, die aber auch heute noch die Grundlage vieler Forschungen auf diesem Gebiet bilden, gelten[82]:

1. die Existenz einer makroökonomischen Produktionsfunktion,
2. Handeln der Wirtschaftssubjekte unter den Bedingungen der vollständigen Konkurrenz und damit verknüpft eine Entlohnung der Produktionsfaktoren nach ihren Grenzprodukten sowie Gewinnmaximierung als Zielsetzung der Unternehmer,
3. Homogenität der Produktionsfaktoren,
4. Vorhandensein eines autonomen Restfaktors — „Technischer Fortschritt" genannt.

Die Aufstellung dieser Prämissen zeigt, daß es sich hierbei — ebenso wie bei der post-keynesianischen Theorie — in keiner Weise um „empirische Bedingungen für das Auftreten bestimmter Erscheinungen"[83] handelt, denn es gibt keine reale Volkswirtschaft, die diese Voraussetzungen erfüllt und die damit als Prüffeld einer solchen Theorie fungieren könnte. Die erwähnten Prämissen bewirken somit, daß das neoklassische Wachstumsmodell „in dieser Form von vorneherein immun gegen die Realität ist"[84]. Es kann damit aber auch nicht zur Erklärung und Prognose realer

[81] *Bombach*, G.: Artikel Wirtschaftswachstum, S. 788.

[82] Vgl. *Vogt*, W.: Theorie des Wirtschaftswachstums, Berlin und Frankfurt 1961, S. 20 ff., und *Bombach*, G.: Von der Neoklassik zur modernen Wachstums- und Verteilungstheorie, in: Schweizerische Zeitschrift für Nationalökonomik und Statistik, 100. Jg. 1964, S. 412.

[83] *Albert*, H.: Modellplatonismus, S. 415.

[84] *Albert*, H.: a. a. O., S. 410.

Wachstumsphänomene dienen[85]. Soweit dies dennoch versucht wurde, waren die Ergebnisse daher zwangsläufig unbefriedigend: Die im Anschluß an die Arbeiten von Solow in vielen Ländern durchgeführten empirischen Untersuchungen ergaben, daß das Wachstum der Arbeitsproduktivität zu ca. 70 % allein dem ungeklärten Restfaktor „Technischer Fortschritt" zugeschrieben werden mußte, während nur ca. 30 % aus dem Anstieg der Kapitalintensität erklärt werden konnte[86]. Auch weitere Versuche[87], auf der Basis der Cobb-Douglas-Funktion das Wachstum realer Volkswirtschaften zu erklären und zu prognostizieren, waren ebensowenig in der Lage, brauchbare Ergebnisse zu liefern; selbst wenn man einmal die „heroic simplifications", die in den fundamentalen Annahmen der neoklassischen Wachstumstheorie liegen, außer acht läßt, so ist es zwar möglich, einen Teil der Veränderungen des Sozialproduktes den Veränderungen im Kapitalstock und der gesamtwirtschaftlichen Arbeitszeit zuzurechnen. Darüber hinaus ist es auch noch möglich, die Entwicklungen dieser Größen und damit jenen Teil der Wachstumsrate zu prognostizieren, der auf ihre Veränderungen zurückzuführen ist. Eine Prognose des technischen Fortschritts muß jedoch immer als unsinnig angesehen werden, da die Entwicklung einer Größe, deren Ursachen nicht bekannt sind, auch nicht prognostizierbar ist und — soweit es doch versucht wurde — darüber hinaus die in solchen Fällen üblichen statistischen Hilfsmittel wie z. B. Regressionen oder gleitende Durchschnitte als Grundlagen für eine Extrapolation des Trends bei den starken Schwankungen dieser Größe sowie aufgrund der empirisch nachgewiesenen hochgradigen Multikollinearität der in die Produktionsfunktion eingehenden Daten[88] keine Aussagekraft besitzen. Da also die neoklassische Wachstumstheorie in dieser einfachen Form „keine Hypothesen über die Größe oder die unabhängigen Variablen der Restgröße (Fortschrittskomponente) aufstellt, enthält die Formel keine empirisch widerlegbaren Behauptungen und kann deshalb auch keine Aussagen"[89] über den realen Wachstumsprozeß machen.

Diese Mängel in der Fähigkeit ihrer Ansätze, den volkswirtschaftlichen Wachstumsprozeß der Realität zu erklären, zwang die Vertreter der neoklassischen Theorie zu immer stärkeren Abwandlungen und Verfeinerungen der Modelle, die sie in Teilbereichen der ökonomischen Realität annäherten[90]. Es ging hierbei vor allem darum, die recht problematische

---

[85] Vgl. *Föhl*, C.: Wieweit ist Wirtschaftswachstum machbar?, S. 12.

[86] Vgl. *Bombach*, G.: Artikel Wirtschaftswachstum, S. 790.

[87] Vgl. *Helmstätter*, R. E.: Komponenten des Wachstums, in: Der Volkswirt Nr. 36, 21 Jg. vom 8. September 1967, S. 1961 ff. und die sich daran anschließende Diskussion.

[88] Vgl. *Gerfin*, H.: Langfristige Wirtschaftsprognose, S. 159 f. und 166 f.

[89] *Dürr*, E.: Wachstumspolitisch relevante Ergebnisse der Wachstumstheorie, München—Solln 1968, S. 18.

[90] Vgl. *Föhl*, C.: Wieweit ist Wirtschaftswachstum machbar?, S. 8.

Hypothese des autonomen technischen Fortschritts, der bisher „quasi als Geschenk des Himmels erschien“[91], durch realitätsnähere Annahmen zu ersetzen.

Eine erste Forschungsrichtung versuchte, die verborgenen Wachstumsfaktoren dadurch sichtbar zu machen, daß sie den technischen Fortschritt in eine induzierte, d. h. von den Bildungs-, Forschungs- und Gesundheitsausgaben abhängige Komponente, sowie in eine noch immer ungeklärte Restgröße spaltete[92]. Eine andere gab dagegen im sogenannten „Vintage-Approach“ den technischen Fortschritt als selbständigen Produktionsfaktor und damit auch die Prämisse der Homogenität der übrigen Produktionsfaktoren vollständig auf. Sie ging davon aus, daß die Wirkung des technischen Fortschritts gebunden ist an den Einsatz der klassischen Produktionsfaktoren (embodied technical progress). Es bestand also die Notwendigkeit, Produktionsanlagen verschiedenen Alters und demgemäß unterschiedlicher Produktivität und auch Arbeit unterschiedlicher Qualität im Modell zu berücksichtigen. Die Annahme der Homogenität der Faktoren blieb damit auf die einzelnen Jahrgänge (Kapital) und Qualitätsstufen (Alter) beschränkt. Gleichzeitig wurden Lernprozesse[93] in das Modell eingeführt, denen vor allem in der Form des Lernens im Produktionsprozeß (learning by doing) eine große Bedeutung zugemessen wurde[94].

In allen bisherigen Ansätzen der neoklassischen Wachstumstheorie wurde jedoch trotz der Vielzahl der Verfeinerungen an den grundlegenden Prämissen: Existenz einer makroökonomischen Produktionsfunktion und Handeln der Wirtschaftssubjekte unter den Bedingungen der vollständigen Konkurrenz bislang nicht gerüttelt. Die neoklassische Theorie ist damit aber — ebenso wie die post-keynesianische Variante — bislang „über einen rein formalen, d. h. empirisch nicht nachprüfbaren Ansatz“[95] nicht hinausgekommen. Zu ihren ungelösten Problemen gehören neben einer realistischen Theorie des technischen Fortschritts auch der Einbau einer ebenso realistischen Markt- und Verteilungstheorie sowie von Annahmen über Auswirkungen unternehmerischer Disposition im Wachstumsprozeß. Erst die Berücksichtigung dieser Faktoren wird die Möglichkeit schaffen, mit Hilfe dieser Theorie auch tatsächlich eine Erklärung und Prognose des Wachstumsphänomens zu liefern und dem

---

[91] *Bombach*, G.: Von der Neoklassik zur modernen Wachstums- und Verteilungstheorie, S. 412.

[92] Vgl. *Bombach*, G.: Artikel Wirtschaftswachstum, S. 790 f.

[93] Vgl. *Arrow*, K.: The Economic Consequence of Learning by Doing, Review of Economic Studies 29 (1962).

[94] Vgl. *v. Weizsäcker*, C. Chr.: Zur ökonomischen Theorie des technischen Fortschritts, S. 64 ff.

[95] *v. Weizsäcker*, C. Chr.: Zur ökonomischen Theorie des technischen Fortschritts, S. 95.

Wirtschaftspolitiker gleichzeitig die Instrumente an die Hand zu geben, die er braucht, um den Prozeß der wirtschaftlichen Entwicklung steuern und beeinflussen zu können.

Statistische Wachstumsanalysen, die zweite Hauptströmung der heutigen Wachstumsforschung, tauchen in systematischer Form zwischen den beiden Weltkriegen auf. Sie dienen neben deskriptiven Zwecken vor allem dazu, Modelle mit Zahlenmaterial aus der Wirklichkeit anzureichern. Ein Teil der Autoren stellt das Wachstum als relativen Prozeß dar, in dem er die volkswirtschaftliche Wachstumsrate in die Komponenten Arbeitsproduktivität und gesamtwirtschaftliche Arbeitszeit aufgliedert und die Entwicklung der globalen Produktivität von Wirtschaftssektoren und ihre Veränderungen betrachtet[96]. Oft wird auch das Verhältnis zwischen Konsum- und Kapitalgüterindustrie[97] bzw. das Verhältnis zwischen den primären, sekundären und tertiären Wirtschaftssektoren[98] zum Erklärungsprinzip gewählt. Ohne daß von bestimmten Modellen ausgegangen wurde, gelang es Analysen dieser Art, bestimmte grundlegende wachstumstheoretische Zusammenhänge nachzuweisen. Ihre Arbeiten bewegten sich jedoch weitgehend im deskriptiven Bereich: sie konnten zwar die strukturellen Verschiebungen der Produktivität und damit auch die Veränderungen des Beitrages von Wirtschaftssektoren zum Sozialprodukt darstellen, bei der Suche nach den Kausalfaktoren für diese Entwicklung blieb die statistische Wachstumsanalyse in ihrer heutigen Form jedoch allein auf Vermutungen angewiesen[99]. Da sie aber die Ursachen der von ihr dargestellten Entwicklung nicht aufzeigen kann, ist es nicht möglich, ihre Ergebnisse — mit Ausnahme der einfachen Trend-Extrapolation — als Grundlage zu einer Wachstumsprognose heranzuziehen oder als Basis für eine wirtschaftspolitische Beeinflussung des Entwicklungsprozesses zu nutzen[100].

Die historische Schule der Volkswirtschaftslehre kann als Vorläufer der *empirischen Forschung*, der dritten Kategorie der heutigen Wachstumsanalyse[101], angesehen werden. Wichtige Impulse gingen hier von Max Webers Religionssoziologie aus, die in ihrer Analyse der protestantischen Ethik die Rolle von Minoritäten für den Ablauf der wirtschaft-

[96] Vgl. *Hoffmann*, W. G.: Stadium und Typen der Industrialisierung — Ein Beitrag zur quantitativen Analyse historischer Wirtschaftsprozesse, Jena 1931, ebenso *Hoffmann*, W. G.: Das Wachstum der deutschen Wirtschaft seit der Mitte des 19. Jahrhunderts, Heidelberg—New York 1965.

[97] Vgl. *Hoffmann*, W. G.: Stadium und Typen der Industrialisierung.

[98] Vgl. *Fourastié*: Die große Hoffnung des 20. Jahrhunderts, Köln 1954.

[99] Vgl. *Hoffmann*, W. G.: Das Wachstum der deutschen Wirtschaft seit der Mitte des 19. Jahrhunderts, S. VI.

[100] Vgl. *Woll*, A.: Wachstum als Ziel der Wirtschaftspolitik, Tübingen 1968, S. 25.

[101] Vgl. *Herschlag*, Z. Y.: Theory of Stages of Economic Growth in Historical Perspective, in: Kyklos, Vol. XXII 1969, S. 665 f.

lichen Entwicklung unterstrich. Diese Erkenntnis versuchte D. McClelland später in seiner sozialpsychologischen Theorie der Leistungsmotivation auf eine breitere Basis zu stellen[102]. Ihm gelang es zu zeigen, daß dem Wachstum stets eine Periode erhöhter, dem Stillstand bzw. Niedergang dagegen eine anhaltende Periode abfallender Leistungsmotivation vorausgeht. Damit wurde zum erstenmal der empirische Nachweis erbracht, daß Faktoren einer ganz anderen Qualität, als sie die Modelltheoretiker kennen, im Wachstumsprozeß eine entscheidende Rolle spielen. Obwohl diese Ansätze den Vorteil bieten, empirisch überprüfbar und zum Teil auch schon überprüft zu sein, stellen sie jedoch insgesamt nur Teilaspekte des Wachstumsprozesses in den Vordergrund ihrer Betrachtungen, die in eine allgemeine Theorie einzugliedern wären. Dies gilt im Prinzip auch für die übrigen Vertreter dieser Forschungsrichtung, die das wirtschaftliche Wachstum auf individuelle Verhaltensweisen, die in eine komplexe „soziale Matrix" eingebettet sind, zurückführen: Sie zeigen entweder nur Teilaspekte[103] oder beschränken sich auf eine allgemeine Enumeration solcher ökonomischer, sozialer und institutioneller Faktoren, von denen anzunehmen ist, daß sie in irgendeiner Form den Prozeß der wirtschaftlichen Entwicklung beeinflussen[104]. Fast alle diese wachstumstheoretischen Ansätze im Bereich der sozio-ökonomischen Forschung erfüllen andererseits die wissenschaftstheoretischen Forderungen für eine empirische Theorie: Sie sind grundsätzlich an der Realität falsifizierbar und werden auch dem Postulat der Erklärung gerecht. Ihnen fehlt jedoch noch weitgehend die Integration in ein geschlossenes ökonomisches Theoriengebäude; darüber hinaus harren sie noch weitgehend der empirischen Überprüfung.

3. Zusammenfassung

Die Analyse der bisherigen wachstumstheoretischen Ansätze bestätigt also die eingangs aufgestellte Behauptung, daß es bislang noch keine Wachstumstheorie gibt, die[105]

1. in jedem ihrer Teilbereiche der Überprüfung an der Realität zugänglich ist und
2. dem Postulat der Erklärung gerecht wird, d. h. die eine Erfassung und Berücksichtigung aller wachstumsrelevanten Aspekte, angefangen bei den ökonomischen bis hin zu den sozialpsychologischen Faktoren ermöglicht.

---

[102] Vgl. *McClelland*, D.: Die Leistungsgesellschaft.

[103] So z. B. *Braibanti*, R. and *Spengler*, J. (ed.): Tradition, Values and socio-economic Development, und *Hoselitz*, B.: Sociological Aspects of Economic Growth, New York 1960.

[104] So *Lewis*, A.: Theorie des wirtschaftlichen Wachstums.

[105] Vgl. auch *Gerfin*, H.: Langfristige Wirtschaftsprognose, S. 17.

Eine Wachstumstheorie jedoch, die diesen Forderungen gerecht werden will, muß versuchen, die methodischen Schwächen der älteren Ansätze zu vermeiden, aber auch gleichzeitig von dem Bestreben der neuen Modelltheorie abrücken, den Wachstumsprozeß als ein „simple piece of arithmetics" darzustellen. Im einzelnen sollte sie daher

1. keine monokausale Erklärung des Wachstumsprozesses aufstellen, so wie es J. Schumpeter und M. Weber versucht haben, sondern den Prozeß der wirtschaftlichen Entwicklung als Resultante der ökonomischen Aktionen aller am Wirtschaftsprozeß Beteiligten sehen[106];
2. vom Verhalten der Wirtschaftssubjekte ausgehen und nicht das „Verhalten der Investitionen, Nachfrage, Preise oder Einkommen als ob sie objektiv wirtschaftende Wesen wären betrachten"[107];
3. das wachstumsrelevante Verhalten der Wirtschaftssubjekte integriert in den sozialen Bereich erfassen und damit auch die sogenannten „problèmes non purement économiques", die sich in der modernen makroökonomischen Wachstumsforschung in der ungeklärten Restgröße „technischer Fortschritt" verbergen und die von vielen der älteren wachstumstheoretischen Ansätze wenigstens in Hypothesenform dargelegt wurden, berücksichtigen;
4. sich damit nicht auf makroökonomische Größen von hohem Aggregationsgrad stützen, sondern zunächst das wachstumsrelevante Verhalten der Wirtschaftssubjekte im mikroökonomischen Bereich zu erforschen suchen.

Nur so scheint es möglich zu sein, eine Wachstumstheorie aufzustellen und in kleinen Schritten zu überprüfen[108], die den wissenschaftstheoretischen Kriterien an eine empirische Theorie letztlich gerecht wird, die also Ansatzpunkte zu einer wirklichkeitsnahen Erklärung der mit dem Prozeß der volkswirtschaftlichen Entwicklung verbundenen Phänomene und ihrer Beeinflussung liefert[109].

---

[106] Vgl. *Zimmermann*, G.: Sozialer Wandel und ökonomische Entwicklung, S. 98.

[107] Vgl. *Lauterbach*, A.: Psychologie des Wirtschaftslebens, Reinbek b. Hamburg 1962, S. 12.

[108] Vgl. *Scherhorn*, G.: Aufgaben der sozialökonomischen Verhaltensforschung, S. 11.

[109] Vgl. *Schmölders*, G.: Der Beitrag der sozialökonomischen Verhaltensforschung zur Theorie der wirtschaftlichen Entwicklung, S. 367 f.

III. Der Rahmen einer empirischen Wachstumstheorie

1. Die Notwendigkeit der Einbeziehung soziologischer und sozialpsychologischer Erklärungsfaktoren

Wachstum und Entwicklung einer Volkswirtschaft wird an der Erhöhung der Gesamtproduktion von und der Gesamtnachfrage nach wirtschaftlichen Sachgütern und Dienstleistungen gemessen. „Da ‚Produzieren' und ‚Verbrauchen' (aber) zunächst einmal menschliches Verhalten ist, hat es die Theorie der wirtschaftlichen Entwicklung auch dann mit dem Verhalten von Menschen zu tun, wenn sie sich mit seinem wirtschaftlichen Ergebnis: der bewerteten Produktion, dem statistischen Umsatz und dem Preisniveau beschäftigt. Will sie nämlich zu einer Analyse der Arten und Beweggründe der wirtschaftlichen Entwicklung vorstoßen, so bleibt ihr nichts anderes übrig, als von der Handlung selbst, d. h. von den mannigfachen Arten und Formen menschlichen Verhaltens auszugehen, die das zu erklärende Phänomen bewirken und bestimmen"[1,2]; das Vorhandensein von natürlichen Ressourcen, Kapital und Arbeitskräften allein, reicht, wie die obige Analyse vieler der bisherigen wachstumstheoretischen Ansätze gezeigt hat, nicht aus, den Prozeß der wirtschaftlichen Entwicklung zu erklären[3].

Die Verhaltenshypothesen „können hierbei (jedoch) nicht, wie dies in der Nationalökonomie oft geschieht, als unabhängig von dem sozialen System, in dem sie wirken, betrachtet werden"[4], sie müssen vielmehr so angelegt sein, daß sie „mit dem Verhalten des wirtschaftenden Menschen der Nation, der Schicht und der Zeit übereinstimmen, deren Wirtschaft untersucht werden soll, wenn die Theorie für die Erklärung der Wirklichkeit brauchbar sein soll"[5]. Hypothesen über das wachstumsfördernde oder -hemmende Verhalten der Wirtschaftssubjekte, die diesen Ansprüchen gerecht werden, können daher auch kaum in einer rein ökonomischen Begriffssprache erstellt werden, denn das wachstumsrelevante Verhalten des wirtschaftenden Menschen ist, wie sein wirtschaftliches Handeln überhaupt, von seiner gesamten sozialen Umwelt geprägt und an Gruppen, Normen und Institutionen mannigfacher Art orientiert[6]. Ein

---

1/2 *Schmölders*, G.: a. a. O., S. 367.

3 Vgl. *Schmölders*, G.: Volkswirtschaftslehre als Sozialwissenschaft, Krefeld 1965, S. 11, und *Lauterbach*, A.: Psychologie des Wirtschaftslebens, Reinbek 1962, S. 50 und 61.

4 *Zimmermann*, G.: Sozialer Wandel und ökonomische Entwicklung, S. 47.

5 *Preiser*, E.: Das Rationalprinzip in der Wirtschaft und in der Wirtschaftspolitik, in: Jahrbuch für Nationalökonomie und Statistik, Bd. 158 (1953), S. 14; vgl. hierzu auch *Schmölders*, G.: Ökonomische Verhaltensforschung, in: ORDO, Bd. 5, Düsseldorf und München 1953, S. 205.

6 Vgl. *Schmölders*, G.: Ökonomische Verhaltensforschung, in: Arbeitsgemeinschaft für Forschung des Landes Nordrhein-Westfalen, Heft 71, Köln und Opladen 1957, S. 55.

verhaltenstheoretischer Ansatz zur Erklärung der wirtschaftlichen Entwicklung muß daher in starkem Maße berücksichtigen, „daß die Wirtschaftsentwicklung entscheidend bestimmt wird durch das Wesen der Gesellschaft“[7], durch eine Fülle von Faktoren also, die z. B. „das neoklassische Wirtschaftsmodell einfach ... als gegeben voraussetzt“[8]. Er kann daher nur dann einen höheren Erklärungswert für reale Wachstumsphänomene als diese „rein ökonomischen“ Theorien besitzen, wenn er sich auch „mit den institutionellen Faktoren wie der politischen Struktur, der Rechtsordnung, der Art der Geldverfassung usw. beschäftigt“[9], d. h. die Umweltbedingungen erforscht, aus denen das Wachstum entspringt, mit dem Ziel, die „sozial bedingte Verknüpftheit zwischen dem wirtschaftlichen Wachstum und den gesellschaftlichen Neigungen, Fähigkeiten, Institutionen einerseits und den technisch-ökonomischen Möglichkeiten andererseits herauszuarbeiten“[10].

Grundsätzlich bieten sich zwei Möglichkeiten an, diese soziale Determiniertheit des wachstumsrelevanten Verhaltens zu berücksichtigen: einmal wäre es möglich, die sozialen Faktoren der wirtschaftlichen Entwicklung als sog. „Imponderabilien“ den „rein ökonomischen“ Faktoren zur Seite zu stellen[11]. Diese Strategie hat jedoch den Nachteil, daß eine Gewichtung der Bedeutung dieser beiden Faktorgruppen: ökonomische und nicht ökonomische Größen, bei der Erklärung des realen Wachstumsprozesses sehr schwierig ist und daß sie darüber hinaus nicht vollständig berücksichtigen kann, daß das wirtschaftliche Verhalten des Menschen in den gesamten Bereich seines sozialen Handelns eingebettet ist: „Diese fundamentale Tatsache der Interdependenz ... aller Aspekte sozialen Verhaltens macht es schwierig, im allgemeinen sogar unmöglich, menschliches Verhalten im ökonomischen Bereich vorauszusagen oder in seinem Ablauf auch nur zu verstehen, wenn die sozialen und ökonomischen Antriebskräfte dieses Verhaltens in durchaus künstlicher Weise voneinander getrennt werden[12].“

Die zweite Möglichkeit, die diesen sozialen Bezug des wirtschaftlichen Handelns berücksichtigt, geht daher davon aus, daß der Bereich „Wirtschaft“ nur „eines von vielen Subsystemen innerhalb der Gesellschaft ist, in dem die Träger sozialer Rollen ihr Verhältnis zueinander und den

---

[7] *Rose*, K.: Der Erkenntniswert der Wachstumsmodelle, S. 322.

[8] *McClelland*, D.: Die Leistungsgesellschaft, S. 54.

[9] *Rose*, K.: a. a. O., S. 323, und *Domar*, E. D.: Economic Growth, An Econometric Approach, in: American Economic Review, Bd. 42, 1952, S. 481.

[10] *Brandt*, K.: Zur Theorie des Wirtschaftswachstums, in: Zeitschrift für Nationalökonomie, Bd. 17, S. 342; vgl. hierzu auch *Chamberlain*, N. W.: General theory of economic process, New York 1955, S. 3 ff.

[11] Vgl. *Schmölders*, G.: Psychologie des Geldes, Reinbek b. Hamburg 1966, S. 9 und *Brandt*, K.: Zur Theorie des Wirtschaftswachstums, S. 342.

[12] *Zimmermann*, G.: Sozialer Wandel und ökonomische Entwicklung, S. 30.

Zustand des gesamten Systems durch soziale Interaktionen bestimmen"[13]. Wachstumsrelevante Verhaltensweisen lassen sich somit auf Verhaltensmuster zurückführen, die in abgewandelter Form auch in anderen Bereichen der Gesellschaft auftreten; eine empirische Theorie des Wirtschaftswachstums sollte daher eingebettet in eine allgemeine Theorie des sozialen Handelns und des kulturellen Wandels konzipiert werden[14].

Die soziologische und sozialpsychologische Forschung, die damit in erster Linie angesprochen ist, die dem wirtschaftlichen Wachstum zugrunde liegenden Phänomene zu erklären, hat jedoch — wie die nationalökonomische Theorie in ihrem traditionellen Erklärungsbereich auch — bisher noch kein umfassendes theoretisches Konzept geliefert, das empirisch überprüfbar ist und von der sozialökonomischen Forschung als fertiges Erklärungsschema übernommen werden könnte[15], da gerade sie nach dem Bekenntnis vieler zeitgenössischer Autoren „der (bislang) am schwächsten ausgeprägte Zweig der soziologischen Theorie"[16] ist. Zwar wurde versucht, einen unterschiedlichen Entwicklungsstand verschiedener Volkswirtschaften durch einen Teil des Parsons'schen Schemas[17]:

Leistungsnormen versus Zurechnungsnormen
Universalismus versus Partikularismus
spezifische versus diffuse Orientierung

zu erklären, wobei die entwickelten Länder durch das Vorherrschen von Leistungsnormen, Universalismus, und spezifischer Orientierung, unterentwickelte Länder dagegen durch Zurechnungsnormen, Partikularismus und diffuse Orientierung charakterisiert werden; doch ist „niemals ernsthaft versucht (worden), die Kluft zu überbrücken, die zwischen idealisierten 'Variablenmustern' als Werkzeuge der Analyse einerseits und sozialen Normen, wie sie im Denken der Menschen wirklich bestehen, andererseits existiert"[18]. Hinzu kommt, daß eine mit Hilfe dieser Merkmale vorgenommene Beschreibung entwickelter und weniger entwickelter Volkswirtschaften leicht „zu der Annahme führt, daß es die sozialen Merkmale der entwickelten Länder sind, die ihr rasches Wachstum verursacht haben"[19]. Dieser Ethnozentrismus führt also „unweigerlich zu der Schlußfolgerung, daß der Weg zur Erlangung eines ähnlichen

[13] *Biervert*, B. und *Dierkes*, M.: Ein Modellentwurf für Empiriker, Antithesen zur neoklassischen Theorie, in: Der Volkswirt, 22. Jg., Nr. 23 v. 7. Juni 1968, S. 32.

[14] Vgl. *Parsons*, T.: Beiträge zur soziologischen Theorie, Neuwied 1964, S. 60.

[15] Vgl. *Cochran*, T. C.: The Entrepreneur in Economic Change, in: Behaviorial Science, Vol. 9, 1964, S. 111.

[16] *Zimmermann*, G.: Sozialer Wandel und ökonomische Entwicklung, S. 63.

[17] Vgl. *Parsons*, T. und *Smelser*, N. J.: Economy and Society, London 1957, S. 18.

[18] *McClelland*, D.: Die Leistungsgesellschaft, S. 60.

[19] *McClelland*, D.: a. a. O., S. 61.

Niveaus der Kapitalbildung, der Produktivität und des Verbrauchs in einer Kopie dieser Institutionen bestehe"[20] — eine Strategie, die sich jedoch als empirisch nicht haltbar erwies[21].

Bietet also die Soziologie heute noch keine vollständige und empirisch überprüfte Theorie des sozialen und kulturellen Wandels als ein solches Konzept an, das für die Erklärung des wachstumshemmenden oder -fördernden Verhaltens der Wirtschaftssubjekte einfach übernommen werden könnte, so bleibt für die Konzipierung einer empirischen Wachstumstheorie, die die wirtschaftliche Entwicklung aus dem Handeln des wirtschaftenden Menschen zu erklären versucht, nur übrig, auf die bisherigen Ansätze in den einzelnen Teilbereichen, wie sie z. B. die Arbeit von D. McClelland bietet, zurückzugreifen[22]. Er konnte empirisch nachweisen, daß die Verhaltensebene allein nicht ausreicht, den volkswirtschaftlichen Wachstumsprozeß umfassend zu erklären, sondern daß diese unmittelbaren Größen vielmehr von mittelbaren Faktoren institutioneller Art beeinflußt werden und auf Einstellungen und Motivationen beruhen, die durch die in der Gesellschaft herrschenden Normen und Werte gefiltert, in Lernprozessen übernommen und bei ihrer Ausübung oder Mißachtung sanktioniert werden[23].

Dem wachstumsrelevanten wirtschaftlichen Handeln sind also fortschrittliche oder hemmende Einstellungen und Motive vorgelagert. Diese sind wiederum von den in der Gesellschaft bestehenden Institutionen und Wertungen, demographischen Faktoren und Erfahrungen beeinflußt. Der Erfolg oder Nichterfolg, der diese Erfahrungen prägt, läßt sich für die Haushalte z. B. an der beruflichen Position und den damit verbundenen Sanktionen (Einkommensänderungen) oder am Sozialstatus, für die Unternehmungen am erzielten Gewinn, Marktanteil oder Umsatz ablesen. An dieser Stelle schließt sich der Kreis. Denn die für Erfolg oder Mißerfolg gewonnenen Maßstäbe sind letztlich wiederum nichts anderes als weitere Indikatoren wirtschaftlichen Handelns[24].

Der bloße Hinweis auf das Vorhandensein derartiger Einstellungen, Motive und institutioneller Faktoren reicht allerdings noch nicht aus, um ihre Integration in das verhaltenstheoretische Modell des wirtschaftlichen Wachstums zu rechtfertigen. „Diese Faktoren müssen dazu vielmehr auch einen Erklärungswert in dem Sinne besitzen, daß sie „operational" definiert und damit meßbar sind, sowie daß ihr Auftreten ursäch-

---

[20] *McClelland*, D.: ebenda.

[21] Vgl. *Schmölders*, G.: Der Beitrag der Verhaltensforschung zur Theorie der wirtschaftlichen Entwicklung, S. 365.

[22] Vgl. *Schmölders*, G.: ebenda, S. 367.

[23] Vgl. *Zimmermann*, G.: Sozialer Wandel und ökonomische Entwicklung, S. 36 und 39.

[24] Vgl. *Zimmermann*, G.: a. a. O., S. 42.

lich mit dem zu erklärenden Verhalten verknüpft ist“[25]; sie müssen zudem diesem Verhalten zeitlich vorausgehen, bei einer Gruppe von Wirtschaftssubjekten auftreten und über einen längeren Zeitraum stabil bleiben. Würden sich diese Faktoren zeitlich nur im Gleichschritt mit dem Verhalten selbst ändern, so wäre eine dieser Voraussetzungen nicht gegeben, so daß selbst ein eventuell nachgewiesener Zusammenhang für eine verhaltenstheoretische Erklärung des Wirtschaftstums unbrauchbar würde; wären sie sprunghaftem Wechsel unterworfen, ließe sich ihr Zusammenhang mit einem zeitlich darauf folgenden Verhalten nicht verfolgen[26]. Neben der Konstanz ist es also die Konformität dieser Faktoren, die einen Ansatzpunkt für Erklärung und Prognose in der wirtschaftlichen Entwicklung bietet[27].

Um den Beweggründen des wachstumsrelevanten Verhaltens näherzukommen, bedient sich die sozialökonomische Verhaltensforschung daher mehrerer Strategien. Sie kann einmal die entsprechenden Verhaltensweisen mit Hilfe leicht ermittelbarer Situationsmerkmale erheben, unter denen den demographischen Variablen, d. h. Merkmalen wie Beruf Alter, Schulbildung, Religion und Größe des Wohnortes eine besondere Bedeutung zukommt[28]. Diese ökonomischen und demographischen Faktoren reichen jedoch allein zur Erklärung des wachstumsrelevanten Verhaltens nicht aus; hinzugezogen werden müssen weitere Zwischenglieder, die insbesondere auf der Ebene der „Verhaltensdispositionen“ zu suchen sind, „zu denen sozialpsychologische Faktoren wie Einstellungen und Motive sowie weiterhin die wechselnden Ansprüche, Stimmungen und die sich wandelnden Erwartungen“[29] zählen — Einflußfaktoren, die von den in der Gesellschaft bestehenden Institutionen und Normen sowie durch die Erfahrung der Wirtschaftssubjekte in der Vergangenheit mitgeprägt zu werden pflegen.

Diese Überlegungen, das wachstumsrelevante Verhalten der Wirtschaftssubjekte durch ihre Einstellungen und Motive, demographische und institutionelle Faktoren zu erklären, lassen sich in einem einfachen Schema unterbringen. Es wurde hier auf wirtschaftliches Wachstum abgestellt, dürfte in abgewandelter Form jedoch auch für andere Fälle sozialen und wirtschaftlichen Handelns gelten:

---

[25] *Schmölders*, G.: Der private Haushalt als Gegenstand der Verhaltensforschung, S. 53.

[26] Vgl. *Strümpel*, B.: Konsumentenverhalten und wirtschaftliche Entwicklung, in: Wirtschaftstheorie als Verhaltenstheorie — ein Symposion der Forschungsstelle für empirische Sozialökonomik, Berlin 1969, S. 70.

[27] Vgl. *Schmölders*, G.: Ökonomische Verhaltensforschung, S. 214.

[28] Vgl. *Schmölders*, G.: Der private Haushalt als Gegenstand der Verhaltensforschung, S. 53.

[29] *Schmölders*, G.: ebenda.

Modell zur Erklärung wachstumsrelevanten Verhaltens

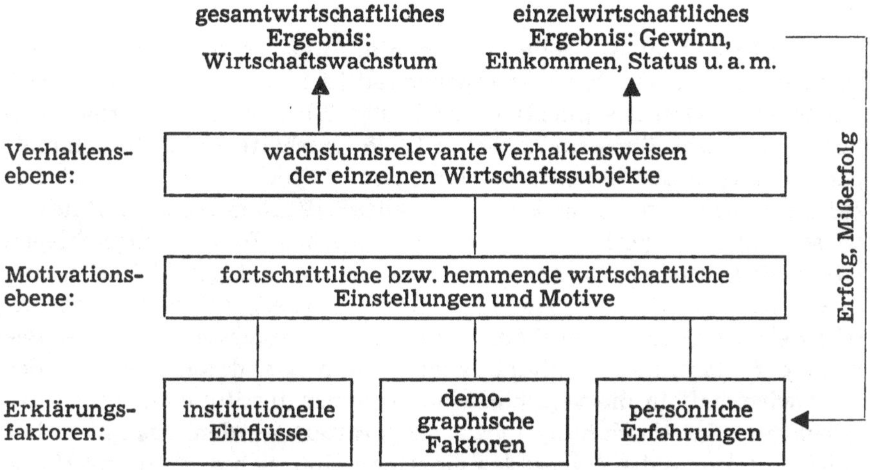

2. Die Notwendigkeit einer mikroökonomischen Fundierung

Die Aufgabe, wachstumstheoretische Ansätze zu konzipieren, die

1. empirisch überprüfbar sind,
2. eine Erklärung und Prognose der wirtschaftlichen Entwicklung ermöglichen, die
3. ihren Ansatzpunkt daher in den wachstumshemmenden oder -fördernden Verhaltensweisen der wirtschaftenden Menschen sehen und die darüber hinaus
4. solche Größen in den Bereich der erklärenden Variablen einbeziehen, die ihrerseits das wachstumsrelevante Verhalten der Wirtschaftssubjekte mitbestimmen, über den Rahmen der „rein ökonomischen" Zusammenhänge aber hinausgehen,

kann nur durch eine „Abkehr von der ausschließlich makroökonomischen Orientierung"[30] und eine Hinwendung zu mikroökonomischen Aussagen gelöst werden, denn „die rein makroökonomische Betrachtung reicht nicht aus, wenn nach den Gründen des sehr heterogenen Erscheinungsbildes des Wachstumsprozesses in den einzelnen Ländern ... geforscht ... und wenn Ansatzpunkte für die Wachstumspolitik gesucht werden"[31]: „On pourrait même dire qu'une théorie du dévelopment signifie un exposé

---

[30] *Machlup*, F.: Der Wettstreit zwischen Mikro- und Makrotheorien in der Nationalökonomie, Tübingen 1960, S. 49.

[31] *Bombach*, G.: Artikel Wirtschaftswachstum, S. 796 f.

des conséquences macro-économiques des actions créatives des micro-unites[32]."

Als mikroökonomisch sollen hierbei alle Aussagen bezeichnet werden, „welche sich auf die den gesamtwirtschaftlichen Kosmos bildenden elementaren Wirtschaftseinheiten beziehen"[33]. Elementare Wirtschaftseinheiten in diesem Sinne sind in erster Linie Haushalte und Unternehmungen[34], während der Bereich der staatswirtschaftlichen Tätigkeit bei dieser Einteilung von den meisten volkswirtschaftlichen Autoren üblicherweise stillschweigend dem makroökonomischen Bereich zugeschlagen wird[35]. Besteht aber für die Konzeption einer den obigen Kriterien entsprechenden Wachstumstheorie die Notwendigkeit, auf mikroökonomische Relationen zurückzugehen, so muß konsequenterweise auch der Bereich der staatlichen Aktivität analog zu den anderen Sektoren der Volkswirtschaft in die verschiedenen einzelnen Institutionen, Organisationen und Entscheidungsgruppen disaggregiert werden. Als mikroökonomisch gelten daher neben den einzelnen Unternehmungen und Haushalten auch dieser in einzelne Entscheidungseinheiten disaggregierte Bereich der staatlichen Aktivität. Auf der Basis dieser Definition der Mikroökonomik werden dann alle Größen als makroökonomisch bezeichnet, „die durch Zusammenfassung bzw. Addition der entsprechenden mikroökonomischen Größen gewonnen sind"[36], ohne hierbei auf die bekannte Problematik des Aggregationsgrades einzugehen, d. h. die Frage zu klären, wieviele Aussagen über einzelne elementare Wirtschaftseinheiten mindestens zusammengefaßt werden müssen, um den Anspruch zu erheben, makroökonomisch genannt zu werden[37].

Welche Gründe lassen sich nun im einzelnen dafür anführen, daß es für die Konzeption einer den obigen Ansprüchen genügenden Wachs-

---

[32] *Akerman*, J.: Une théorie générale de développment économique est-elle conçevable? in: Economie appliquée No. 12, 1959, S. 251.

[33] *Schneider*, E.: Einführung in die Wirtschaftstheorie, 1. Teil: Theorie des wirtschaftlichen Kreislaufs, 10. revidierte Aufl., Tübingen 1963; vgl. hierzu auch *Gäfgen*, G.: Theorie der wirtschaftlichen Entscheidung, S. 18 und *Allen*, R. G. D.: Mathematical Economics, New York 1959, S. 694.

[34] Vgl. *Schneider*, E.: ebenda.

[35] Vgl. *Schneider*, E.: a. a. O., S. 86 f.

[36] *Schneider*, E.: Einführung in die Wirtschaftstheorie, 1. Teil: Theorie des Wirtschaftskreislaufs, S. 59; vgl. hierzu auch *Dewett*, K. K.: Modern Economic Theory — Mikro and Makro Analysis New Dehli 1967, S. 21, der eine ähnliche Unterteilung vornimmt: „When we are analysing the various problems of the economy as a whole, it is a makro-economic study, while an analyse of the behavior of any particular decision-making unit, such as a firm, an industry, a consumer, constitutes mikro-economics."

[37] Vgl. hierzu die ausführliche Diskussion dieser Fragen bei *Machlup*, S.: Der Wettstreit zwischen Mikro- und Makrotheorien in der Nationalökonomie, sowie bei *Scherhorn*, G.: Aufgaben der sozialökonomischen Verhaltensforschung, S. 13.

tumstheorie erforderlich ist, auf mikroökonomische Relationen zurückzugreifen?

Die Vielzahl von Argumenten, die für eine solche „Reduktion makroökonomischer Relationen auf mikroökonomische Aussagen“[38] spricht, läßt sich im wesentlichen auf drei Gründe zurückführen:

1. Die größere Leistungsfähigkeit mikroökonomisch fundierter Aussagen zur Erklärung der Realität.

Eine Kausalanalyse läßt sich nämlich „nicht in makroökonomischen Begriffen von hohem Aggregationsgrad durchführen. Man muß sich vielmehr den Trägern der Entwicklung“[39] zuwenden; in jeder Volkswirtschaft mit Ausnahme der extremen Zentralverwaltungswirtschaft mit absolutem Kontrollsystem[40] ist „der Ablauf des wirtschaftlichen Geschehens (in mehr oder weniger großem Umfang) das Ergebnis der voneinander unabhängigen Entscheidungen der handelnden Wirtschaftssubjekte. Mithin ist auch die Wachstumsrate und ihre Veränderung von Jahr zu Jahr das Ergebnis des Zusammenwirkens von Millionen voneinander unabhängiger individueller Beschlüsse“[41].

Diese Entscheidungen der Wirtschaftssubjekte, die den Wachstumsprozeß steuern[42], sind nur der mikrotheoretischen Analyse zugänglich[43], wenn man wie hier unterstellt, daß „ununterbrochen eine Steuerung der makroskopischen Prozesse durch die mikroskopischen Objekte“[44] erfolgt. „The macro-relations, therefore, are derived constructions; the economic theory of any model runs in micro-terms, based on decisions taken, e. g. by individual consumers or firms[45].“ Es ist daher erforderlich, „to go behind the macro-relations, to see how individual decisions lead to stable

---

[38] *Scherhorn*, G.: Aufgaben der sozialökonomischen Verhaltensforschung, S. 10.

[39] *Schneider*, E.: Einige Bemerkungen zur Theorie des wirtschaftlichen Wachstums, S. 30; vgl. auch *Kloten*, N.: Mikro- und Makroanalyse als Grundlage wirtschaftspolitischer Entscheidungen, in: Zeitschrift für die gesamte Staatswissenschaft, Bd. 114, 1958, S. 33.

[40] Ein absolutes, d. h. allumfassendes Kontrollsystem ist hier als zusätzliche Prämisse erforderlich, da auch informelle Prozesse ausgeschaltet werden müssen, um die sonst zwar oft sehr kleinen, aber immer gegebenen Einflußmöglichkeiten der elementaren Wirtschaftseinheiten außerhalb oder am Rande der zentralen Vorschriften auszuschalten. Nur unter diesen Bedingungen ist es denkbar, daß der Einfluß der elementaren Einheiten auf den Wirtschaftsprozeß völlig verschwindet.

[41] *Schneider*, E.: Das Spiel mit den Wachstumsraten; vgl. hierzu auch *Woll*, A., Wachstum als Ziel der Wirtschaftspolitik, S. 19, und *Bidlingmaier*, J., Unternehmerziele und Unternehmerstrategien, Wiesbaden 1964, S. 185.

[42] Vgl. *Poletajew*, J. A.: Kybernetik, Berlin 1962, S. 11.

[43] *Machlup*, F.: Der Wettstreit zwischen Mikro- und Makrotheorien in der Nationalökonomie, S. 49 und *Fürstenberg*, F.: Wirtschaftssoziologie, S. 20.

[44] *Poletajew*, J. A.: a. a. O., S. 12.

[45] *Allen*, R. G. D.: Mathematical Economics, S. 694.

relations in the aggregate — if indeed they do so at all"[46]. Hinzu kommt, daß „erst die Kenntnisse des Verhaltens der einzelnen Wirtschaftssubjekte verraten könnten, welche Verhaltensweisen wesentlich und welche unwesentlich sind. Die Verwendung nur wesentlicher Verhaltensweisen für die Schaffung makroökonomischer Gruppen, Relationen, Parameter und Variable"[47] ist aber nur möglich, wenn solche Verhaltensweisen zunächst in der Mikroanalyse herausgestellt werden.

Erst die Reduktion makroökonomischer Relationen auf mikroökonomische Größen ermöglicht es darüber hinaus, eine Verbindung zu den psychologischen Variablen[48] zu schaffen: „L'économie microcosmique fait la liaison entre cette économie propre et les disciplines psycho-sociologiques dont relève le comportement humain[49]." Nur sie kann somit die Grundlage für eine umfassende Analyse der wirtschaftlichen Entwicklung bilden, die sich wie hier nicht in rein ökonomischen Kategorien erschöpft, sondern den wirtschaftlichen Wachstumsprozeß eingebettet in den dynamischen Wandel der Gesellschaft und abhängig von bestimmten gesellschaftlichen Wertungen und Haltungen darstellt[50].

2. Die Heterogenität makroökonomischer Größen.

Jedes makroökonomische Wachstumsmodell, das nicht auf einer mikroökonomischen Analyse des Verhaltens der einzelnen Wirtschaftssubjekte aufbaut, ist darauf angewiesen, gewisse Verhaltensweisen der Wirtschaftssubjekte „a priori funktionsmäßig oder durch Koeffizienten"[51] festzulegen, bei denen es sich, „gleichgültig ob einfache Berechnungen angestellt werden oder ob komplizierte Modelle wie etwa die Produktionsfunktion benutzt werden, stets (um) sehr heterogene Gebilde (handelt), die nicht ohne weiteres wie homogene Größen behandelt werden dürfen"[52], weil sie „auf ganz unterschiedliche Antriebskräfte zurückgehen und unterschiedlichen Entwicklungsgesetzen unterliegen"[53]. Die Verhaltenskoeffizienten solcher Theorien sind also nichts weiter als statistische Durchschnitte, die durch extrem weit auseinanderliegende Einzelwerte

---

[46] *Allen*, R. G. D.: ebenda.

[47] *Wölker*, A.: Die Bedeutung der empirischen Verhaltensforschung für die ökonomische Theorie, S. 36.

[48] *Katona*, G.: Das Verhalten der Verbraucher und Unternehmer, Tübingen 1960, S. 23; vgl. hierzu auch *Kloten*, N.: Mikro- und Makroanalyse als Grundlage wirtschaftspolitischer Entscheidungen, S. 33.

[49] *Granger*, G. G.: Méthodologie économique, Paris 1955, S. 226.

[50] Vgl. *Rexhausen*, F.: Der Unternehmer und die volkswirtschaftliche Entwicklung, S. 32.

[51] *Brandt*, K.: Zur Theorie des Wirtschaftswachstums, S. 341.

[52] *Krengel*, R.: Möglichkeiten und Grenzen der Messung des technischen Fortschritts, in: Strecker, H. und Bihn, W. R. (ed.),: Die Statistik in der Wirtschaftsforschung, Festschrift für Rolf Wagenführ zum 60. Geburtstag, Berlin 1967, S. 351.

[53] *Schmölders*, G.: Finanzpolitik, 2. Aufl., Berlin—Heidelberg—New York 1965, S. 13.

zustande gekommen sein können. Weil man aber nicht annehmen kann, daß die Einzelwerte ihr Verhältnis zueinander im Zeitablauf nicht ändern, sind die Durchschnitte, sofern sie keinen Bezug zur Mikroökonomik besitzen, auch nicht geeignet, „in irgendeinen funktionalen Zusammenhang als abhängige oder unabhängige Variable einzugehen, sofern diese Funktion die Wirklichkeit prognostizieren soll“[54]. Bei solchen makroökonomischen Theorien, die ohne Bezug zu den mikroökonomischen Verhaltensweisen der Wirtschaftssubjekte aufgebaut sind, kann es nämlich jederzeit passieren, daß die „Zusammenhänge der Makrogrößen durch Faktoren gestört werden, die in der Makrotheorie keine Berücksichtigung und Erklärung finden“[55]. Auch das „Gesetz der großen Zahl“, das oft zur Rechtfertigung verhaltensunabhängiger Verwendung wirtschaftlicher Gesamtgrößen herangezogen wird, kann nicht helfen, diese Unsicherheit der rein makroökonomischen Theorien zu beseitigen, denn es gilt ja nur dann, wenn das Verhalten der Wirtschaftssubjekte vorwiegend durch Zufallsfaktoren bestimmt wird, bei denen sich die individuellen Verhaltensunterschiede insgesamt gegenseitig ausgleichen. Da aber eher anzunehmen ist, daß eine Fülle von Determinanten die wirtschaftenden Menschen „gleichzeitig und gleichsinnig beeinflussen“[56], sind die Voraussetzungen für die Anwendung des „Gesetzes der großen Zahl“ nicht gegeben. Eine nicht das Verhalten der einzelnen elementaren Wirtschaftssubjekte integrierende makroökonomische Theorie führt daher „naturgemäß zu Ergebnissen, die weniger aussagen und auch unbestimmter sind als die einer Theorie, die sich die Erforschung der Zusammenhänge zwischen den kleinsten handelnden Wirtschaftseinheiten zur Aufgabe gemacht hat“[57], denn aus den genannten Gründen „nimmt die Bedeutung der Resultate einer makroökonomischen Theorie und ihre quantitative Bestimmtheit um so mehr ab, je größer und inhomogener die Gruppen sind, auf die sich die Betrachtung gründet“[58].

Um also den für die Erklärung von Strukturveränderungen und die Wirtschaftspolitik gleichermaßen notwendigen, bei Verwendung rein makroökonomischer Größen aber unsicheren Schluß[59] von den Veränderungen bestimmter ökonomischer Aggregatgrößen auf den Umfang der

---

[54] *Brinkmann*, G.: Der Beitrag der sozialökonomischen Verhaltensforschung zur Vorausschätzung des Bedarfs an hochqualifizierten Führungskräften, in: Wirtschaftstheorie als Verhaltenstheorie, Ein Symposion der Forschungsstelle für empirische Sozialökonomik, Berlin 1969, S. 21.

[55] *Wölker*, A.: Die Bedeutung der empirischen Verhaltensforschung für die ökonomische Theorie, S. 36.

[56] *Bidlingmaier*, J.: Unternehmerziele und Unternehmerstrategien, S. 185; vgl. auch *Gerfin*, H.: Langfristige Wirtschaftsprognose, S. 21.

[57] *Schneider*, E.: Einführung in die Wirtschaftstheorie, 1. Teil: Theorie des Wirtschaftskreislaufs, S. 61.

[58] *Schneider*, E.: ebenda.

[59] Vgl. *Bombach*, G.: Artikel Wirtschaftswachstum, S. 797.

Veränderungen in den mikroökonomischen Einheiten zu vermeiden[60], ist es erforderlich, bei der Analyse des wirtschaftlichen Wachstums von vornherein die mikroökonomischen Zusammenhänge zu berücksichtigen[61].

3. Die Notwendigkeit von Mikro-Informationen für die Wirtschaftspolitik.

Wie die überwiegende Zahl der wirtschaftspolitischen Maßnahmen — auch wenn sie zum Ziel haben, bestimmte makroökonomische Größen wie Investitions-, Konsum- oder Sparquoten zu verändern — setzen auch die Stimuli, mit denen der Wachstumsprozeß beeinflußt werden soll, im mikroökonomischen Bereich an, d. h., sie versuchen, die Pläne der einzelnen Wirtschaftseinheiten und damit auch ihr Verhalten in eine dem wirtschaftspolitischen Ziel konforme Richtung zu lenken[62]. Nur einer auf der Analyse der einzelnen Wirtschaftseinheiten aufbauenden Wachstumsforschung ist es jedoch möglich, „die wesentlichen individualwirtschaftlichen Realkomponenten zu erfassen und damit die Wirklichkeitsnähe zu erlangen, welche eine Theorie als sinnvolle Grundlage für die Wirtschaftspolitik qualifiziert"[63]. Die Mikroanalyse ist daher eine wesentliche Voraussetzung für das Auffinden wirtschaftspolitischer Ansatzpunkte[64] zur Lenkung und Stimulierung des Wachstumsprozesses, denn die Effizienz der Maßnahmen hängt davon ab, in welchem Umfange das Verhalten der Wirtschaftssubjekte und die es bestimmenden Einstellungen und Motive von der zugrunde liegenden Theorie berücksichtigt werden.

IV. Grundzüge einer empirischen Wachstumstheorie

1. Die institutionellen Bereiche der Volkswirtschaft als Ansatzpunkte einer empirischen Wachstumstheorie

Als Ansatzpunkte für eine empirische, auf mikroökonomischen Relationen aufbauenden Wachstumstheorie, die die wirtschaftliche Entwicklung letztlich als Ergebnis des Verhaltens der einzelnen Wirtschafts-

[60] Vgl. *Krieghoff*, A.: Technischer Fortschritt und Produktivitätssteigerung, S. 58.

[61] Vgl. *Kloten*, N.: Mikro- und Makroanalyse als Grundlage wirtschaftspolitischer Entscheidungen, S. 36, und *Scherhorn*, G.: Aufgaben der sozialökonomischen Verhaltensforschung, S. 10.

[62] Vgl. R. *Nelsen*: Aggregative Production Functions and Economic Growth Policy, in: M. Brown (ed.): The Theory and Empirical Analysis of Production, New York and London 1967, S. 480.

[63] *Kloten*, N.: Mikro- und Makroanalyse als Grundlage wirtschaftspolitischer Entscheidungen, S. 36.

[64] Vgl. *Kloten*, N.: a. a. O., S. 37 und *Gerfin*, H.: Langfristige Wirtschaftsprognose, S. 175.

subjekte und ihrer dazu beitragenden Motive und Einstellungen sieht[1], dienen zweckmäßigerweise die drei „institutionellen Bereiche“ der Volkswirtschaft: der Bereich der Unternehmen, der Bereich der Haushalte und der Bereich der staatswirtschaftlichen Tätigkeit[2]. Diese Bereiche fassen typische Gruppen von Wirtschaftssubjekten zusammen[3], denen aufgrund ihrer Rolle im ökonomischen System eigene Parameter zur Verfügung stehen, durch die sie den Wachstumsprozeß stimulieren oder hemmen können.

Es gilt daher, jeweils den Beitrag der Unternehmungen, den der Haushalte und den des Staates zum wirtschaftlichen Wachstum zu bestimmen, d. h. die Gebiete, in denen diese Gruppen von Wirtschaftseinheiten den Wachstumsprozeß beeinflussen können, und gleichzeitig die Verhaltensweisen, die in den einzelnen Bereichen als wachstumsrelevant angesehen werden müssen. Als Haushalt soll hierbei „die Einheit der auf Sicherung der gemeinsamen Bedarfsdeckung einer Menschengruppe gerichteten Verfügungen“[4] verstanden werden, wobei jedoch mit einbezogen wird, daß in einem Haushalt nicht nur Konsum-, sondern auch Produktionsprozesse stattfinden, die in der weiteren Verarbeitung von Nahrungsmitteln zur Konsumreife, Reparaturen u. ä. bestehen können[5]. Als Unternehmungen werden dagegen solche Organisationen der Volkswirtschaft gesehen, die den technischen Rahmen der Produktion bilden[6]. Synonym als Bezeichnungen für die produzierenden Einzelwirtschaften werden neben dem Begriff der Unternehmung auch die Begriffe Betrieb und Unternehmer ohne Rücksicht auf die Fülle von definitorischen Differenzierungen verwendet, die in der Betriebswirtschaftslehre zwischen diesen drei Begriffen vorgenommen werden[7]. Im Bereich der staatswirtschaftlichen Tätigkeit werden alle diejenigen Wirtschaftsformen zusammengefaßt, „die grundsätzlich zentral geleitet sind, die weiterhin nicht

---

[1] Vgl. *Schmölders*, G.: Der Beitrag der Verhaltensforschung zur Theorie der wirtschaftlichen Entwicklung, S. 363.

[2] *Klatt*, S.: Zur Theorie der Industrialisierung, S. 166; vgl. hierzu auch Fürstenberg, F.: Wirtschaftssoziologie, Berlin 1961, S. 19, *Schneider*, E.: Ein halbes Jahrhundert Wirtschaftswissenschaften, in: Frankfurter Allgemeine Zeitung vom 25. 1. 1969, S. 17, und *Åkerman*, J.: Une Théorie générale de Développement économique est-elle concevable?, S. 252.

[3] *Klatt*, S.: ebenda.

[4] *Egner*, E.: Artikel „Haushalt“, in: HdSW, Bd. 5, Stuttgart—Tübingen—Göttingen 1965, S. 66; vgl. hier auch *Scherhorn*, G.: Empirische Theorie der Nachfrage, unveröffentlichte Habilitationsschrift, Köln 1966, S. 88 ff., der sich ausführlich mit den verschiedenen Definitionen des Haushaltes auseinandersetzt.

[5] Vgl. *Lüttge*, F.: Ausgangstatsachen der Volkswirtschaftslehre, S. 15.

[6] Vgl. *Wessel*, Th.: Grundlagen der Wirtschaft, in: Hax, K. und Wessels, Th. (ed.): Handbuch der Wirtschaftswissenschaften, Bd. 2, Volkswirtschaft, 2. überarb. und erw. Aufl., Köln und Opladen 1966, S. 42.

[7] Vgl. *Kosiol*, E.: Die Unternehmung als wirtschaftliches Aktionszentrum, Reinbek bei Hamburg 1966, S. 16 ff., und *Gutenberg*, E.: Grundlagen der Betriebswirtschaftslehre, 1. Band: Die Produktion, S. 40 ff.

nach dem marktwirtschaftlichen Prinzip des ‚do ut des' handeln müssen und die sich schließlich die Einnahmen durch hoheitlichen Zwang beschaffen können"[8]. Der Bereich des Staates umfaßt damit die verschiedenen Gebietskörperschaften einer Volkswirtschaft sowie die mit öffentlichen Befugnissen ausgestatteten selbständigen Sonderinstitutionen"[9]; öffentliche Unternehmungen, die nach privatwirtschaftlichen Gesichtspunkten geführt werden, werden hierbei nicht dem Bereich der staatswirtschaftlichen Tätigkeit, sondern dem Unternehmensbereich zugeordnet[10].

Das wachstumsrelevante Verhalten der Wirtschaftssubjekte in diesen drei institutionellen Bereichen darf in einer empirischen Theorie des wirtschaftlichen Wachstums jedoch nicht isoliert binnenwirtschaftlich gesehen werden. Die außenwirtschaftlichen Verflechtungen der Volkswirtschaften stellen vielmehr auch diesen verhaltenstheoretischen Ansatz zur Erklärung der wirtschaftlichen Entwicklung vor die Aufgabe, den Einfluß mit in das Konzept einzubeziehen, den die Außenwirtschaftsbeziehungen auf das Wachstum einer Volkswirtschaft ausüben, denn: auch wenn die Wachstumsimpulse, die aus diesem Bereich ausgehen, letztlich aus dem Verhalten der wirtschaftenden Menschen in den Unternehmungen, Haushalten und im Bereich der staatswirtschaftlichen Tätigkeit erklärbar sind, ergeben sich auf dem Gebiet der Außenwirtschaft doch eine Fülle von Besonderheiten — zwar oft nur gradueller Art — zu den verhaltenstheoretischen Ansätzen im binnenwirtschaftlichen Rahmen. Unter Außenwirtschaft soll hierbei der gesamte Bereich des Austausches von Sachgütern und Dienstleistungen sowie sämtliche monetären Beziehungen zwischen verschiedenen Volkswirtschaften verstanden werden[11].

2. Die Angebotsseite: Der Beitrag der Unternehmungen zum wirtschaftlichen Wachstum

a) Die mikroökonomische Produktionsfunktion als Grundlage der Analyse

Will man den Beitrag analysieren, den die einzelnen unternehmerisch tätigen Wirtschaftseinheiten zum gesamtwirtschaftlichen Wachstum leisten, so muß Ausgangspunkt einer solchen Untersuchung das Sachziel dieser Institutionen in der Gesamtwirtschaft sein. Dieses ist im wesentlichen die Kombination von Produktionsfaktoren zum Zwecke des Güter-

[8] *Littmann*, K.: Zunehmende Staatstätigkeit und wirtschaftliche Entwicklung, Köln und Opladen 1957, S. 35.
[9] *Klatt*, S.: Zur Theorie der Industrialisierung, S. 314.
[10] Vgl. *Klatt*, S.: a. a. O., S. 166.
[11] Vgl. *Klatt*, S.: Zur Theorie der Industrialisierung, S. 372.

angebotes[12]. Der Beitrag der Unternehmungen zum Wirtschaftswachstum ist daher vor allem angebotsorientiert zu sehen; er findet seinen Niederschlag in der Erhöhung des Gesamtangebotes der Volkswirtschaft[13]. Für die Erstellung eines auf den Verhaltensweisen der elementaren Wirtschaftseinheiten aufbauenden Wachstumsmodelle gilt es somit, die makroökonomische Größe „Erhöhung des Gesamtangebotes" in mikroökonomische Verhaltensweisen der unternehmerisch tätigen Wirtschaftssubjekte aufzulösen.

Bei einer rein angebotsorientierten Betrachtung des Wirtschaftswachstums — so wie sie hier bei der Analyse des Unternehmenssektors vorgenommen wird — bewirkt jede Erhöhung des Angebotes der einzelnen Unternehmung auch eine Steigerung des Gesamtangebotes der Volkswirtschaft, denn es gilt:

(1) $$\Delta A = A_{t1} - A_{t0}$$

ΔA = Veränderung des Gesamtangebotes in der Volkswirtschaft
A_{t0} = Gesamtangebot einer Volkswirtschaft in der Periode t_0
A_{t1} = Gesamtangebot einer Volkswirtschaft in der Periode t_1

Unter den obigen Annahmen gilt weiterhin:

(2) $$A_{t0} = a_{0i} + \sum_{n=1}^{n-1} a_{0n} \quad \text{und}$$

(3) $$A_{t1} = a_{1i} + \sum_{n=1}^{n-1} a_{1n}$$

a_{0i} = Angebot der Unternehmung i in der Periode $t0$
a_{1i} = Angebot der Unternehmung i in der Periode $t1$
$\Delta a_i = a_{1i} - a_{0i}$ = Veränderung des Angebotes der Unternehmung i
n = Gesamtzahl der Unternehmungen.

Durch Umformung und Einsetzen erhält man sodann:

(4) $$\Delta A = a_{1i} + \sum_{n=1}^{n-1} a_{1n} - (a_{0i} + \sum_{n=1}^{n-1} a_{0n})$$

oder

(5) $$\Delta A = a_{1i} - a_{0i} + \sum_{n=1}^{n-1} a_{1n} - \sum_{n=1}^{n-1} a_{0n}$$

---

[12] Vgl. *Wessels*, Th.: Grundlagen der Wirtschaft, S. 40.

[13] Ob die Erhöhung des Gesamtangebotes der Unternehmungen von Dauer ist und damit langfristig zu einem Wachstum führt, ist in erster Linie von einem wachstumsfördernden Verhalten der übrigen Wirtschaftssubjekte, Staat und Haushalte, vor allem in ihrer Funktion als Nachfrager, abhängig.

Da unter der Annahme der Konstanz des Angebotes aller Unternehmungen mit Ausnahme der Unternehmung *i* gilt:

$$\sum_{n=1}^{n-1} a_{1n} = \sum_{n=1}^{n-1} a_{0n}$$

ergibt sich somit:

$$\Delta A = \Delta a_i \qquad (6)$$

Das bedeutet aber, daß bei angebotsorientierter Betrachtung die Veränderung des Gesamtangebotes einer Volkswirtschaft der Gesamtheit der Veränderungen der Angebotsmengen der einzelnen Unternehmungen entspricht. Die Frage nach den Verhaltensweisen, durch die der Beitrag der Unternehmungen zum gesamtwirtschaftlichen Wachstum bestimmt wird, reduziert sich somit auf die Frage nach den Faktoren, von denen die Veränderungen des Angebotes der einzelnen Unternehmung abhängen.

Sieht man die von einer Unternehmung in einer Wirtschaftsperiode produzierten Sachgüter und Dienstleistungen als Ergebnis eines Prozesses der Kombination produktiver Faktoren an, so wird ihr Umfang bestimmt durch die Einsatzmengen und Beschaffenheit der einzelnen Produktionsfaktoren sowie die Art ihrer Kombination[14]. Dieser Zusammenhang zwischen dem Ertrag des betrieblichen Kombinationsprozesses, der in den Einzelwirtschaften erzeugten Menge an Gütern und Dienstleistungen, und dem Einsatz an Produktionsfaktoren sowie die Art ihrer Kombination wird durch die mikroökonomische Produktionsfunktion festgehalten; sie lautet in ihrer allgemeinsten Form[15]:

$$x = f(r_1, r_2, r_3 \ldots r_n) \qquad (7)$$

Hierbei sind:

x = das gütermäßige Ergebnis des Kombinationsprozesses
$r_1, r_2, r_3 \ldots r_n$ = Einsatzmengen der einzelnen Produktionsfaktoren.

Lehnt man sich an die bei der Darstellung des Zusammenhanges zwischen einzel- und gesamtwirtschaftlichem Angebot verwandte Terminologie an und setzt das gütermäßige Ergebnis des Produktionsprozesses x dem einzelwirtschaftlichen Angebot a gleich[16], so lautet die allgemeine Form der Funktion:

$$a = f(r_1, r_2, r_3 \ldots r_n). \qquad (7\,a)$$

---

[14] Vgl. *Gutenberg*, E.: Grundlagen der Betriebswirtschaftslehre Bd. 1, Die Produktion, S. 8.

[15] Vgl. *Kilger*, W.: Produktions- und Kostentheorie, Wiesbaden 1958, S. 11.

[16] Diese Identität der Menge der in einem Unternehmen erzeugten Güter und Dienstleistungen mit dem einzelwirtschaftlichen Angebot kann in einer langfristigen Betrachtung — und um eine solche handelt es sich ja bei der Wachstumsforschung — als realistisch angesehen werden, denn die betriebliche Lagerhaltung als Ergebnis temporärer Divergenzen zwischen a und x

Wird das Wachstum des Gesamtangebotes an Sachgütern und Dienstleistungen einer Volkswirtschaft durch die Veränderungen des mikroökonomischen Angebotes bestimmt, so muß die einzelwirtschaftliche Produktionsfunktion damit als der zentrale Schlüssel zur Analyse des Beitrages der Unternehmungen zum wirtschaftlichen Wachstum angesehen werden[17]. Die in der Produktionsfunktion festgehaltene funktionale Beziehung zwischen Faktoreneinsatz und -ergebnis darf nun keineswegs — wie es noch oft geschieht — als Ausdruck für die technischen Notwendigkeiten und die technisch-naturgesetzlichen Beziehungen des Produktionsprozesses angesehen werden; sie spiegelt vielmehr das Ergebnis menschlicher Entscheidungen und Dispositionen wider und ist daher in erster Linie eine Verhaltensfunktion[18], die zeigt, wie „die Leitung des Unternehmens den Ablauf des Kombinationsprozesses bestimmt"[19]. In einer empirischen mikroökonomischen Produktionsfunktion müssen daher sämtliche Faktoren, die zur Erstellung des einzelwirtschaftlichen Angebotes kombiniert werden oder die die Art des Kombinationsprozesses beeinflussen, zusammengefaßt und in ihrer Gewichtung zueinander dargestellt werden. Allein eine solche Produktionsfunktion kann zeigen, welche unternehmerischen Strategien, d. h. Veränderungen im Einsatz der produktiven Faktoren, die Höhe des einzelwirtschaftlichen Angebotes an Sachgütern und Dienstleistungen besonders stark beeinflussen und damit besonders wachstumsrelevant sind, und welche einen weitaus geringeren Einfluß auf die Veränderungen des Angebotes der einzelnen Unternehmung und dadurch auch des Gesamtangebotes der Volkswirtschaft haben.

Die weitere Analyse des wachstumsrelevanten Verhaltens der unternehmerisch tätigen Wirtschaftssubjekte macht es daher zunächst erforderlich, die unter (7) angeführte allgemeine Form der Produktionsfunktion näher zu spezifizieren, d. h. die einzelnen Produktionsfaktoren explizit zu nennen und die Art ihrer Kombination bei der Erstellung des Unternehmensergebnisses, d. h. ihre funktionale Verknüpfung mit dem einzelwirtschaftlichen Angebot a zu bestimmen. Versucht man hierzu auf die Ergebnisse der herrschenden mikroökonomischen Theorie der Produktion der Volkswirtschaftslehre ebenso wie auf die überwiegende Zahl der Theoreme, die die mikroökonomische Entscheidungstheorie (Betriebswirtschaftslehre) zur Erklärung und Steuerung des Produktions-

---

wird zwar kurzfristig, d. h. im Konjunkturzyklus Änderungen erfahren, sich aber langfristig an einen durch Branchennormen bedingten Wert halten. Vgl. *Dierkes*, M.: Kapitalbedarf und Finanzierungsquellen mittlerer Kaufhausunternehmungen, unveröffentlichte Diplom-Arbeit, Köln 1965, S. 103 ff.

[17] Vgl. *Adelman*, J.: Theories of Economic Growth and Development, Stanford 1961, S. 8.

[18] Vgl. *Schmölders*, G.: Ökonomische Verhaltensforschung, S. 44 und *Tinbergen*, J.: Einführung in die Ökonometrie, Wien—Stuttgart 1952, S. 25.

[19] *Kilger*, W.: Produktions- und Kostentheorie, S. 14.

prozesses aufgestellt hat, zurückzugreifen, so ist bald festzustellen, daß beide Bereiche der Wirtschaftswissenschaften nur wenig dazu beitragen können, weitere Aufschlüsse für eine empirische mikroökonomische Analyse der Erhöhung des Gesamtangebotes einer Volkswirtschaft zu bieten, denn statt in Form empirisch überprüfbarer Hypothesen — wie es der Problemstellung angemessen wäre — wurde die Theorie der Produktion weitgehend als ein System entscheidungslogischer Kalkülmodelle[20] konstruiert. Sie ist also weitgehend lediglich „eine Ansammlung von Kochrezepten für gewinnmaximales Verhalten bei vorgegebenen Produktionsmöglichkeiten"[21]. Zwar behandeln sowohl die volkswirtschaftliche mikroökonomische Theorie der Produktion als auch die Betriebswirtschaftslehre Fragen, die den Anschein einer empirischen Problemstellung erwecken, wie: Art der produktiven Faktoren und ihr Einfluß auf den Produktionsprozeß[22], Typen von Produktionsfaktoren bei einfacher oder mehrfacher Produktion[23] oder auch Probleme optimaler Ausbringung bei verschiedenen Verläufen der Produktionsfunktion[24], beide Bereiche der wirtschaftswissenschaftlichen Theorie sind jedoch nicht in der Lage, bei ihrem derzeitigen Stand der methodologischen Erkenntnis und mit ihren heutigen Instrumenten die Phänomene der Produktion in der Realität zu erklären und damit eine für Wirtschaftssektoren oder andere Gruppierungen vergleichbarer Unternehmungen gültige, vollständige und empirisch überprüfbare Produktionsfunktion als Grundlage einer empirischen Theorie des Wachstums des Gesamtangebotes an Sachgütern und Dienstleistungen in einer Volkswirtschaft anzubieten. Als Mängel, die eine umfassende empirisch überprüfbare Aussage der Produktionstheorie über die einzelnen Determinanten des Produktionsergebnisses und ihre Gewichtung zueinander heute noch verhindern, müssen im einzelnen angesehen werden:

1. Die mikroökonomische Theorie der Produktion beschränkt sich in einer ersten Stufe zunächst allein — soweit sie Anspruch erhebt, reale Phänomene zu erklären — auf eine einfache Enumeration der möglichen produktiven Faktoren und ihres mutmaßlichen Einflusses auf den Kombinationsprozeß[25]; sie ist jedoch selbst in diesen elementaren Bereichen noch keineswegs empirisch gesichert und gibt in dieser

[20] Vgl. *Busse von Colbe*, W.: Entwicklungstendenzen in der Theorie der Unternehmung, in: Z.f.B. 1964, S. 615 f.

[21] *v. Weizsäcker*, C. Chr.: Möglichkeiten methodischer Neuansätze in der Wachstumstheorie, S. 52.

[22] Vgl. *Carell*, E.: Artikel Produktionsfaktoren, in: HdSW, Bd. 8, Stuttgart—Tübingen—Göttingen 1964, S. 571 ff.

[23] Vgl. *Schneider*, E.: Artikel Produktionstheorie, in: HdSW, Bd. 8, S. 596 ff.

[24] Vgl. *Müller*, H. J.: Produktionstheorie, in: Ehrlicher, W., Esenwein-Rothe, I., Jürgensen, H., Rose, K. (ed.): Kompendium der Volkswirtschaftslehre, Bd. 1, Göttingen 1967, S. 84 ff.

[25] Vgl. *Gutenberg*, E.: Grundlagen der Betriebswirtschaftslehre, Bd. 1, Die Produktion, S. 11 ff.

Form auch meist keinerlei Auskunft über den funktionalen Zusammenhang zwischen Einsatzmengen der Produktionsfaktoren und dem Ergebnis des Kombinationsprozesses. Vielfach verzichtet vor allem die volkswirtschaftliche Produktionstheorie auch auf eine breite Diskussion aller möglichen Einflußfaktoren auf das Betriebsergebnis und beschränkt sich allein auf eine Darstellung der sogenannten klassischen Produktionsfaktoren Natur, Realkapital und Arbeit, ohne diese globalen und äußerst heterogenen Größen näher aufzugliedern[26].

2. Soweit in einzelnen Ansätzen der Produktionstheorie der Einsatz der Produktionsfaktoren in einen funktionalen Zusammenhang mit dem Ergebnis des Produktionsprozesses gebracht wird, reduziert man vielfach „den Gültigkeitsbereich der Produktionstheorie dadurch ..., daß man die Zahl der möglichen funktionalen Zuordnungen von Faktoreinsatz und Ausbringen beschränkt, indem man (nämlich) den Faktoren ganz bestimmte Eigenschaften hinsichtlich ihrer Anpassungsfähigkeit im Produktionsprozeß unterstellt“[27]. Die mikroökonomische Theorie der Produktion beschränkte sich damit im wesentlichen auf eine theoretische Diskussion darüber, ob die Faktoren tendenziell als substitutiv oder limitational anzusehen sind, ohne jedoch, abgesehen von Plausibilitätsbeweisen, umfassende empirische Tests hierüber durchzuführen[28].

3. Auch die Diskussion um den Funktionstyp, die sich auf die Auseinandersetzung „Ertragsgesetzlicher Verlauf versus lineare Funktionszusammenhänge“ reduzieren läßt, hat bislang noch kein empirisch gesichertes Ergebnis gefunden; denn die wenigen bisher vorgenommenen Versuche einer empirischen Prüfung „sind nach Umfang des Bereichs, den Ermittlungsverfahren und der Sorgfalt der Auswertung so heterogen“[29], daß sie keine endgültige Aussage darüber erlauben, ob als Spiegelbild der Produktionsfunktion „gekrümmte oder lineare Gesamtkostenkurven für Industriebetriebe als repräsentativ anzusehen sind“[30]; in anderen Bereichen der gewerblichen Wirtschaft wurden darüber hinaus derartige Untersuchungen überhaupt noch nicht vorgenommen.

---

[26] Vgl. die Vorgehensweise bei *Carell*, E.: Artikel „Produktionsfaktoren“, S. 571 und die Kritik an diesem Bereich der Produktionstheorie bei *v. Weizsäcker*, C. Chr.: Möglichkeiten methodischer und Neuansätze in der Wachstumstheorie, S. 52.

[27] *Schätzle*, G.: Technischer Fortschritt und Produktionsfunktion, in: Moxter, A., Schneider, D., Wittmann, W. (ed.): Produktionstheorie und Produktionsplanung, Karl Hax zum 65. Geburtstag, Köln und Opladen 1966, S. 52.

[28] Vgl. *Gutenberg*, E.: Grundlagen der Betriebswirtschaftslehre, Bd. 1, Die Produktion, S. 10 ff.

[29] *Wittmann*, W.: Produktionstheorie, Berlin—Heidelberg—New York 1968, S. 163.

[30] *Kilger*, W.: Produktions- und Kostentheorie, S. 127.

4. Die Theorie der Produktion wurde — wie bereits erwähnt — in Übereinstimmung mit anderen Bereichen der volkswirtschaftlichen Theorie der Unternehmung bislang „weitgehend als ein System entscheidungslogischer Kalkülmodelle konstruiert"[31]. Alle diese Kalküle sind jedoch nicht in der Lage, das Produktionsverhalten der Unternehmungen in der Realität nur annähernd zu erklären, denn ihre Ziel- und Umweltprämissen sind so angelegt, daß sie lediglich Hinweise darauf liefern, wie Unternehmer sich *verhalten sollen*, um ein höchstmögliches Produktionsergebnis mit dem gegebenen Einsatz an Produktionsfaktoren zu erzielen, nicht aber wie sie sich *tatsächlich verhalten*. Nun ist in der ökonomischen Realität aber festzustellen, daß „menschliche Unzulänglichkeiten, Irrtümer, Unkenntnis, objektive Schwierigkeiten in der Organisation und Planung der Produktion es mit sich bringen, daß nicht effiziente Produktionsverfahren benutzt werden. Das ist eher im Gegenteil als Ausnahme zu betrachten"[32]. Alle diese Phänomene der praktisch-produktiven Gesetzmäßigkeiten werden aber von den rationalen Kalkülen der mikroökonomischen Theorie der Produktion nicht erfaßt; ihr Informationsgehalt über die Wirklichkeit ist also äußerst gering[33]. Die bislang im Mittelpunkt der nationalökonomischen Forschung stehende theoretische Produktionsfunktion muß also, um überhaupt wachstumstheoretische Aussagen über die Realität zuzulassen, durch eine empirische oder historische Produktionsfunktion ersetzt werden, die die jeweils gültigen produktiven Gesetzmäßigkeiten der Realität enthält[34].

5. Ein weiterer wesentlicher Nachteil der meisten Ansätze in der noch herrschenden Produktionstheorie muß darin gesehen werden, daß sie die „funktionale Beziehung zwischen der Output-Menge und den sie erzeugenden Input-Mengen im Rahmen einer konstanten Produktionstechnik"[35] sehen, d. h. das technische Wissen, also die Gesamtheit der aufgrund aller gemachten Erfahrungen und Kenntnisse möglichen technischen Verfahren bei ihrer Analyse als konstant ansetzen.

   Die herrschende Theorie beschränkt sich in dieser rein statischen Betrachtungsweise[36], damit auf eine Analyse solcher unternehmerischen Entscheidungen, die innerhalb einer konventionellen Produk-

---

[31] *Busse von Colbe*, W.: Entwicklungstendenzen in der Theorie der Unternehmung, S. 616.

[32] *Krelle*, W.: Produktionstheorie, Tübingen 1969, S. 14.

[33] Vgl. *Busse von Colbe*, W.: Entwicklungstendenzen in der Theorie der Unternehmung, S. 617.

[34] *Krelle*, W.: Produktionstheorie, S. 15.

[35] *Müller*, A. J.: Produktionstheorie, S. 79; ebenso *Frisch*, R., Theory of Production, Dordrecht 1955, S. 25.

[36] Vgl. *Stöwe*, H.: Ökonometrie und makroökonomische Theorie, Stuttgart 1959, S. 133.

tionsfunktion[37], d. h. bei Konstanz des technischen und organisatorischen Wissens auftreten; trendartige Veränderungen, die durch ein größeres technisches und organisatorisches Wissen oder eine stärkere Realisierung solcher Kenntnisse im Unternehmen verursacht werden, bleiben, obwohl auf ihre Bedeutung immer wieder hingewiesen wird[38], aus der Analyse weitgehend ausgeschlossen[39]. „Nun ist es aber hinsichtlich der Produktionsfunktion einer Volkswirtschaft (und des einzelnen Unternehmens) zu beobachten, daß im Zeitablauf mit derselben Kombination der (klassischen) Produktionsfaktoren ein höherer Output erzielt werden kann. Dieser Effekt höherer Produktivität der Faktoren"[40] findet in den meisten der bisherigen Ansätze der mikroökonomischen Produktionstheorie keinen Niederschlag oder wird höchstens durch eine komparativ statische Betrachtungsweise, d. h. den Übergang von einer short-run-Kurve auf eine andere erfaßt[41].

6. Als weiterer Nachteil der herrschenden Produktionstheorie kommt hinzu, daß sie bei ihren Rahmenbedingungen des Produktionsprozesses im allgemeinen von einer Kongruenz des im Betrieb realisierten technischen und ökonomischen Wissens und des objektiven Standes dieses Wissens ausgeht, also annimmt, daß alle Unternehmer mit der Gesamtheit aller dieser Kenntnisse vertraut sind und diese auch tatsächlich anwenden[42, 43]. „Nun ist es (jedoch) offensichtlich, daß diese Prämisse der Wirklichkeit nicht gerecht wird, denn dort"[44] unterliegt nicht nur der Stand des technischen und organisatorischen Wissens ständigen Veränderungen, sondern auch der Grad der Realisierung der objektiv vorhandenen Kenntnisse ist von Unternehmen zu Unternehmen verschieden. Eine realistische, d. h. empirische Theorie der Produktion muß also zwischen dem für den einzelnen Betrieb potentiellen Stand des technischen und ökonomischen Wissens und dem von

---

[37] Vgl. *Schätzle*, G.: Technischer Fortschritt und Produktionsfunktion, S. 60.

[38] Vgl. *Albach*, H.: Anforderungen an eine langfristige Unternehmensplanung, in: ZfB, 38. Jg. 1968, 2. Ergänzungsheft, S. 4 und *Galbraith*, J. K.: Die moderne Industriegesellschaft, München—Zürich 1968, S. 73.

[39] Vgl. *Gutenberg*, E.: Grundlagen der Betriebswirtschaftslehre, Bd. 1, Die Produktion, S. 25.

[40] *Elsner*, K.: Wachstums- und Konjunkturtheorie, in: Ehrlicher, W., Esenwein-Rothe, I., Jürgensen, H., Rothe, K. (ed.): Kompendium der Volkswirtschaftslehre, Bd. 1, S. 278.

[41] Vgl. *Lücke*, W.: Produktions- und Kostentheorie, Würzburg—Wien 1969, S. 325.

[42] Vgl. *Förstner*, K.: Betriebs- und volkswirtschaftliche Produktionsfunktionen, in: ZfB. 1962, S. 273.

[43] Vgl. *Schätzle*, G.: Technischer Fortschritt und Produktionsfunktion, S. 43 und *Wittmann*, W.: Produktionstheorie, S. 2.

[44] *Schätzle*, G.: ebenda.

ihm tatsächlich realisierten unterscheiden[45]. Erst eine dynamische, auf Lernprozessen aufbauende Theorie der Unternehmung, die „bis heute ... noch nicht existiert“[46], kann aber auch diese Veränderungen in der Produktion in vollem Umfange berücksichtigen.

Die mikroökonomische Theorie, so wie sie bislang von Betriebs- und Volkswirtschaftslehre erforscht wurde, „deckt also nur einen sehr schmalen Bereich der gesamten unternehmerischen Produktionspolitik und damit des technischen Horizontes der Unternehmung“[47]. Sie ist aufgrund ihrer Restriktionen daher auch nicht in der Lage, ein umfassendes, in allen Teilbereichen empirisch formuliertes und damit testbares Theorem zu liefern, das es erlauben würde, in dynamischer Betrachtung, d. h. unter Berücksichtigung der Veränderungen im Zeitablauf, Aussagen über den Zusammenhang zwischen dem Ertrag des Produktionsprozesses und dem Einsatz einzelner Produktionsfaktoren wie auch den unternehmerischen Verhaltensweisen zu machen, die eine bestimmte Art der Kombination festlegen.

Soll aber ein für die Wachstumsanalyse erforderlicher empirisch überprüfbarer Zusammenhang zwischen den Verhaltensweisen der unternehmerisch tätigen Wirtschaftssubjekte und den Veränderungen im Gesamtangebot einer Volkswirtschaft aufgestellt werden, muß die mikroökonomische Theorie der Produktion wenigstens in Teilbereichen so angelegt sein, daß sie

1. in dynamischer Betrachtung die Veränderungen im Zeitablauf berücksichtigt,
2. das technische und organisatorische Wissen nicht mehr als Randbedingung der Produkton sieht, sondern diese Faktoren explizit in die Produktionsfunktion einbezieht und damit dann auch
3. Lernprozesse, d. h. Veränderungen im Grad der Anwendung technischer und organisatorischer Kenntnisse in der Funktion erfaßt.

Um eine diesen Anforderungen genügende Funktion aufzustellen, muß zunächst die allgemeine Form der Produktionsfunktion, wie sie zu (7) vorgeführt wurde, durch die Einführung einer Zeitkomponente dynamisiert[48] und gleichzeitig dadurch konkretisiert werden, daß Gruppen von Produktionsfaktoren, d. h. von solchen Elementen gebildet werden, deren mengenmäßiger und qualitativer Einsatz einen Einfluß auf den Output eines Unternehmens besitzen. Vorgeschlagen werden die Faktorengruppen L_n, C_n und Org_n. Hierbei soll unter L_n die Gesamtheit der Einsatz-

[45] Vgl. *Krieghoff*, H.: Technischer Fortschritt und Produktivitätssteigerung, S. 58 und *Adelman*, J.: Theories of Economic Growth and Development, S. 12.

[46] *Schätzle*, G.: Technischer Fortschritt und Produktionsfunktion, S. 47.

[47] *Schätzle*, G.: S. 52.

[48] Vgl. *Krelle*, W.: Produktionstheorie, S. 14.

mengen an „elementarer Arbeit“[49] in den verschiedensten Qualitätsstufen l_1 bis l_n zusammengefaßt werden[50]. Unter der Kategorie C_n werden die Einsatzmengen des Produktionsfaktors „Kapital“ (Betriebsmittel, Roh-, Hilfs- und Betriebsstoffe) in den verschiedenen Qualitätsstufen c_1 — c_n erfaßt[51]. Der Produktionsfaktor Org_n soll eine Kurznotation für die oben als technisches und organisatorisches Wissen bezeichnete sehr komplexe Fülle von Faktoren darstellen, die in der statischen Betrachtung der Produktion „nur als Rahmenwerte in den Produktionszusammenhang“[52] eingehen und von denen darüber hinaus angenommen wird, daß sie nicht quantifizierbar sind[53], nämlich die Gesamtheit der Einrichtungen, Kontrollen, Maßnahmen und Aktionen der Unternehmensleitung, die auf die Erzielung einer höchstmöglichen Effizienz des Kombinationsprozesses der elementaren Faktoren Arbeit (L_n) und Kapital (C_n) ausgerichtet sind[54].

Dieser Ansatz geht also davon aus, daß diese Faktoren, die hier unter der Bezeichnung Org_n zusammengefaßt werden, „are a separate grouping of factors of production, thus requiring that productivity adjustment be viewed as the resultant of separate contribution by managerial and technical services as well as by labor and capital“[55], während die herrschende statische Theorie der Produktion sie als solche Faktoren betrachtet, „whose contributions to productivity are not effected directly but rather through their immediate impact on the volume, allocation and utilization of labor, capital und material resources“[56]. Für diese explizite Einbeziehung des Faktors „Org_n“ in die Produktionsfunktion spricht neben der oben genannten theoretischen Notwendigkeit die große Bedeutung, die ihm heute schon in der angewandten Wirtschaftstheorie bei der Erklärung von Veränderungen realer Produktionsprozesse beigemessen wird: „In der Praxis der betrieblichen Rationalisierung (hat sich nämlich oft gezeigt), daß durch die Investitionen in Betriebsuntersuchungen, Zeitstudien und Arbeitsablaufanalysen, durch die Einführung statistischer Methoden der Qualitäts- und Fehlerkontrolle, durch eine bessere Organisation der Verwaltung usw. oft weit größere Produktivitätssteige-

---

[49] Vgl. *Gutenberg*, E.: Grundlagen der Betriebswirtschaftslehre, 1. Band, Die Produktion, S. 3.

[50] Vgl. *Adelman*, E.: Theories of Economic Growth and Development, S. 11.

[51] Der Produktionsfaktor Boden wird hierbei nach dem üblichen Vorgehen zum Kapital gerechnet; vgl. *Ott*, A. E.: Produktionsfunktion, technischer Fortschritt und Wirtschaftswachstum, in: König, H. (ed.): Wachstum und Entwicklung der Wirtschaft, NWB Köln—Berlin 1968, S. 293.

[52] *Müller*, N. J.: Produktionstheorie, S. 78; ebenso *Adelman*, J.: a. a. O., S. 8.

[53] Vgl. *Gutenberg*, E.: Grundlagen der Betriebswirtschaftslehre, Bd. 1, Die Produktion, S. 106.

[54] Vgl. *Aukrust*, O.: Investment and Economic Growth, in: Productivity Measurement Review, Nr. 16 (Febr.) 1959, S. 43.

[55] *Gold*, B.: Foundations of Productivity Analysis, Pittsburgh 1955, S. 82.

[56] ebenda.

rungen erzielt werden können, als durch die Substitution von Arbeitskräften und Maschinen"[57] — ein Phänomen, auf das sich die Analyse der konventionellen statischen Produktionstheorie weitgehend beschränkt. Der Faktor „Org_n" soll also in dynamischer Betrachtung all jene Fälle der Output-Steigerung eines Unternehmens erklären, die bei unveränderter Menge und Qualität des Einsatzes von L_n und C_n erzielt werden. Er entspricht damit annähernd dem Produktionsfaktor, den Galbraith „Technologie", d. h. „systematische Anwendung wissenschaftlicher Erkenntnisse oder anderen organisierten Wissens bei praktischen Aufgaben"[58] nennt, geht in seiner begrifflichen Ausdehnung jedoch über Albachs „Organisierte Phantasie"[59] oder auch Schumpeters „Dynamisches-Unternehmer-Sein"[60] hinaus.

Die Einführung des Faktors „Org_n" in die Produktionsfunktion hat zur Konsequenz, daß der Output des Unternehmens als direkt abhängig von dem Teil des technischen und organisierten Wissens angesehen wird, der zum jeweiligen Zeitpunkt aufgrund der Kenntnis und Entscheidungen der Unternehmensleitung im Betriebsprozeß angewandt wird. „Demzufolge ist es bei (einer solchen) dynamischen Betrachtung (auch) nicht notwendig, von einer short-run-Kostenkurve zu einer anderen überzugehen"[61], die Veränderungen in der Realisierung des Wissens werden vielmehr explizit in die Produktionsfunktion einbezogen.

Es muß jedoch noch einmal hervorgehoben werden, daß es sich bei dem Produktionsfaktor „Org_n" nicht um die Gesamtheit der aufgrund aller gemachten Erfindungen und Kenntnisse in einer Volkswirtschaft verfügbaren technischen und organisatorischen Verfahrensrezepte[62] handelt, sondern nur um jenen Teil hiervon, den die Unternehmensleitung tatsächlich im Betriebsprozeß realisiert — ein Unterschied, der von R. Frisch mit dem Begriffspaar „socially given technique" und „individual factory technique" erfaßt wird[63] und der von E. T. Penrose mit „productive opportunity" bezeichnet wird: „The productive activities of a firm are governed by what we shall call its '*productive opportunity*', which comprises all of the productive possibilities that its 'entrepreneurs' see and can take advantage of[64]." Der Faktor „Org_n" umfaßt somit auch den

[57] *Reuß*, G.: Produktivitätsanalyse, Basel-Tübingen 1960, S. 161.

[58] *Galbraith*, J. K.: Die moderne Industriegesellschaft, S. 25.

[59] *Albach*, H.: Anforderungen an eine langfristige Unternehmensplanung, S. 4.

[60] *Schumpeter*, J.: Theorie der wirtschaftlichen Entwicklung, S. 100.

[61] *Scholl*, F.: Die Einbeziehung von Lernvorgängen in ökonomische Modelle, Kölner Dissertation 1968, S. 97.

[62] Vgl. *Müller*, H. J.: Produktionstheorie, S. 79.

[63] Vgl. *Frisch*, R.: Theory of Production, S. 24.

[64] *Penrose*, E. T.: The Theory of the Growth of the Firm, London, New York, Oxford 1959, S. 31.

Lerneffekt in der Betriebsführung, d. h. jede Verbesserung der Produktionstechnik durch Erfahrung[65].

Die Produktionsfunktion lautet in dynamischer Betrachtung und bei Einführung der genannten Produktionsfaktoren dann:

$$a_t = f\,(L_{nt}, C_{nt}, Org_{nt}). \tag{8}$$

Unterstellt man einen additiven Zusammenhang zwischen den Faktoren $l_{1t} \ldots l_{nt}$, $c_{1t} \ldots c_{nt}$ und $org_{1t} \ldots org_{nt}$, so kann die allgemeine Form dieser Produktionsfunktion unter Fortlassung der gemischten Glieder durch folgende polynome Gleichung approximiert werden:

$$\begin{aligned} (9)\quad a_t = \; & a_1 l_{1t} + a_2 l^2{}_{1t} + \ldots + a_m l^p{}_{1t} + \\ & + b_1 l_{2t} + b_2 l^2{}_{2t} + \ldots + b_m l^p{}_{2t} + \ldots + z_m l^p{}_{nt} \\ & + \alpha_1 c_{1t} + \alpha_2 c^2{}_{1t} + \ldots + \alpha_m c^p{}_{1t} \\ & + \beta_1 c_{2t} + \beta_2 c^2{}_{2t} + \ldots + \beta_m c^p{}_{2t} + \ldots + \Omega_m c^p{}_{nt} \\ & + A_1 org_{1t} + A_2 org^2{}_{1t} + \ldots + A_m org^p{}_{1t} \\ & + B_1 org_{2t} + B_2 org^2{}_{2t} + \ldots + B_m org^p{}_{2t} + \ldots + Z_m org^p{}_{nt} \\ & + \Pi \end{aligned}$$

Hierbei können m, n, p, z, Ω, Z sämtliche Werte reeller Zahlen annehmen. Bei π handelt es sich um das Fehlerglied der Funktion, das aufgrund der Vernachlässigung der gemischten Glieder eingeführt werden muß.

Selbstverständlich ist die Annahme additiver Verknüpfung willkürlich; sie wird hier allein aus Gründen der Vereinfachung der Darstellung und der späteren Rechenoperationen gewählt, ohne hierdurch zu behaupten, daß multiplikative u. a. Verknüpfungen aus der Fülle der Hypothesen über den Verlauf empirischer Produktionsfunktionen a priori ausgeschlossen werden können.

Die Produktionsfunktion (8, 9) gilt in dieser Form jedoch lediglich für den Fall der Ein-Produkt-Unternehmung. Werden mehrere Sachgüter oder Dienstleistungen gleichzeitig erstellt, so wird die Produktion der Unternehmung i in der Periode t durch eine Aggregationsmatrix von Produktionsfunktionen[66] repräsentiert:

$$(10)\quad a_{it} = \begin{matrix} a_{11t} & a_{12t} & \ldots & a_{1nt} \\ a_{21t} & a_{22t} & \ldots & a_{2nt} \\ \ldots & \ldots & \ldots & \ldots \\ a_{m1t} & a_{m2t} & \ldots & a_{mnt} \end{matrix}$$

wobei für jedes Erzeugnis a_{mnt} die Funktion gilt: $a_{mnt} = f\,(L_{nt}, C_{nt}, Org_{nt})$, die dann bei Annahme additiver Verknüpfung durch die Approximationsgleichung zu (9) ersetzt werden kann.

[65] Vgl. *Scholl*, F.: Die Einbeziehung von Lernvorgängen in ökonomische Modelle, S. 94 ff.

[66] Vgl. *Schneeweiß*, H.: Das Aggregationsproblem, in: Statistische Hefte, 6. Jg. 1965, Heft 1, S. 9.

Die Gesamtproduktionsfunktion einer mehrere Sachgüter oder Dienstleistungen anbietenden Unternehmung kann aus dieser Matrix durch Homogenisierung der heterogenen Outputgrößen mit Hilfe einer Umrechnung in Geldwerte und durch Aggregation der einzelnen Teilproduktionsfunktionen[67] bestimmt werden.

Die hier der Analyse der wirtschaftlichen Entwicklung — bezogen auf den Unternehmenssektor — zugrunde gelegte dynamische mikroökonomische Produktionsfunktion lehnt sich an die von Adelman zur Analyse des wirtschaftlichen Wachstums vorgeschlagene makroökonomische Funktion an[68]. Nicht mit einbezogen wird jedoch der Faktor U_t, in dem Adelman „das Verbindungsglied zwischen den in der ökonomischen Theorie üblicherweise formulierten Beziehungen einerseits und den soziologischen, sozialpsychologischen, anthropologischen, politischen und historischen Phänomenen andererseits“[69] sieht. Diese direkte Einbeziehung des Faktorkomplexes U_t, der in seiner Bedeutung hier keineswegs unterschätzt wird, in die Produktionsfunktion erscheint jedoch wenig sinnvoll, als sich kulturelle, soziale und politische Einflüsse nur über die Entscheidungen der Wirtschaftssubjekte im Produktionsprozeß niederschlagen, so daß sie stets eine Veränderung der Größe „Org_n“ oder, wie Adelman sie nennt, S_t bewirken. Unseres Erachtens liegt also der Faktor U_t nicht auf der Ebene, auf der die übrigen die Faktorenkombination und den Einsatz der Produktionsfaktoren bestimmenden Größen liegen, sondern sie bilden eine der Erklärungsebenen des Faktors „Org_n“, wie sie später noch im einzelnen dargestellt werden[70].

Es wird hier also im Gegensatz zu Adelman eine zweistufige Analyse vorgenommen: auf der ersten Ebene, d. h. in die Produktionsfunktion einbezogen werden nur die einzelnen Komponenten des Faktors „Org_{nt}“, während auf der zweiten Ebene die Gesamtheit von „Org_{nt}“ als abhängig von den soziologischen, sozialpsychologischen und institutionellen Faktoren (U_t) gesehen wird:

$$\sum_{i=1}^{n} Org_{it} = f_i(U_t).$$

b) Die Bereiche des Beitrages der Unternehmungen zum wirtschaftlichen Wachstum

Legt man der weiteren Analyse die zu (8) dargestellte Produktionsfunktion zugrunde, so ist das Ergebnis der einzelwirtschaftlichen

[67] Zur Vorgehensweise vgl. *Lücke*, W.: Produktions- und Kostentheorie, S. 144 ff.
[68] Vgl. *Adelman*, J.: Theories of Economic Growth and Development, S. 9.
[69] Vgl. *Elsner*, K.: Wachstums- und Konjunkturtheorie, S. 246.
[70] Vgl. S. 87 ff.

Produktion, das Angebot der Unternehmung an Sachgütern und Dienstleistungen, abhängig:

1. von der eingesetzten Menge „elementarer Arbeit" und ihrer Qualität (Beschaffenheit);
2. von der Menge und Qualität der eingesetzten Kapitalgüter, d. h.
   a) vom Umfang der eingesetzten Betriebsmittel, dem Grad ihrer Eignung für den Betriebszweck und von ihrer technischen Leistungsfähigkeit,
   b) von der Menge der für die Herstellung der Güter und Dienstleistungen eingesetzten Roh-, Hilfs- und Betriebsstoffe und deren Fertigungseignung;
3. vom Umfang der von der Unternehmensleitung zur Erstellung der betrieblichen Leistung realisierten technischen und organisatorischen Kenntnisse, d. h. von der Qualität des dispositiven Faktors[71].

Veränderungen in den Einsatzmengen und/oder -qualitäten dieser Faktoren sind somit die Ursachen für eine Steigerung des einzelwirtschaftlichen Angebotes (Δ a) und damit verknüpft des Gesamtangebotes an Gütern und Dienstleistungen in der Volkswirtschaft (Δ A).

Die Art dieses Zusammenhanges ist durch Differenziation der Produktionsfunktion zu (8) nach der Zeit zu erkennen:

$$\frac{da}{dt} = \frac{\delta f}{\delta L_n} \cdot \frac{\delta L_n}{dt} + \frac{\delta f}{\delta C_n} \cdot \frac{dC_n}{dt} + \frac{\delta f}{\delta Org_n} \cdot \frac{dOrg_n}{dt} \tag{11}$$

Durch Multiplikation mit dt ergibt sich das totale Differential von a:

$$da = \frac{\delta f}{dL_n} \cdot dL_n + \frac{\delta f}{\delta C_n} \cdot dC_n + \frac{\delta f}{\delta Org_n} \cdot dOrg_n \tag{12}$$

Da es sich bei den Änderungen dieser Größen in der ökonomischen Realität der Unternehmung nicht um infinitesimale Veränderungen handelt, ist einzusetzen:

$$\begin{aligned} da &\approx \Delta\ a \\ dC_n &\approx \Delta\ C_n \\ dL_n &\approx \Delta\ L_n \\ dOrg_n &\approx \Delta\ Org_n \end{aligned}$$

Es ergibt sich somit:

$$\Delta\, a \approx \frac{\delta f}{\delta L_n} \cdot \Delta\, L_n + \frac{\delta f}{\delta C_n} \cdot \Delta\, C_n + \frac{\delta f}{\delta Org_n} \cdot \Delta\, Org_n \tag{13}$$

Eine Angebotssteigerung ist demgemäß auf folgende Ursachenkomplexe zurückzuführen[72]:

---

[71] Vgl. *Gutenberg*, E.: Grundlagen der Betriebswirtschaftslehre, Bd. 1, S. 106.

[72] Vgl. auch *Barth*, H. J.: Zum Einfluß der schleichenden Inflation auf das Wirtschaftswachstum, Tübingen 1965, S. 40.

1. eine stärkere Realisierung technischer und organisatorischer Kenntnisse bei der Kombination der elementaren Faktoren Arbeit und Kapital (Erweiterung des technisch-ökonomischen Horizontes der Unternehmung)[73], die oft auch mit einer Verbesserung der elementaren Faktoren verbunden ist[74], wobei jedoch die Einsatzmenge der Elementarfaktoren konstant bleibt ($\Delta C_n = 0$ und $\Delta L_n = 0$), d. h. die Angebotssteigerung durch eine effizientere Kombination oder eine Verbesserung der Leistungsfähigkeit dieser Faktoren erreicht wird[75];

2. eine „Betriebsausdehnung“ nach dem Baukastenprinzip[76], d. h. durch einen vermehrten Einsatz der Elementarfaktoren L_n und C_n ($\Delta L_n > 0$, $\Delta C_n > 0$) ohne Veränderung des Grades der realisierten technischen und organisatorischen Kenntnisse[77].

Die Steigerung des Angebotes der einzelnen Unternehmung kann also einmal dadurch erreicht werden, daß das Unternehmen die Effizienz des Kombinationsprozesses, d. h. letztlich seine Produktivität erhöht, oder durch eine einzelwirtschaftliche Expansion. Der Beitrag der Unternehmungen zum Wirtschaftswachstum ist damit in zwei Bereichen zu sehen: in Produktivitätssteigerung und Expansion.

Unter Produktivitätssteigerung soll hier das Ergebnis der Anwendung des allgemeinen ökonomischen Prinzips im Unternehmensbereich verstanden werden, d. h. des Strebens, die Leistung des Unternehmens mit dem geringstmöglichen Einsatz an elementaren Produktionsfaktoren L_n und C_n zu erstellen bzw. mit einem gegebenen Fundus an Produktionsfaktoren die Leistung der Unternehmung zu maximieren[78]. Eine solche

---

[73] *Schätzle*, G.: Technischer Fortschritt und Produktionsfunktionen, S. 48 und *Krieghoff*, H.: Technischer Fortschritt und Produktivitätssteigerung, S. 22.

[74] Vgl. *Kaldor*, N. und *Mirrlees*, J. A.: Ein neues Modell des wirtschaftlichen Wachstums, in: *König*, H. (ed): Wachstum und Entwicklung der Wirtschaft, S. 97.

[75] Vgl. *Adelman*, J.: Theories of Economic Growth and Development, S. 14.

[76] Vgl. *Müller*, H. J.: Produktionstheorie, S. 79.

[77] Der Fall der Substitution im engeren Sinne, d. h. des Ersatzes von bestimmten Mengen eines Produktionsfaktors durch entsprechende Mengen eines anderen kann hierbei unbeachtet bleiben, da hierdurch keine Veränderungen des betrieblichen Output erfolgen. Die Substitution im weiteren Sinne, die mit einer Zunahme des Produktionsertrages verbunden ist, wird hier, da die Output-Steigerung dann durch eine Qualitätsverbesserung der elementaren Produktionsfaktoren herbeigeführt wird, unter den ersten Ursachenkomplex subsummiert. Vgl. hierzu *Gahlen*, B.: Die Überprüfung produktionstheoretischer Hypothesen für Deutschland (1850—1913), Tübingen 1968, S. 7 und die Diskussion bei *Reuss*, E. G.: Produktivitätsanalyse, S. 133, *Bombach*, G.: Quantitative und monetäre Aspekte des Wirtschaftswachstums, in: Finanz- und währungspolitische Bedingungen stetigen Wirtschaftswachstums, Schriften des Vereins für Socialpolitik, N. F. Bd. 15, Berlin 1959, S. 181 f. und *Krieghoff*, H.: Technischer Fortschritt und Produktivitätssteigerung, S. 102 f.

[78] Vgl. *Lütge*, F.: Ausgangstatsachen der Volkswirtschaftslehre, in: *Hax*, K.

Erhöhung der betrieblichen Produktivität liegt damit vor, wenn das Unternehmen in der Lage ist, mit den gleichen Faktorenmengen zumindest von einem Endprodukt mehr erzeugen oder bei der Produktion der gleichen Endproduktmengen Einsparungen zumindest bei einem Faktor vornehmen zu können[79]. Sie ermöglicht es dem einzelnen Unternehmen, mit dem bisherigen Einsatz an Arbeit und Kapital der Volkswirtschaft ein Mehr an Sachgütern und Dienstleistungen zur Verfügung zu stellen (output-orientierte Produktivitätssteigerung) oder das bisherige Angebot mit einem geringeren Einsatz an produktiven Kräften bereitzustellen (input-orientierte Produktivitätssteigerung)[80] und so Produktionsfaktoren für eine andere Verwendung freizusetzen, in der sie zusätzliche Sachgüter und Dienstleistungen erstellen können[81]. Dieses durch eine effizientere Nutzung der Produktionsfaktoren ermöglichte direkte Mehrangebot der einzelnen Unternehmung wie auch die durch die Freisetzung von Produktionsfaktoren indirekt, d. h. über andere expandierende Unternehmungen erzielte Steigerung des Angebotes kann im Rahmen einer lediglich angebotsorientierten Betrachtung — wie die obige Ableitung zeigt[82] — als direkter Beitrag zum Wachstum der Volkswirtschaft angesehen werden. „Die Entwicklung der Produktivität (ist daher die erste und) eine der wichtigsten Determinanten des Wachstums des Sozialproduktes"[83], soweit es durch den Unternehmenssektor beeinflußt wird. „Die Wachstumsanalyse beinhaltet damit eine Analyse der Entwicklung der Produktivität"[84] der Unternehmungen in den einzelnen Sektoren und Größenklassen[85].

Die Steigerung der betrieblichen Produktivität, wie sie hier als erste Komponente des Beitrages der Unternehmungen zum wirtschaftlichen Wachstum definiert wurde, nämlich als die Fähigkeit, „mit dem gleichen Einsatz an Kapital *und* Arbeit ein höheres Produktionsergebnis hervor-

und *Wessels*, Th. (ed.): Handbuch der Wirtschaftswissenschaften, Bd. 2, Volkswirtschaft, S. 22.

[79] Vgl. *Krelle*, W.: Produktionstheorie, S. 14.

[80] Vgl. *Gold*, B.: Foundations of Productivity Analysis, S. 13 und S. 40.

[81] Vorausgesetzt ist hierbei die für die entwickelte Volkswirtschaft nicht unrealistische Prämisse der weitgehenden Vollbeschäftigung der Unternehmungen wie auch ein wachstumsfreundliches Verhalten der Anbieter von Produktionsfaktoren, besonders des privaten Haushalts auf dem Sektor des Arbeitsangebotes. Vgl. hierzu nach *Parsons*, T. and *Smelser*, N. J.: Economy and Society, S. 276.

[82] Vgl. S. 51.

[83] *Kuhlo*, K. C.: Die Wachstumsprognose, insbesondere auch die Prognose der Produktivitätsentwicklung, in: Diagnose und Prognose als wirtschaftliche Methodenprobleme, hrsg. von Giersch, H. und Borchardt, K., Berlin 1962, S. 266.

[84] *Kuhlo* K. C.: a. a. O., S. 221; ebenso *Reuß*, G. E.: Produktivitätsanalyse, S. 58.

[85] Vgl. *Zeitel*, G.: Der Einfluß veränderter Vorleistungen in einzelnen Unternehmensbereichen auf Produktivität, Wirtschaftlichkeit und Preise, in: *Schilcher*, R. (ed.): Wirtschaftswachstum, Berlin 1964, S. 148.

zubringen bzw. das gleiche Produktionsergebnis mit einem geringeren Aufwand an beiden Faktoren bereitzustellen"[86], entspricht der Senkung der realen Produktionskosten pro Ausbringungseinheit[87]. Sie wird gemessen durch die Veränderung der Größe:

(14) $$T_t = \frac{a_t}{V_t}$$

T_t = globale Produktivität
a_t = reales Produktionsergebnis der Periode t
V_t = reale Produktionskosten der Periode t.

Durch Aufgliederung der Gesamtkosten in die beiden Kategorien: Arbeits- und Kapitalkosten[88] gilt für V_t die allgemeine Beziehung:

(15) $$V_t = \sum_{k=1}^{n} c_{kt} \cdot i_{kt} + \sum_{k=1}^{n} l_{kt} \cdot s_{kt}$$

Hierbei sind:

c_{kt} = Menge des in der Periode t zur Produktion eingesetzten Realkapitals in den Qualitätsstufen $c_1, \ldots c_n$

i_{kt} = Kapitalkostensätze $i_1, \ldots, i_n$ in der Periode t für die Überlassung von Kapital unterschiedlicher Fristigkeit und Absicherung

l_{kt} = Einsatzmengen „elementarer Arbeit" (= Anzahl der Arbeitsstunden) in den Qualitätsstufen $l_1 \ldots, l_n$ in der Periode t

s_{kt} = Arbeitskostensätze $s_1, \ldots, s_n$ für die verschiedenen Qualitätsstufen $l_1, \ldots, l_n$ in der Periode t

Als Maß der Produktivität ergibt sich dann:

(16) $$T_t = \frac{a_t}{\sum_{k=1}^{n} c_{tk} \cdot i_{ko} + \sum_{k=1}^{n} l_{kt} \cdot s_{ko}}$$ [89].

Die Multiplikation des Realkapitalbestandes c_{nt} und der eingesetzten Arbeitsmenge l_{nt} mit den jeweiligen Preisen, den Zinskosten und den Löhnen erfolgt hierbei, um die heterogenen Größen zu homogenisieren und so die Voraussetzungen für die Summation zu schaffen; die Gewichtung mit den Entlohnungssätzen bzw. den Kapitalkostensätzen mit einer Basisperiode t_0 wird vorgenommen, um die durch Preisänderungen induzierten Substitutionsvorgänge auszuschalten[90].

---

[86] *Reuss*, E. G.: Produktivitätsanalyse, S. 133.

[87] Vgl. *Güsten*, R.: Zum Begriff der Gesamtproduktivität, in: Jahrbücher für Nationalökonomie und Statistik, Bd. 178, 1965, S. 482.

[88] Hierbei wird der Material- und Energieaufwand ebenso wie die Kosten für den Produktionsfaktor „Boden" mit unter den Kapitalkosten erfaßt.

[89] Vgl. hierzu auch *Ott*, A. E.: Produktionsfunktion, technischer Fortschritt und Wirtschaftswachstum, in: *König*, H. (ed.): Wachstum und Entwicklung der Wirtschaft, S. 264.

[90] Vgl. *Reuss* E. G.: Produktivitätsanalyse, S. 139.

Unterschiede in der Größe T_t zwischen einzelnen Unternehmungen (mikroökonomische Ebene) oder Gruppen von Unternehmungen (strukturökonomische Ebene) wie auch die Veränderungen dieser Größe im Zeitablauf messen somit den Grad der Erfüllung der ersten Komponente des Wachstumsbeitrages der Unternehmungen[91]. Eine wachstumsrelevante Produktivitätssteigerung des einzelnen Unternehmens oder einer Gruppe von Unternehmungen findet hierbei ihren Ausdruck entweder in einer Verkleinerung des Nenners bei konstantem Zähler oder aber in einer Vergrößerung des Zählers bei konstantem Nenner dieser Maßgröße. Sie kann erfolgen durch Substitution im weiteren Sinne[92] zwischen den beiden Gruppen von Produktionsfaktoren (= Änderung der Prozeßkombination) oder auch durch bestimmte organisatorische Veränderungen, die eine höhere Effizienz des Produktionsprozesses bewirken[93].

Wenn zwischen zwei Unternehmungen oder Gruppen von Unternehmen festzustellen ist, daß $T_1 > T_0$ ist, so ist daraus zu erkennen, daß die Unternehmungen, die eine Produktivität in Höhe von T_1 erzielten, neuere technisch überlegene Prozesse (Fall 1: $a_1 = a_0$; $c_1 < c_0$ und/oder $l_1 < l_0$ — Fall 2: $a_1 > a_0$; $c_1 = c_0$ und $l_1 = l_0$) anwenden, die durch eine bessere Kombination der vorhandenen Produktionsfaktoren oder durch solche Substitutionsvorgänge bewirkt werden können, die zu einem Einsatz qualitativ besserer Faktoren führen.

Die so definierte Produktivitätssteigerung wird in der ökonomischen Theorie vielfach auch als „Rationalisierung"[94] oder auch „Steigerung der Effizienz" bzw. „technischer Fortschritt"[95] bezeichnet[96]. Es wurde in dieser Darstellung jedoch bewußt vermieden, den Ursachenkomplex für eine Produktivitätssteigerung mit diesen schillernden Kategorien der ökonomischen Sprache zu bezeichnen, zumal der Ausdruck „organisatorische Faktoren" (Org_n)[97] treffender zu sein scheint, denn diese Faktoren „stellen ja in der Tat die Fähigkeit der Betriebsleistungen ... dar, den Produktionsapparat eines Betriebes oder einer Volkswirtschaft möglichst

---

[91] Vgl. *Krieghoff*, H.: Technischer Fortschritt und Produktivitätssteigerung, S. 71.

[92] Vgl. S. 58.

[93] Veränderungen der Produktivität sind darüber hinaus möglich durch Änderungen im Auslastungsgrad der Produktionsfaktoren (vgl. *Rose*, K.: Artikel Produktivität, S. 17). Diese brauchen jedoch bei einer langfristigen Betrachtung, und um die handelt es sich bei einer Analyse des Wachstumsbeitrages, nicht beachtet zu werden, da man hierbei immer von einer technisch wie wirtschaftlich höchstmöglichen oder zumindest annähernd gleich großen Auslastung der Produktionskapazität ausgehen kann; vgl. *Reuss*, E. G.: Produktivitätsanalyse, S. 156.

[94] Vgl. *Tinbergen*, J.: Zur Theorie der langfristigen Wirtschaftsentwicklung, S. 511.

[95] Vgl. *Reuss*, E. G.: Produktivitätsanalyse, S. 139.

[96] Vgl. *Gold*, B.: Foundations of Productive Analysis, Pittsburgh 1955, S. 6.

[97] Vgl. *Aukurst*, O.: Investment and Economic Growth, S. 30.

intensiv zu nutzen“[98]. Veränderungen der globalen Produktivität sind jedoch definitionsgemäß mit den Auswirkungen des „technischen Fortschritts“ identisch[99]. Sie messen damit bei den einzelnen Unternehmungen oder bei Gruppen von Unternehmungen genau das, was sich makroökonomisch aggregiert — soweit es den Unternehmenssektor betrifft — in dem ungeklärten und nicht operationalisierten Restfaktor „technischer Fortschritt“ der makroökonomischen Produktionsfunktion der neoklassischen Wachstumstheorie niederschlagen soll. Die hier vorgeschlagene Analyse kann daher unabhängig von den der neoklassischen Wachstumstheorie zugrunde liegenden Annahmen der Grenzproduktivitätstheorie (Entlohnung der Produktionsfaktoren nach ihrem Grenzprodukt usw.) sowie der Hypothese der Existenz einer makroökonomischen Produktionsfunktion und auch „unabhängig davon, ob Limitationalität oder Substitutionalität der Produktionsfaktoren angenommen wird“[100], den hierdurch bewirkten Grad an gesamtwirtschaftlicher Entwicklung erfassen[101].

Der Zweite Bereich des Wachstumsbeitrages der Unternehmungen ist die Expansion, die ihren Ausdruck darin findet, daß das einzelne Unternehmen durch „Betriebsausweitung“ ohne Veränderung seiner Produktivität mehr der bisherigen, bessere oder auch neue Produkte anbietet[102]. Dieses Mehrangebot an Gütern und Dienstleistungen durch die einzelne Unternehmung ist im Rahmen unserer angebotsorientierten Betrachtung in gleicher Weise wie das Mehrangebot durch die Produktivitätssteigerung „en tout cas une contribution directe à l’accroissement de revenue nationale“[103]. Darüber hinaus umfaßt das Angebot von besseren oder neueren Sachgütern und Dienstleistungen auch den qualitativen Aspekt des Wirtschaftswachstums[104].

Jede Expansion ist jedoch — soll sie nicht mit der oben geschilderten Angebotssteigerung durch eine Erhöhung der Produktivität identisch sein — mit einer Beschäftigung zusätzlicher Produktionsfaktoren verbunden; sie führt immer zu einer Vergrößerung des Betriebes, also zum einzelwirtschaftlichen Wachstum[105]. Damit ist das einzelwirtschaftliche

---

[98] *Reuss*, E. G.: Produktivitätsanalyse, S. 44.

[99] Vgl. *Reuss*: Produktivitätsanalyse, S. 137 und *Ott*, A. E.: Produktionsfunktion, technischer Fortschritt und Wirtschaftswachstum, S. 284.

[100] Vgl. *Ott*, A. E.: a. a. O., S. 267.

[101] *Krieghoff*, H.: Technischer Fortschritt und Produktivitätssteigerung, S. 75.

[102] Vgl. S. 58.

[103] Gélinier, O.: Morale de l’entreprise et destin de la nation, Paris 1965, S. 63.

[104] Vgl. *Stützel*, W.: Kein Schema für die künftige Wirtschaftspolitik, in: Frankfurter Allgemeine Zeitung vom 14. 1. 1967.

[105] Es ist hierbei unerheblich, ob das einzelwirtschaftliche Wachstum direkt an der Erhöhung des Leistungsvolumens oder indirekt an der Vergrößerung des Einsatzes an Produktionsfaktoren gemessen wird. Bei beiden Maßstäben

Wachstum neben der Produktivität die zweite Komponente des Beitrages, den die Unternehmungen zur Erhöhung des gesamtwirtschaftlichen Angebotes an Sachgütern und Dienstleistungen leisten[106]. Das einzelwirtschaftliche Wachstum kann sowohl durch die Ausweitung des jeweiligen Betriebes als auch durch die Angliederung bisher wirtschaftlich selbständiger Unternehmen erfolgen. Als gesamtwirtschaftlich relevant kann jedoch nur die Ausweitung der Einzelunternehmung gesehen werden, da das einzelwirtschaftliche Wachstum durch Angliederung zwar eine Konzentration der Unternehmungen, aber nicht zwangsläufig eine Vergrößerung des Güterangebotes in einer Volkswirtschaft bewirkt[107]. Diese Form des einzelwirtschaftlichen Wachstums kann daher zunächst weitgehend in den Hintergrund treten; sie muß weiterhin speziellen Betrachtungen überlassen bleiben[108].

Über die direkte Erhöhung des Angebotes an Sachgütern und Dienstleistungen hinaus trägt die expandierende, d. h. das einzelwirtschaftliche Wachstum forcierende Unternehmung noch unter einem anderen Aspekt zur wirtschaftlichen Entwicklung bei. Sie fragt zur Durchführung der Expansion des Leistungsvolumens je nach dem Wirtschaftssystem entweder auf dem Markt oder bei einer zentralen Planungsinstitution ständig zusätzliche Produktionsfaktoren nach und bewirkt so einen Struktureffekt zugunsten der dynamischen Wirtschaftsbereiche, d. h. eine Verschiebung der Produktionsfaktoren auf die Sektoren der Volkswirtschaft, die neuere oder bessere Güter anbieten[109]. Darüber hinaus zwingt sie durch den Wettbewerb um die produktiven Kräfte die weniger expandierenden Unternehmungen — soweit diese ihr Leistungsvolu-

---

ergibt sich eo ipso durch die Expansion ein Wachstum der Unternehmung. Vgl. hierzu auch *Mentrup*, W.: Darstellung und Kritik der Maßstäbe für Betriebsgröße und Unternehmungswachstum, unveröff. Diplomarbeit, Köln 1967.

[106] Zur Bedeutung der einzelwirtschaftlichen Expansion für das gesamtwirtschaftliche Wachstum vgl. *Albach*, H.: Zur Theorie des wachsenden Unternehmens, in: *Krelle*, W. (ed.): Theorien des einzelwirtschaftlichen und gesamtwirtschaftlichen Wachstums, Schriften des Vereins für Socialpolitik, N. F. Bd. 34, Berlin 1965, S. 9; *Schätzle*, G.: Technischer Fortschritt und Produktionsfunktion, S. 61 und *Hax*, K.: Industrielle Entwicklung, gesamtwirtschaftliches Wachstum und Unternehmenswachstum, in: Z.f.b.F., 16. Jg., 1964, S. 202.

[107] Vgl. die Beispiele hierzu bei *Hax*, K.: a. a. O., S. 203 ff.

[108] Vgl. hierzu die Ansätze bei Reuter, die jedoch im wesentlichen allein auf der herrschenden Wachstumstheorie aufbauen. *Reuter*, A. L.: Konzentration und Wirtschaftswachstum, Abhandlungen zur Mittelstandsforschung Nr. 29, Köln und Opladen 1967.

[109] In diesem Zusammenhang sei noch einmal auf die Bedeutung des Verhaltens der übrigen Wirtschaftseinheiten für den volkswirtschaftlichen Entwicklungsprozeß hingewiesen. Eine derartige Verschiebung ist nur möglich, wenn vor allem die Haushalte als Anbieter des Produktionsfaktors Arbeit ein entsprechend wachstumsfreundliches Verhalten zeigen, d. h. eine große Bereitschaft zur Mobilität im Hinblick auf den Ort, das Unternehmen und die Tätigkeit aufweisen. Vgl. hierzu auch *Biervert*, B.: Der Beitrag der Haushalte zum wirtschaftlichen Wachstum.

men aufrechterhalten wollen — zu einer besseren Nutzung ihrer Produktionsfaktoren, also zu einer input-orientierten Steigerung der Produktivität und damit auch zu einem wesentlichen Beitrag zur wirtschaftlichen Entwicklung[110]. Dieser Zwang zur Produktivitätssteigerung, der von den wachstumsstarken Unternehmungen auf die weniger leistungsstarken und weniger expansiven Unternehmungen ausgeübt wird[111], ist in einer Marktwirtschaft wesentlich von der Intensität der Beziehungen zwischen den einzelnen Unternehmungen abhängig, d. h. von der Marktform. Je enger diese Beziehungen sind, d. h. je oligopolistischer der Markt ist, desto stärker dürfte auch dieser Zwang auf die das einzelwirtschaftliche Wachstum weniger forcierenden Betriebe sein, aus Gründen der langfristigen Existenzsicherung ebenfalls ihre Produktivität zu steigern bzw. auch ihr Leistungsvolumen zu vergrößern[112]. Wie stark sich dieser Effekt in solchen Volkswirtschaften, in denen der Wirtschaftsablauf nicht durch den Marktmechanismus gesteuert wird, auswirken kann, hängt wesentlich davon ab, in welchem Umfange „wirtschaftliches Wachstum" als gesellschaftliches Ziel angestrebt wird und welche Einflußmöglichkeiten auf die Verteilungsinstitutionen den expandierenden Betrieben gegeben sind.

Als spezieller Unterfall der Expansion, d. h. des Wachstums der Unternehmung in eine bestimmte Richtung, muß die Anpassung an strukturelle Wandlungen angesehen werden[113]; denn „wirtschaftliches Wachstum vollzieht sich nicht nur durch eine einfache Vergrößerung der vorhandenen Produktionsbasis, sondern auch durch ungleichmäßige Expansion einzelner Produktionsbereiche"[114]. Der volkswirtschaftliche Wachstumsprozeß ist also „durch ständige Verschiebungen zwischen den einzelnen Sektoren gekennzeichnet"[115], er führt zu temporären Engpässen und Überkapazitäten[116], die als „typische Begleiterscheinungen der lang-

---

[110] Vgl. *Neumann*, M.: Kapitalbildung, Wettbewerb und ökonomisches Wachstum, Berlin—Heidelberg—New York 1968, S. 10.

[111] Durch die Einbeziehung der Wettbewerbsverhältnisse in diesen empirisch-theoretischen Ansatz der Wachstumstheorie ist die Möglichkeit geboten, den wesentlichen Nachteil der modernen Wachstumstheorie, ihre fehlende Verbindung zum realen Markt, zu vermeiden. Vgl. hierzu *Brandt*, K.: Konkurrenzprobleme im wirtschaftlichen Wachstum, in: Zeitschrift für die gesamte Staatswissenschaft, 119 (1963), S. 218.

[112] Vgl. hierzu auch die Analyse Kantzenbachs über die wachstumsoptimale Marktform. *Kantzenbach*, E.: Die Funktionsfähigkeit des Wettbewerbs, 2. durchgesehene Aufl. Göttingen 1967, S. 32 f.

[113] Vgl. *Schneider*, E.: Einige Bemerkungen zur Theorie des wirtschaftlichen Wachstums, S. 32.

[114] *Dorner*, K.: Strukturverschiebungen in modernen Industriewirtschaften, Dissertation Köln 1964, S. 9.

[115] *Giersch*, H.: Wachstum und Konjunktur, in: Bombach, G., Giersch, H., Senf, P. (ed.): Wachstum und Konjunktur, Darmstadt und Opladen 1960, S. 138.

[116] Vgl. *Niehans*, J.: Strukturwandlungen als Wachstumsprobleme, in: Strukturwandlungen einer wachsenden Wirtschaft, Schriften des Vereins für Socialpolitik N. F. Bd. 30/I, Berlin 1964, S. 18 ff.

fristigen Entwicklung"[117] gelten können. Derartige wachstumsbedingte Engpässe und Überkapazitäten entstehen sowohl in der Markt- als auch in der Zentralverwaltungswirtschaft in der Regel aufgrund von Prognosefehlern. „Da Investitionsplanungen auf langfristigen Vorausschätzungen der zukünftigen Marktentwicklung beruhen, sind sie mit einem gewissen Risiko behaftet. Ist nun der technische Fortschritt schneller als erwartet, oder nimmt die Nachfrage in stärkerem Maß zu, dann können Engpässe auftreten"[118]; verändert sich dagegen im Wachstumsprozeß die Nachfragestruktur anders als prognostiziert, oder werden „notwendige Produktionsumstellungen infolge mangelnder Rationalität des Verhaltens unterlassen"[119], so entstehen Überkapazitäten.

Der Beitrag der Unternehmungen zur wirtschaftlichen Entwicklung in diesem Teilbereich liegt darin, durch forcierte Schrumpfung nicht mehr oder weniger benötigter Bereiche und durch gezielte Expansion, d. h. Verlagerung der freigesetzten Ressourcen in Produktionsbereiche mit höherem Produktivitätsniveau oder besseren Chancen des einzelwirtschaftlichen Wachstums die Auswirkungen dieser Begleiterscheinungen des Wachstumsprozesses zu minimieren. Diese Anpassung der Unternehmungen an die strukturellen Wandlungen einer wachsenden Wirtschaft darf jedoch nicht als rein passive Reaktion auf Veränderungen verstanden werden, die von außen an das einzelne Unternehmen herangetragen werden, sie ist vielmehr eine aktive Unternehmenspolitik zur Förderung dieser Strukturwandlungen. Anpassung an strukturelle Wandlungen bedeutet damit in erster Linie „die Bereitschaft (der Unternehmen), den technischen Fortschritt zu nutzen und dem wachstumsbedingten Wandel in der Nachfragestruktur — sei es durch Umstellung oder Verzicht — vorzugreifen oder wenigstens zu entsprechen"[120]. Eine so verstandene Anpassung des einzelnen Unternehmens an die Strukturwandlungen der wachsenden Wirtschaft braucht sich somit auch nicht notwendigerweise in einer Erhöhung der Produktionsziffern niederzuschlagen, um wachstumswirksam zu sein. Vielmehr wird diese wachstumswirksame Flexibilität gerade dadurch erreicht, daß z. B. ein Produkt ganz fortfällt und durch ein anderes ersetzt wird, das den Ansprüchen der sich verändernden Nachfrage gerechter wird. In einem solchen Fall braucht weder der mengenmäßige noch der wertmäßige Output zu steigen; durch die Umstellung wird aber — einzelwirtschaftlich

---

[117] *Tuchtfeld*, E.: Engpässe und Überkapazitäten als Probleme der Wirtschaftspolitik, Gedächtnisschrift für H.-J. Seraphim, Berlin 1964, S. 103.

[118] *Tuchtfeld*, E.: a. a. O., S. 109.

[119] *Tuchtfeld*, E.: a. a. O., S. 114.

[120] Sachverständigenrat zur Begutachtung der gesamtwirtschaftlichen Entwicklung, Stabilisierung ohne Stagnation, Jahresgutachten 1965/66, Stuttgart und Mainz 1965, S. 125.

ein Rückgang verhindert, der sich gesamtwirtschaftlich in einem qualitativen Wachstum niederschlägt[121].

Produktivitätssteigerung und einzelwirtschaftliche Expansion als die beiden Komponenten des Beitrages der Unternehmungen zum gesamtwirtschaftlichen Wachstum treten in der ökonomischen Realität natürlich nicht so streng getrennt auf, wie es hier aus Gründen der Klarheit gezeigt werden mußte. Vielmehr wird ein Teil der Unternehmungen oft beide wachstumsrelevanten Verhaltensweisen gleichzeitig verfolgen — eine Hypothese, die dem aus der makroökonomischen Wachstumstheorie bekannten Verdoorn-Theorem zugrunde liegt[122] — während in anderen Betrieben weder eine Steigerung der Produktivität noch eine Expansion als Ergebnis des unternehmerischen Handelns zu verzeichnen ist. Die Trennung der beiden Komponenten des Beitrages der Unternehmungen zur wirtschaftlichen Entwicklung macht jedoch deutlich, daß nicht nur die gern als „Wachstumsbranchen" bezeichneten Gruppen von Unternehmungen, die ein starkes einzelwirtschaftliches Wachstum betreiben und darüber hinaus noch ihre Produktivität steigern, einen beachtlichen Beitrag zur wirtschaftlichen Entwicklung leisten, sondern auch solche Betriebe, die in „stagnierenden oder schrumpfenden Bereichen" zwar keine Erhöhung des Angebotes erzielen, aber dafür durch eine Steigerung ihrer Produktivität jene Produktionsfaktoren freisetzen, die für ein weiteres einzelwirtschaftliches Wachstum in den expandierenden Bereichen erforderlich sind[123].

c) Produktivität, Expansion und die mikroökonomischen Ziele

Steigerung der betrieblichen Produktivität und Expansion des Leistungsvolumens konnten in der bisherigen Betrachtung als mikroökonomische Determinanten des makroökonomischen Zieles „wirtschaftliche Entwicklung" im Unternehmensbereich herausgestellt werden. Offen blieb jedoch die Frage, inwieweit dieses gesamtwirtschaftliche Ziel „Wachstum" oder mikroökonomisch formuliert „Produktivitätssteigerung und Expansion" seinen Niederschlag in der Zielsetzung des einzelnen Unternehmens findet, denn es ist ja nicht zu erwarten, daß makro- und mikroökonomische Ziele stets eo ipso übereinstimmen.

---

121 Vgl. *Hax*, H.: Industrielle Entwicklung, gesamtwirtschaftliches Wachstum und Unternehmenswachstum, S. 208.

122 Vgl. *Verdoorn*, P. J.: Complementary and Long-Range Projections, in: Econometrica 24 (1956), S. 429—450.

123 Vgl. *Pawlowsky*, P.: Voraussetzungen industriellen Wachstums in der Bundesrepublik, in: Mitteilungen der List-Gesellschaft Fasc. 6 Nr. 44, S. 353 und *Krieghoff*, H.: Technischer Fortschritt und Produktivitätssteigerung, S. 93 f.

Eine wesentliche Bedeutung kommt hier dem Datum „rechtliche und soziale Ordnung", d. h. Wirtschaftsverfassung[124] zu, die das Verhältnis der Wirtschaftssubjekte untereinander und zum Staat regelt. In einer weitgehend am Modell der zentral geleiteten Wirtschaft orientierten Wirtschaftsordnung[125], die durch eine Subordination der Wirtschaftssubjekte unter eine staatliche Planungsinstitution gekennzeichnet ist[126], wird es leicht möglich sein, die Subpläne, die für die einzelnen Betriebe im Rahmen des Volkswirtschaftsplanes aufgestellt werden, wenigstens formal auf die mikroökonomischen Determinanten des gesamtwirtschaftlich erwünschten Zieles Wachstum auszurichten, d. h. Verhaltensweisen und Maßnahmen in den Unternehmen zu begünstigen oder vorzuschreiben, die zu einer hohen Produktivität des Produktionsprozesses und einer einzelwirtschaftlichen Expansion führen.

Wesentlich diffiziler wird die Erreichung dieses makroökonomischen Zieles in den Wirtschaftsplänen der Unternehmungen jedoch, wenn die Wirtschaftsordnung einer Volkswirtschaft sich weitgehend an dem Modell einer freien Verkehrswirtschaft orientiert, der Ablauf des Wirtschaftsprozesses also überwiegend „nicht das Ergebnis eines zentralen, von einem einzigen Willen geformten Wirtschaftsplanes, sondern die Resultante zahlreicher unabhängig voneinander entstandener und durchgeführter individueller Wirtschaftspläne"[127] ist. Gerade hier kann nicht erwartet werden, daß die Wirtschaftspläne der Unternehmungen, die unter einzelwirtschaftlichen Zielvorstellungen aufgestellt werden, automatisch die gesamtwirtschaftliche Zielsetzung „Wachstum" und ihre mikroökonomischen Determinanten berücksichtigen[128]. Es ist daher für den Bereich der überwiegend marktwirtschaftlich ausgerichteten Volkswirtschaften zu klären, in welchem Verhältnis Produktivitätssteigerung und Expansion zu den verschiedenen Unternehmungszielen[129] stehen.

---

[124] Vgl. *Eucken*, W.: Die Grundlagen der Nationalökonomie, 6. Aufl., Berlin —Göttingen—Heidelberg 1950.

[125] Zur Abgrenzung der Begriffe Wirtschaftsordnung und Wirtschaftsverfassung vgl. *Lütge*, F.: Ausgangstatsachen der Volkswirtschaftslehre, S. 28.

[126] Vgl. *Lütge*, F.: a. a. O., S. 29.

[127] *Lütge*, F.: a. a. O., S. 29.

[128] Vgl. *Grimm*, J.: Wachstumsprozesse industrieller Unternehmungen, Berlin 1966.

[129] Im Gegensatz zu den verschiedenen Abhandlungen in der volkswirtschaftlichen, vor allem angelsächsischen Literatur soll hier exakt zwischen Unternehmungszielen und Unternehmermotiven unterschieden werden. Als Unternehmungsziele sollen die antizipierten Vorstellungen der gewünschten Wirkungen des unternehmerischen Handelns, also Verhaltensmaximen verstanden werden, „an denen Unternehmergruppen in Handlungssituationen ihre Entschlüsse ausrichten" (*Bidlingmaier*, J.: Unternehmerziele und Unternehmerstrategien, S. 28). Sie unterscheiden sich von den Motiven unternehmerischen Handels darin, „daß die Ziele bereits eine erfolgte Wertsetzung implizieren, während eine solche bei den Motiven als Handlungsantrieben noch nicht vorhanden ist" (*Bidlingmaier*, J.: a. a. O., S. 17); die Gegenüberstellung von Produktivitätssteigerung und Expansion mit den Zielen der Unterneh-

Seit der Abkehr der nationalökonomischen Theorie von dem rationalistisch-hedonistischen Modell des homo oeconomicus und seiner monistischen Zielsetzung im Unternehmensbereich, der Gewinnmaximierung[130], wie auch seit der durch die immer stärkere Trennung von Eigentum und Unternehmensführung ermöglichten größeren Divergenz zwischen den Zielen der Unternehmung und der Motivation der Unternehmer wird „Gewinnmaximierung“ nur noch als „Aussage über e i n e n unter den möglichen Inhalten“[131] unternehmerischer Tätigkeit angesehen. Neben sie ist eine Vielzahl von Zielvorstellungen getreten, die der Tätigkeit der Unternehmungen in der marktwirtschaftlichen Ordnung von der wirtschaftswissenschaftlichen Theorie zugrunde gelegt werden, aber noch weitgehend ihrer empirischen Überprüfung harren[132]. Als solche Ziele können Maximalziele wie z. B. Gewinn-, Umsatz-, Marktanteilsmaximierung[133], „befriedigende Ziele“ wie befriedigender Gewinn, Umsatz oder Marktanteil und letztlich Maximalziele unter Nebenbedingungen wie Gewinnmaximierung bei Risikominimierung, optimaler Liquidität o. ä.[134] angeführt werden, bei denen auch noch zusätzliche Bindungen wie die Fristigkeit der Zielsetzung[135] und die Unsicherheit mit der sie behaftet ist, berücksichtigt werden müssen.

Stellt man diesen verschiedenen Gruppen von Zielvorstellungen der Unternehmungen die mikroökonomischen Determinanten des wirtschaftlichen Wachstums gegenüber, so ist zu erkennen, daß Produktivitätssteigerung und Expansion mit der Gruppe der Maximalziele weitgehend kongruent sind: Jede Steigerung der Produktivität verbessert letztlich die Aufwands-Ertragsrelation des Betriebes, erhöht also den Gewinn und schafft damit die Voraussetzungen für die weitere Ausdehnung des Marktanteils oder Umsatzes, da hierdurch die Mittel für die

mung erfolgt also losgelöst von den dahinterstehenden Motiven der Unternehmer, auf die an anderer Stelle eingegangen wird. Vgl. hierzu auch *Scheuing*, E.: Der Unternehmer als Entscheidungszentrum, in: Z.f.B. 37. Jg., 1967, S. 655 und *Gäfgen*, G.: Theorie der wirtschaftlichen Entscheidung, S. 80. Zur Abgrenzung des Motivbegriffes vgl. *Scherhorn*, G.: Bedürfnis und Bedarf, Berlin 1959, S. 86 f.

130 Vgl. *Bidlingmaier*, J.: a. a. O., S. 28 f., ebenso *Katona*, G.: Das Verhalten der Verbraucher und Unternehmer, S. 231 f.

131 *Lütge*, F.: Ausgangstatsachen der Volkswirtschaftslehre, S. 23.

132 Vgl. dazu *Katona*, G.: a. a. O., S. 231; ebenso *Gäfgen*, G.: Theorie der wirtschaftlichen Entscheidung, S. 62.

133 Marktanteils- wie auch Umsatzmaximierung müssen sich nicht mit dem Gewinnmaximierungsziel decken, sondern sind eigenständige Zielvorstellungen der Unternehmung. Vgl. *Katona*, G.: a. a. O., S. 245.

134 Im einzelnen sei hierzu auf die Ausführungen von *Katona*, G.: a. a. O., S. 231 , und *Bidlingmaier*, J.: a. a. O., hingewiesen. Selbstverständlich sind auch Ziele wie Ansehensmaximierung des Vorstandes, Steigerung des good will's des Unternehmens denkbar; sie gehen jedoch in der Regel in die ökonomischen Maximalziele oder die Maximalziele unter Nebenbedingungen über oder sind schon der Motivationsebene der Unternehmer zuzuordnen.

135 Vgl. *Schneider*, E.: Einführung in die Wirtschaftstheorie, Bd. 2, S. 60.

Finanzierung dieser Ausweitung bereitgestellt werden können[136]. Ebenso dienen Verhaltensweisen, die eine Expansion des Leistungsvolumens der Unternehmung bewirken, gleichzeitig auch der Erreichung der erwähnten Maximalziele: Sie steigern die Gewinnchancen des Unternehmens. In gleicher Weise verbunden sind Expansion und Maximierung des Marktanteils oder Umsatzes.

Wie die Verfolgung dieser Maximalziele sind auch die Maximalziele mit Nebenbedingungen unter Berücksichtigung der Modifikationen, die durch die jeweiligen Nebenbedingungen in die Zielsetzung einfließen, weitgehend mit den mikroökonomischen Determinanten des makroökonomischen Wachstumszieles kongruent. Eine Ausnahme bilden lediglich die „befriedigenden einzelwirtschaftlichen Ziele", die gleichzeitig auch nur eine „befriedigende" Verfolgung der gesamtwirtschaftlichen Ziele Produktivitätssteigerung und Expansion umfassen. Berücksichtigt man jedoch, daß ein Streben nach befriedigenden Gewinnen, Umsätzen oder Marktanteilen in erster Linie bedeutet, einen Rückgang dieser Größen zu vermeiden oder auch eine von habituellen Normen bestimmte Steigerung zu erreichen[137], so sind Unternehmer, die in einer Volkswirtschaft agieren, in der stete Produktivitätssteigerung und Expansion durch das Vorherrschen von Maximalzielen unter Nebenbedingungen bei den übrigen Unternehmern gefördert werden, gezwungen, ebenfalls Verhaltensweisen zu forcieren, die zu Produktivitätssteigerung und Expansion führen, da sie sonst befürchten müssen, durch das Agieren der anderen Unternehmungen den befriedigenden Umfang oder auch das befriedigende Wachstum von Umsatz, Gewinn und Marktanteil nicht erreichen zu können[138].

Dieser Zwang für die unter „befriedigenden" Zielvorstellungen operierenden Unternehmen zu Produktivitätssteigerung und Expansion durch den Markt ist — wie schon gezeigt wurde — wesentlich von der Intensität der Beziehungen zwischen den einzelnen Unternehmen abhängig, also von der Marktform[139]. „Die Existenzgefährdung der passiven Konkurrenten ist umso größer je stärker das aktive Unternehmen ihren Absatz beeinträchtigen kann, je stärker also ihr Absatz von den Aktionsparametern anderer Unternehmen abhängt"[140]. Je geringer die Zahl der

---

[136] Vgl. *Rexhausen*, F.: Der Unternehmer und die volkswirtschaftliche Entwicklung, S. 103.

[137] Vgl. *Katona*, G.: Das Verhalten der Verbraucher und Unternehmer, S. 243.

[138] Vgl. *Eisermann*, G.: Wirtschaftssystem und Gesellschaftsform, in: *Bernsdorf*, W. und *Eisermann*, G. (ed.): Die Einheit der Sozialwissenschaften, Stuttgart 1955, S. 42.

[139] Vgl. *Görgens*, E.: Wettbewerb und Wirtschaftswachstum, Freiburg 1969, S. 214 ff.

[140] *Kantzenbach*, E.: Die Funktionsfähigkeit des Wettbewerbs, S. 39.

Anbieter, d. h. je größer der oligopolistische Interdependenzgrad[141] ist, desto größer ist daher auch die Gefahr für das unter befriedigenden Zielsetzungen arbeitende Unternehmen, durch das Agieren von Betrieben mit Maximalzielen in den Möglichkeiten der Erreichung seiner Zielvorstellungen beeinträchtigt zu werden. Soweit „befriedigende" einzelwirtschaftliche Ziele und damit verknüpft dann auch nur ein „befriedigender" Beitrag des Unternehmens zur gesamtwirtschaftlichen Entwicklung von den Unternehmen verfolgt werden, erzwingt also eine hohe Interdependenz auf dem Markt letztlich, daß auch von diesen mit befriedigenden Zielsetzungen operierenden Unternehmungen die mikroökonomischen Komponenten der Erhöhung des Gesamtangebotes in der Volkswirtschaft im wesentlichen erfüllt werden.

Es zeigt sich also, daß auch die betriebsindividuelle Zielsetzung dieser unter befriedigenden Zielvorstellungen agierenden Unternehmungen ebenso wie die unter Maximalzielen oder Maximalzielen mit Nebenbedingungen arbeitenden Betriebe letztlich Produktivitätssteigerung und Expansion, also die mikroökonomischen Determinanten des gesamtwirtschaftlichen Zieles „Wachstum", umschließt. Die verschiedenen einzelwirtschaftlichen Zielvorstellungen der Unternehmungen sind damit auch in einer überwiegend marktwirtschaftlich organisierten Volkswirtschaft mit diesem makroökonomischen Ziel weitgehend kongruent.

d) Maßstäbe für Produktivitätssteigerung und Expansion in empirischen Untersuchungen

Beide Bereiche des Beitrages der einzelnen Unternehmungen zur Erhöhung des gesamtwirtschaftlichen Angebotes an Gütern und Dienstleistungen wurden bislang als reine Größen der ökonomischen Theorie ohne Rücksicht auf ihre Erhebbarkeit eingeführt. Die Steigerung der betrieblichen Produktivität wurde definiert als die Fähigkeit, mit dem gleichen mengenmäßigen Einsatz an Realkapital *und* elementarer Arbeit ein höheres reales Produktionsergebnis hervorzubringen bzw. das gleiche Produktionsergebnis mit einem geringeren mengenmäßigen Aufwand an beiden Faktoren bereitzustellen. Ihren quantitativen Ausdruck — so konnte gezeigt werden — findet die Produktivitätssteigerung in der Senkung der realen Produktionskosten pro Ausbringungseinheit[142]. Die einzelwirtschaftliche Expansion als zweiter Bereich, in dem die Unternehmungen einen Beitrag zur Erhöhung des Gesamtangebotes leisten, wurde darin gesehen, daß das einzelne Unternehmen durch „Betriebsausweitung" ohne Veränderung seiner globalen Produktivität mehr von den bisherigen, bessere oder auch neue Produkte anbietet.

---

[141] Vgl. *Katzenbach*, E.: a. a. O., S. 40.

[142] Vgl. S. 60.

Beide Maßstäbe des einzelwirtschaftlichen Wachstums erweisen sich in dieser Form jedoch als Größen, die im empirischen Test nur schwer erhebbar sind (Produktivitätssteigerung) bzw. die für den empirischen Test noch einer genauen Operationalisierung bedürfen (Expansion). Eine Erhebung der Veränderungen in der globalen Produktivität, die als einziger Maßstab sämtliche Veränderungen der Effizienz des gesamten Produktionsprozesses widerspiegeln könnte[143] und damit der Maßstab wäre, der die zu erhebenden Phänomene am besten erfaßt, ist in empirischen Untersuchungen äußerst schwierig. Die Schwierigkeiten liegen vor allem darin, daß es für die Zusammenfassung der Fülle von heterogenen Input-Größen erforderlich ist, mit Wertgrößen zu arbeiten. Hierbei ergibt sich — ganz abgesehen von der Problematik der Bewertung des einzelnen Faktoreinsatzes — das Problem, bei Längsschnittanalysen die im Zeitablauf festzustellenden Preisänderungen sowohl auf der Seite des Faktoreinsatzes als auch beim Produktionsergebnis zu berücksichtigen, um so die erforderlichen Realgrößen wenigstens annäherd zu erfassen. Das hierbei übliche Verfahren der Verwendung bestimmter Indexzahlen führt jedoch nur sehr schlecht zu dem gewünschten Ergebnis, da solche „Indizes nur für einen bestimmten historischen Ablauf definiert sind. Es kann also durchaus vorkommen, daß miteinander verglichene Produktivitätsindizes zweier Prozesse verschiedene Werte zeigen, obwohl die Prozesse am Ende einer betrachteten Zeitreihe das gleiche Niveau der Produktivität erreicht haben"[144]. Auch für internationale Produktivitätsvergleiche, d. h. Querschnittsanalysen, können sie aus diesen Gründen nur in geringem Umfang dienen[145]. Hinzu kommt noch die Schwierigkeit der unterschiedlichen Bewertung des Produktionsfaktoreneinsatzes[146] sowie die Tatsache, daß nur wenige Unternehmungen, vor allem in der Klasse der kleinen und mittleren Betriebe, über ein Rechnungswesen verfügen, aus dem die für die Berechnung der globalen Produktivität und der Analyse ihrer Veränderungen im Zeitablauf bzw. der Unterschiede zwischen verschiedenen Unternehmungen erforderlichen Daten entnommen werden können[147]. Obwohl also die globale Produktivität der geeignetste Maßstab für die Erfassung der Veränderungen in der Effizienz des Kombinationsprozesses ist[148], da sich im Idealfall sämtliche Veränderungen sowohl im realen Produktionsergebnis als auch bei dem Einsatz eines jeden Produktionsfaktors in dieser Maßzahl niederschlagen, erweist sie sich bei dem jetzigen Stand

[143] Vgl. *Rose*, K.: Artikel Produktivität, in: HdSW, Bd. 8, Stuttgart—Tübingen—Göttingen 1964, S. 613.
[144] *Reuss*, E. G.: Produktivitätsanalyse, S. 140.
[145] Vgl. *Reuss*, E. G.: ebenda.
[146] Vgl. *Krieghoff*, H.: Technischer Fortschritt und Produktivitätssteigerung, S. 97.
[147] Vgl. *Wittmann*, W.: Produktionstheorie, S. 161.
[148] Vgl. *Güsten*, R.: Zum Begriff der Gesamtproduktivität, S. 482.

der Produktivitätsforschung für breite empirische Forschungen, wie sie für die Analyse von Wachstumsprozessen erforderlich sind, noch als zu problematisch.

Es ist somit ein Maßstab zu suchen, der einerseits „gegenüber dem Index der Totalproduktivität den Vorzug (hat), daß die statistischen Erhebungsprobleme leichter zu lösen sind“[149], der aber andererseits wenigstens in annähernd gleichem Umfange wie die Globalproduktivität Veränderungen in der Effizienz des Produktionsprozesses mißt, ein Index also, der im Zeitablauf (Längsschnittanalyse) oder auch im zwischenbetrieblichen Vergleich (Querschnittanalyse) annähernd parallel zu den Veränderungen oder Unterschieden in der Globalproduktivität verläuft.

Überblickt man die bekannten und üblichen Produktivitätskennziffern, so bieten sich folgende drei Maßgrößen an[150]:

1. Kombinierte Produktivität
2. Arbeitsbezogene Produktivität
3. Kapitalbezogene Produktivität[151].

Der Forderung, eine Maßzahl zu nehmen, die in größtmöglichem Umfang das wiedergibt, was auch die globale Produktivität mißt, würde eine Verwendung kombinierter Produktivitätsindizes am besten gerecht. Diese Produktivitätsmaßzahlen versuchen, das Problem der Zusammenfassung heterogener Input-Größen dadurch zu lösen, daß sie die Arbeit mit ihrem Kapitalwert oder das Kapital mit seinem Arbeitswert ansetzen und damit die Produktionsfaktorgruppen Arbeit und Kapital zusammenfassen[152]. Da sich derartige Maßzahlen jedoch wegen der schnell erkennbaren Bewertungsproblematik bislang nur wenig bewährt haben[153], können sie ebenfalls in empirischen Produktivitätsuntersuchungen nicht verwendet werden.

Übrig bleiben daher als Maßstäbe für derartige Untersuchungen nur die faktorbezogenen Teilproduktivitäten: arbeits- und kapitalbezogene Produktivität.

---

[149] *Krieghoff*, H.: Technischer Fortschritt und Produktivitätssteigerung, S. 98.

[150] *Rose*, K.: Artikel Produktivität, S. 613.

[151] Die Bezeichnung arbeits- bzw. kapital*bezogene* Produktivität wurde gewählt, um herauszustellen, daß es sich bei den faktorbezogenen Produktivitätskennziffern „lediglich um statistische Beziehungsgrößen... handelt“ (*Reuss*, E. G.: Produktivitätsanalyse, S. 9). So kann vermieden werden, daß aus dieser Maßzahl auf einen Kausalzuammenhang geschlossen wird, wie es bei den bisher gebräuchlichen Bezeichnungen „Arbeits- oder Kapitalproduktivität“ nahelag.

[152] Vgl. *Reuss*, E. G.: Produktivitätsanalyse, S. 132.

[153] *Rose*, K.: Artikel Produktivität, S. 616.

Die kapitalbezogene Produktivität, die den Faktorertrag in Relation zum Kapitaleinsatz stellt, hat vor allem in der post-keynesianischen Wachstumsanalyse eine besondere Bedeutung gewonnen: Der Gleichgewichtspfad des Wachstums im Domar-Harrod-Modell hängt nämlich vom Verhältnis der Sparquote zum marginalen Kapitalkoeffizienten, dem reziproken Wert der kapitalbezogenen Produktivität der Investitionen, ab. Der Zusammenhang zwischen den Veränderungen der globalen Produktivität und der Kapitalproduktivität sind jedoch „keineswegs eindeutig oder leicht zu übersehen“[154]. Eine Steigerung der Effizienz des Produktionsprozesses, also der Totalproduktivität, kann auch dann vorliegen, wenn mehr Kapital pro Ausbringungseinheit gebraucht wird. Das kommt auch in der Harrod'schen Klassifikation des sogenannten technischen Fortschritts zum Ausdruck, die zwischen kapitalverwendendem, kapitalsparendem und neutralem technischen Fortschritt unterscheidet[155]. Veränderungen der kapitalbezogenen Produktivität können daher nicht immer als Indikatoren für eine Änderung der globalen Effizienz des Produktionsprozesses angesehen werden. Hinzu kommt, daß „bei den kapitalbezogenen Untersuchungen die Auswahl der jeweils geeigneten Meßmethode für den Kapitaleinsatz ein Kernproblem“[156] ist. Kapitalbezogene Produktivitätsmaßzahlen sind auch aus diesen statistischen Gründen „empirisch nur schwer zu bestimmen“[157]. Sie sollen daher hier als Maß für die Veränderungen in der globalen Produktivität von Unternehmungen ausgeschlossen werden.

Es bleibt daher zu untersuchen, inwieweit arbeitsbezogene Produktivitätsmaßzahlen den oben gestellten Forderungen gerecht werden.

Die arbeitsbezogene Produktivität stellt den Ertrag des Produktionsprozesses in der Periode t den Einsatzmengen an „elementarer Arbeit“ dieser Wirtschaftsperiode gegenüber:

$$p_{At} = \frac{a_t}{L_{nt}}$$

Sie wird in der Literatur als der praktikabelste Maßstab für die Analyse von Unterschieden in der Effizienz des betrieblichen Konbinationsprozesses angesehen[158] und auch in der überwiegenden Zahl bislang durchgeführter empirischer Produktivitätsstudien verwendet[159].

---

154 *Krieghoff*, H.: Technischer Fortschritt und Produktivitätssteigerung S. 90.

155 *Harrod*, R. F.: Towards a Dynamic Economics, London und New York 1948, S. 22 ff.

156 *Reuss*, E. G.: Produktivitätsanalyse, S. 53 f.

157 *Krieghoff*, Technischer Fortschritt und Produktivitätssteigerung, S. 91.

158 Vgl. u. a. *Krieghoff*, H.: Technischer Fortschritt und Produktivitätssteigerung, S. 12, *Lave*, L. B.: Technological Change—Its Conception and Measurement, Englewood Cliffs N. Y. 1966, S. 101 ff. und *Güsten*, R.: Zum Begriff der Gesamtproduktivität, S. 494.

159 Vgl. *Reuss*, E. G.: Produktivitätsanalyse, S. 9, *Krieghoff*, H.: a. a. O., S. 83 f.

Diese große Bedeutung, die der Arbeitsproduktivität bei der theoretischen Durchdringung und Analyse von Effizienzunterschieden zwischen verschiedenen Unternehmungen oder zwischen verschiedenen Wirtschaftsperioden zukommt, darf jedoch nicht darüber hinwegtäuschen, daß auch diese Maßzahl nicht sämtliche Fälle der Steigerung betrieblicher Globalproduktivität widerspiegelt, denn die organisatorischen und technischen Verbesserungen in den Unternehmungen sind nicht auf die Fälle beschränkt, in denen, auf die Einheitsmenge der Ausbringung bezogen, eine Einsparung an Arbeitskräften erzielt wird, sondern bestehen auch in der Anwendung von Prozessen, die im Vergleich zu anderen weniger Kapital, Material oder Energie verbrauchen[160]. Insofern müssen also Veränderungen in der arbeitsbezogenen Produktivität von denen der Globalproduktivität abweichen, und zwar wird in der Regel P_{At} größer sein als T_t[161]. Diese Abweichung der arbeitsbezogenen Produktivität von der Globalproduktivität wird umso größer sein, je kapitalintensiver die Unternehmungen sind und je höher darüber hinaus der Wert der im Produktionsprozeß verarbeiteten Roh-, Hilfs- und Betriebsstoffe ist. Solange jedoch bei einem Vergleich von verschiedenen Wirtschaftsperioden (Längsschnittanalyse) oder auch von mehreren Betrieben der gleichen Wirtschaftsperiode (Querschnittanalyse) der Grad an Kapitalintensität wie auch des Anteils relativ hochwertiger Betriebsmittel annähernd gleich groß ist, muß den Veränderungen der Arbeitsproduktivität bei der statistischen Messung von Effizienzsteigerungen in Betrieben trotz aller kritischen Einwendungen doch eine besondere Bedeutung[162] für alle Untersuchungen beigemessen werden, in denen die globale Produktivität aufgrund der oben zitierten Schwierigkeiten nicht erhoben werden kann.

Wie sollen nun die in den Quotienten der arbeitsbezogenen Produktivität eingehenden Größen: das einzelwirtschaftliche Angebot und der Einsatz an „elementarer Arbeit" gemessen werden?

Das einzelwirtschaftliche Angebot A_t kann unter Verwendung von Bruttoproduktionsmaßen oder Nettoindizes erfaßt werden. „Als bestes Maß für die Produktionsleistung wird allgemein die Wertschöpfung an-

---

Krengel, R.: Einige Bemerkungen zur Brauchbarkeit von Arbeitsproduktivität und Kapitalproduktivität als Instrumente der langfristigen Wirtschaftsprognose, in: Zeitschrift für die gesamte Staatswissenschaft Bd. 124, 1968, S. 91, und *Leibenstein*, H.: Allocative Efficiency versus X-Efficiency, in: American Economic Review Vol. LVI, 1966, S. 400.

[160] *Krieghoff*, H.: Technischer Fortschritt und Produktivitätssteigerung, S. 84.

[161] Vgl. *Rémery*, R.: The Use of Value Added as an Approach to Measurement of Global Productivity, in: Productivity Measurement Review, Nr. 16, Februar 1959, S. 28.

[162] Vgl. *Krieghoff*, H.: S. 12.

gesehen"[163], denn sie bezieht sich als Nettoindex „auf den Beitrag, den ein bestimmter Transformationsvorgang zum Sozialprodukt leistet"[164]. Hinzu kommt, daß der Nettoindex auch Veränderungen im Materialverbrauch aufgrund einer Verbesserung der Fabrikationsmethoden erfaßt[165], während die Bruttogröße diese Veränderungen in den Vorleistungen nur in geringem Umfange berücksichtigt[166]. Ebenso erlauben Nettomaße im Gegensatz zu Bruttoindizes eine Berücksichtigung unterschiedlicher Tiefen des Produktionsprozesses. Ihr Nachteil ist jedoch die Empfindlichkeit in bezug auf das Preissystem, das zur Homogenisierung der unterschiedlichen Input- und Output-Größen verwandt werden muß, denn die jeweiligen Preise tauchen sowohl in den Input- als auch in den Output-Werten auf[167]. Diese Schwierigkeit wird vor allem dann besonders groß, wenn bei internationalen Produktivitätsvergleichen auch die Kaufkraftparitäten der einzelnen Währungen berücksichtigt werden müssen. Hier wird das Indexproblem vor allem bei den Input-Werten fast unlösbar[168]. In der Regel wird man sich daher auf das relativ rohe Maß der Bruttoproduktion beschränken. Diese kann am leichtesten — da bei der langfristigen Betrachtung der Einfluß der Lagerhaltung weitgehend ausgeschaltet werden kann[169] — am preisbereinigten Umsatz der zu analysierenden Periode gemessen werden.

Der beste Maßstab für den Einsatz an elementarer Arbeit sind die in der Periode geleisteten Arbeitsstunden, wobei, wenn möglich, noch eine Gewichtung nach Erfahrung und Fähigkeiten der einzelnen Arbeiter vorgenommen werden sollte[170]. Soweit diese Kennziffer nicht erfaßbar ist, muß die Zahl der Beschäftigten als Substitut hierfür genommen werden[171]. Eine Schwierigkeit bereitet in beiden Fällen noch die Abgrenzung des Teils der menschlichen Arbeit, der zu der elementaren Arbeit gehört, von solchen Arbeitsleistungen, die als dispositiv angesehen werden müssen[172].

Als das Maß für die Effizienz des Produktionsprozesses und damit auch für die Veränderungen in der Produktivität von Unternehmungen, das

---

[163] *Krieghoff*, H.: a. a. O., S. 122; vgl. auch *Hax*, K.: Industrielle Entwicklung, gesamtwirtschaftliches Wachstum und Unternehmenswachstum, S. 208.

[164] *Reuss*, E. G.: Produktionsanalyse, S. 67.

[165] Vgl. *Zeitel*, G.: Der Einfluß der veränderten Vorleistungen in einzelnen Unternehmensbereichen auf Produktivität, Wirtschaftlichkeit und Preise, S. 148.

[166] Vgl. *Reuss*, E. G.: ebenda.

[167] Vgl. *Reuss*, E. G.: a. a. O., S. 68.

[168] Vgl. *Reuss*, E. G.: Produktionsanalyse, S. 68.

[169] Vgl. S. 46.

[170] Vgl. *Rémery*, R.: The Use of Value Added as an Approach to Measurement of Global Productivity, S. 26.

[171] Vgl. *Krieghoff*, H.: Technischer Fortschritt und Produktivitätssteigerung, S. 122.

[172] Vgl. hierzu *Gutenberg*, E.: Grundlagen der Betriebswirtschaftslehre, Bd. 1, Die Produktion, S. 3.

in fast allen Fällen, auch bei einer Untersuchung von Unternehmungen mit nur rudimentärem Rechnungswesen, erhoben werden kann und das gleichzeitig noch in relativ hohem Umfang ihre Veränderungen eindeutig als die „Folge von (organisatorischen und) technischen Verbesserungen in den Unternehmungen interpretiert werden können“[173], kann somit der Quotient aus dem vom Preiseinfluß bereinigten Umsatz und der Zahl der Beschäftigten gesehen werden:

$$P_{At} = \frac{U_t}{Z_t}$$

U_t = preisbereinigter Umsatz der Periode t
Z_t = Zahl der in der Periode t beschäftigten Personen.

Es muß jedoch berücksichtigt werden, daß dieser Quotient von folgenden Faktoren abhängt, deren Einfluß in einer empirischen Untersuchung entweder eliminiert oder zumindest berücksichtigt werden muß:

1. Kapitalintensität[174]
2. Betriebsgröße (Scale-Economies)
3. Qualität der Arbeitskräfte
4. Unterschiedliche Arbeitszeit
5. Unterschiedliche Produktionstiefe[175]
6. Unterschiede in der Ausstattung mit sachlichen Betriebsmitteln
7. Einflüsse der Preise, wenn in langfristiger Betrachtung die für die Berechnung preisbereinigter Umsatzzahlen benutzen Indizes die tatsächlichen Veränderungen der Kaufkraft nicht vollständig widerspiegeln.

Weniger problematisch als die Bestimmung der Effizienz des Produktionsprozesses durch eine geeignete Maßgröße erweist sich die Messung der zweiten Komponente des Beitrages der einzelnen Unternehmungen zum gesamtwirtschaftlichen Wachstum, der Expansion. Ihre Definition als Erhöhung des einzelwirtschaftlichen Angebotes unter Berücksichtigung von neuen und besseren Produkten legt die Verwendung einer Größe nahe: der Steigerung des mengenmäßigen Outputs. Bei der Bestimmung dieser Größe wird „in der Praxis des Mehrproduktbetriebes eine Zusammenfassung verschiedenartiger Erzeugnisse notwendig“[176], die entweder durch technische Äquivalenzziffern oder durch Preisrela-

---

[173] *Krieghoff*, H.: Technischer Fortschritt und Produktivitätssteigerung, S. 96.

[174] Vgl. *Krieghoff*, a. a. O., S. 11 und S. 102, und *Reuss*, E. G.: Produktivitätsanalyse, S. 142.

[175] Vgl. *Schätzle*, G.: Technischer Fortschritt und Produktivitätsfunktion, S. 51.

[176] *Reuss*, E. G.: Produktivitätsanalyse, S. 62.

tionen erfolgen kann. Entscheidet man sich hierbei für Preisrelationen, so kommt die so gewonnene Größe der um den Einfluß von Kaufkraftänderungen in der Volkswirtschaft bereinigten Steigerung des betrieblichen Umsatzes relativ nahe[177]. Es empfiehlt sich daher auf diese in empirischen Untersuchungen statistisch leicht erfaßbare Größe überzugehen[178]. Sie hat gegenüber dem bewerteten Bruttoindex des Outputs den Vorteil, Qualitätsveränderungen und das Auftauchen neuer Produkte wenigstens annähernd zu erfassen. Es muß jedoch berücksichtigt werden, daß der Umsatz als Bruttogröße unterschiedliche Produktionstiefen der Unternehmung nicht berücksichtigt[179] und sich auch nicht wie entsprechende Nettogrößen zum Sozialprodukt aufaddieren läßt. Die relativ leichte Erhebbarkeit der von dem Einfluß der Kaufkraftveränderungen bereinigten Steigerung des Umsatzes bietet dieser Größe jedoch einen solchen Vorteil, daß sie in empirischen Untersuchungen in der Regel stets als Maß für die einzelwirtschaftliche Expansion angesehen wird[180].

e) Die zentrale Hypothese

Mit der Bestimmung der Produktivitätssteigerung und der einzelwirtschaftlichen Expansion als den beiden mikroökonomischen Determinanten der Erhöhung des gesamtwirtschaftlichen Angebotes an Sachgütern und Dienstleistungen sowie mit der Überführung dieser Größen in erhebbare Indikatoren sind die Grundlagen für die weitere Analyse des Beitrages der Unternehmungen zum wirtschaftlichen Wachstum gelegt. Sieht man nämlich — wie es hier geschieht — Veränderungen in der Produktivität der Betriebe wie auch ihre Expansion oder Stagnation als das Ergebnis menschlichen Verhaltens und der Entscheidungen an, die dieses Verhalten bewirken, so gilt es nun, solche Verhaltensweisen der unternehmerisch tätigen Wirtschaftssubjekte herauszuarbeiten, welche Unterschiede in der Produktivität oder Expansion von Unternehmungen im einzelnen näher erklären[181].

Der erste Teil der zentralen Hypothese lautet daher:

1. Es gibt bestimmte Einrichtungen, Maßnahmen, Kontrollen und Aktionen in den Unternehmungen, insgesamt also ein bestimmtes unter-

---

[177] Vgl. *Hax*, K.: Industrielle Entwicklung, gesamtwirtschaftliches Wachstum und Unternehmenswachstum, S. 208.

[178] Vgl. *Mentrup*, W.: Darstellung und Kritik der Maßstäbe für Betriebsgröße und Unternehmungswachstum, S. 65.

[179] Vgl. *Reuss*, E. G.: Produktivitätsanalyse, S. 64.

[180] Vgl. *Brockhoff*, K.: Unternehmenswachstum und Sortimentsänderungen, Köln und Opladen 1966, S. 99, und *Finger*, G.: Das Wachstum von Unternehmen mit einem Beispiel aus der Automobilindustrie, Tübingen 1968, S. 8.

[181] Vgl. *Dierkes*, M.: Unternehmerverhalten und wirtschaftliches Wachstum, in: Blätter für Genossenschaftswesen, Nr. 19/20, 1969, S. 338 ff.

nehmerisches Handeln[182], das eine hohe Produktivität und Expansion bewirkt, das insofern also wachstumswirksam ist.

Die Verhaltensebene reicht jedoch — wie schon dargestellt wurde — nicht aus, den Beitrag der Unternehmungen zum wirtschaftlichen Wachstum umfassend zu erklären; denn die Unternehmerhandlungen werden ihrerseits von Faktoren institutioneller Art beeinflußt, d. h., sie beruhen auf Einstellungen und Motivationen[183]. Dem wachstumsrelevanten wirtschaftlichen Handeln sind also fortschrittliche oder hemmende Einstellungen und Motive der Handelnden vorgelagert[184].

Der zweite Teil der zentralen Hypothese lautet daher:

2. Es gibt Einflußfaktoren im persönlichen Bereich der Träger betrieblicher Entscheidungen, die den Umfang des Vorhandenseins wachstumsrelevanter Einrichtungen, Kontrollen, Maßnahmen und Aktionen in den Betrieben und damit den Beitrag der Unternehmungen zum wirtschaftlichen Wachstum beeinflussen.

Ordnet man diese beiden Ebenen der zentralen Hypothese in das bereits dargelegte Schema des wachstumsrelevanten Verhaltens[185] ein, so ergibt sich folgender Erklärungszusammenhang für den Beitrag, den die unternehmerisch tätigen Wirtschaftssubjekte zum gesamtwirtschaftlichen Wachstum leisten (vgl. das Schema auf Seite 79).

aa) Die Verhaltensebene

α) *Im Bereich der Produktivitätssteigerung*

Welche Verhaltensweisen, d. h. Einrichtungen, Maßnahmen, Kontrollen und Aktionen in den Unternehmungen können im Sinne des ersten Teils unserer zentralen Hypothese als produktivitätssteigernd angesehen werden?

Es sind zunächst im wesentlichen sämtliche Verhaltensweisen, die die mikroökonomische Entscheidungstheorie (Betriebswirtschaftslehre) im Hinblick auf die Erreichung der bekannten unternehmerischen Maximalziele formuliert hat: konnte doch gezeigt werden, daß das Streben, die einzelwirtschaftlichen Maximalziele möglichst weitgehend zu erreichen, in großem Umfang mit dem Streben kongruent ist, die mikroökonomischen Determinanten des gesamtwirtschaftlichen Wachstums im

---

182 Vgl. *Redlich*, F.: Der Unternehmer — Wirtschafts- und sozialgeschichtliche Studien, Göttingen 1964, S. 135.

183 Vgl. S. 32 ff.; ebenso *Adelman*, J.: Theories of Economic Growth and Development, S. 9.

184 *Schmölders*, G.: Der Beitrag der Verhaltensforschung zur Theorie der wirtschaftlichen Entwicklung, S. 370.

185 Vgl. S. 37.

Modell zur Erklärung des wachstumsrelevanten Unternehmerverhaltens

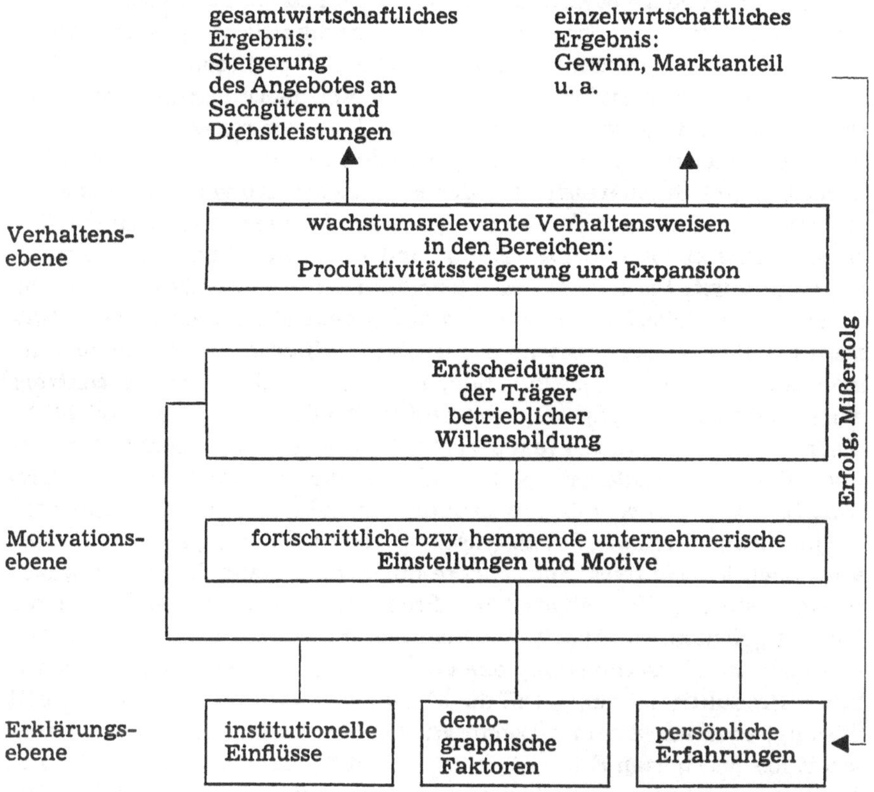

Unternehmensbereich möglichst weitgehend zu erfüllen. Die Verhaltensvorschriften der Betriebswirtschaftslehre liefern damit einen ersten wesentlichen Teil an Hypothesen, die für die Erklärung des wachstumsrelevanten Unternehmerverhaltens herangezogen werden können.

Über diese Ergebnisse der Betriebswirtschaftslehre hinaus hat aber auch die makroökonomische Wachstumsforschung, obwohl die volle Bedeutung der organisierenden Leistungen für das Wirtschaftswachstum[186] von ihr noch gar nicht erfaßt wurde, in ihrem Bestreben, die ungeklärte Restkategorie „technischer Fortschritt" in einzelne erhebbare Indikatoren aufzulösen, Hypothesen über die „Verursachungselemente einer Effizienzsteigerung, die durch den technischen Fortschritt ausgelöst

[186] *Schöpf*, A.: Othmar Spann und die Schule von Cambridge, in: Zeitschrift für Ganzheitsforschung, Heft 1, 1966, S. 30.

wird“[187] aufgestellt, denn „die Tatsache allein, daß der technische Fortschritt produktivitätspositiv wirkt, vermochte (viele) Analytiker nicht zu befriedigen, sondern es ging ihnen auch darum zu quantifizieren, bei welchem Inputfaktor die Effizienz besonders nachhaltig steigt und letztlich dann zu erklären, warum sie das tut“[188]. Diese Hypothesen der makroökonomischen Wachstumsforschung über die Verursachungselemente einer solchen Steigerung der Effizienz des Produktionsprozesses reichen von der „Verbesserung der Betriebsorganisation und des Arbeitsklimas, Typisierung und Standardisierung der Produktion, Anwendung moderner statistischer Methoden der Leistungs- und Fehlerkontrolle, Herbeiführung optimaler Standortverteilung und optimaler Betriebsgrößenverhältnisse durch Förderung des internationalen Austausches (bis hin zu) Ersetzung ausgelaufener Maschinen durch neue Maschinen höherer Effizienz bei gleichen Realkosten im Zuge der Re-Investition“[189]. Hinzu kommen „Some simple reorganization, material handling, waste controls, work methods and payments by result“[190] oder auch überbetriebliche Maßnahmen wie z. B. die Inanspruchnahme von Beratungen[191]. Als weitere Erklärungsfaktoren gelten allgemeine organisatorische Fortschritte[192], die sich sowohl „in neueren Produktionsanlagen verkörpern ... (als auch) von neuen Produktionsanlagen unabhängig sein“[193] können, sowie „work incentives“ und andere allgemeine Maßnahmen zur Qualitätsverbesserung der eingesetzten Produktionsfaktoren, vor allem des Faktors „elementare Arbeit“[194]. Diese Heterogenität der verschiedlichen mutmaßlichen Ursachenkomplexe einer Steigerung der volkswirtschaftlichen Produktivität zeigt, daß die „Theorie vom technischen Fortschritt (bislang) eher aus einem Mischmasch von Vermutungen als aus wissenschaftlich gesicherten Erkenntnissen besteht“[195]. Es ist daher erforderlich, die Verhaltensweisen, von denen angenommen wird, daß mit ihrer Erfüllung eine Steigerung der betrieblichen Produktivität erzielt werden kann, zunächst in einer Typologie zu erfassen[196].

---

[187] *Derichs*, H.: Die Problematik der Produktivitätsmessung von Wirtschaftssektoren, Bd. 15 der Schriftenreihe des Energiewissenschaftlichen Instituts an der Universität zu Köln, München 1969, S. 132.

[188] *Derichs*, H.: a. a. O., S. 131.

[189] *Bombach*, G.: Quantitative und monetäre Aspekte des Wirtschaftswachstums, S. 184; vgl. auch *Fricke*, R.: Grundlagen der Produktivitätstheorie, Frankfurt 1961, S. 291, und *Philippi*, G.: Produktivität und Produktion, in: Konjunkturpolitik, 10. Jg., 1964, S. 358.

[190] *Leibenstein*, H.: Allocative Efficiency versus Efficiency, S. 399.

[191] Vgl. *Leibenstein*, H.: a. a. O., S. 406.

[192] *Gold*, B.: Foundations of Productivity Analysis, S. 82 und S. 109.

[193] *Dürr*, E.: Wachstumspolitisch relevante Ergebnisse der Wachstumstheorie, S. 14.

[194] Vgl. *Gold*, B.: a. a. O., S. 127 f.

[195] *Schätzle*, G.: Technischer Fortschritt und Produktionsfunktion, S. 42.

[196] Vgl. *v. Weizsäcker*, C. Chr.: Möglichkeiten methodischer Neuansätze in der Wachstumstheorie, S. 52 f.

Im einzelnen erscheint es sinnvoll, folgende Kategorien zu bilden:

1. *Nach der Zielrichtung.*

   Hier wären solche Maßnahmen, die darauf abzielen, die Qualität der elementaren Produktionsfaktoren zu verbessern, von solchen zu unterscheiden, deren Einsatz nicht in direktem Zusammenhang mit dem Einsatz der elementaren Produktionsfaktoren steht. Bei den ersteren handelt es sich vornehmlich um technische Verfahrensverbesserungen, die in der Regel vor allem den Produktionsfaktor Kapital betreffen (embodied technical progress)[197]. Die bezogen auf den Einsatz der Elementarfaktoren eher indirekt wirkenden Maßnahmen sind dagegen z. B. Veränderungen des betrieblichen Planungswesens, der Organisation der Unternehmung usw.

2. *Nach ihrer Bedeutung*

   Hier sind solche Maßnahmen, die für die Unternehmung sämtlicher Wirtschaftssektoren effizienzsteigernd wirken, von solchen zu unterscheiden, die nur für bestimmte Wirtschaftszweige oder auch Betriebsgrößenklassen bedeutend sind[198]. In diese letzte Gruppe dürften vor allem wiederum die technologischen Verfahrensverbesserungen gehören, die überwiegend branchentypisch sind, während diejenigen Maßnahmen, von denen man annimmt, daß sie in Betrieben sämtlicher Branchen und Größenklassen effizienzsteigernd wirken, in der Regel solche sein werden, die vom Einsatz der elementaren Produktionsfaktoren stärker losgelöst sind.

3. *Nach ihrer Betriebsbezogenheit*

   Hier sind interne Rationalisierungsmaßnahmen der einzelnen Unternehmungen und solche zu unterscheiden, die als überbetriebliche Einrichtungen, Maßnahmen oder Kontrollen darauf ausgerichtet sind, die Effizienz mehrerer Betriebe gleichzeitig zu steigern.

β) *Im Bereich der Expansion*

Welche Hypothesen lassen sich über die Einrichtungen, Maßnahmen, Kontrollen und Aktionen aufstellen, die ein mehr oder weniger hohes einzelwirtschaftliches Wachstum als zweite Komponente des Beitrages der Unternehmen zum gesamtwirtschaftlichen Wachstum erklären?

Löst man sich von den älteren Theorien des einzelwirtschaftlichen Wachstums, die in der Expansion des Unternehmens einen mechanischen Prozeß sehen und als seine Ursachen eine unvermeidbare technische Ent-

---

[197] Vgl. *v. Weizsäcker*, C. Chr.: Zur ökonomischen Theorie des technischen Fortschritts, S. 14.

[198] Vgl. *Fricke*, R.: Grundlagen der Produktivitätstheorie, S. 318 f.

wicklung angeben[199] oder die das Wachstum der Unternehmungen durch Analogien zum biologischen Wachstum erklären wollen[200], so kann in Anlehnung an die bisher nur rudimentär formulierte dynamische Theorie der Unternehmung[201] die einzelwirtschaftliche Expansion in erster Linie als Überwindung von Wachstumsschranken angesehen werden[202]. Welche Verhaltensweisen hierbei von Bedeutung sind, wird wesentlich durch die jeweiligen Wachstumsgrenzen bestimmt, also dadurch, ob das Wachstum durch Überwindung der

1. Nachfrageschranke
2. Kapazitätsschranke
3. Finanzierungsschranke

erfolgt, wobei die Richtung, in der das Wachstum vor sich geht[203], vollkommen unberücksichtigt bleiben kann.

Ist Wachstumsgrenze die Nachfrageschranke, so gelten zunächst solche Verhaltensweisen, Einrichtungen und Aktionen als wachstumsrelevant, die die Nachfrage zu fördern suchen, wie verstärkte Werbung, neue Werbemethoden, bessere und neue Produkte, oder die die Voraussetzungen für ein Umsatzwachstum schaffen sollen, wie z. B. Forschung und Produktentwicklung[204], Marktforschung[205], Erschließung neuer Märkte[206], wirkungsvollere Preispolitik oder Bewerbung um öffentliche Aufträge[207]. Ein Teil der Expansion des Unternehmens kann somit durch den Einsatz solcher Maßnahmen und Aktionen erklärt werden, die allein darauf gerichtet sind, den Umsatz des Betriebes im Rahmen der bestehenden Kapazitäten zu erhöhen[208].

---

[199] Zu den Autoren, die diese Meinung vertreten, zählen z. B. Marx mit seinem Gesetz der konstanten Substitution von Variablen und fixem Kapital, Bücher mit dem Gesetz der Massenproduktion, Schmalenbach mit dem Gesetz der wachsenden Fixkosten und Max Weber mit dem Gesetz der höheren Leistungsfähigkeit des bürokratisch verwalteten Großunternehmens, vgl. *Albach*, H.: Zur Theorie des wachsenden Unternehmens, S. 349.

[200] Zu dieser Gruppe gehört z. B. Marshall, der das Wachstum von Bäumen als Analogie verwendet, vgl. *Albach*, H.: S. 39.

[201] Vgl. *Busse von Colbe*, W.: Entwicklungstendenzen in der Theorie der Unternehmung, S. 615 f.

[202] Vgl. *Finger*, G.: Das Wachstum von Unternehmen mit einem Beispiel aus der Automobilindustrie, S. 12 ff.

[203] Vgl. *Hax*, K.: Industrielle Entwicklung, gesamtwirtschaftliches Wachstum und Unternehmenswachstum, S. 205, und *Weber*, H.: Zur Theorie des Wachstums der industriellen Unternehmung, in: B.F.u.P., 20. Jg., 1968, S. 326 f.

[204] Vgl. *Penrose*, E. T.: The Theory of the Growth of the Firm, S. 15.

[205] Vgl. *Brockhoff*, K.: Unternehmenswachstum und Sortimentsänderungen; *Lave*, L. B.: Technological Change. Its Conception and Measurement, S. 149, und *Gold*, B.: Foundations of Productivity Analysis, S. 110.

[206] Vgl. *Hundhausen*, C.: Der Absatzbereich der Industrieunternehmung und seine Bedeutung für den Wachstumsprozeß, in: Z.f.b.F., 16. Jg., 1964, S. 239.

[207] Vgl. *Finger*, G.: Das Wachstum von Unternehmungen, S. 26.

[208] Vgl. *Dierkes*, M.: Der Beitrag des französischen Mittelstandes zum wirtschaftlichen Wachstum, S. 324.

Ein Umsatzwachstum ist langfristig jedoch nur möglich, wenn über die Förderung des Absatzes hinaus auch die Kapazität des Betriebes erhöht wird, weil — jedenfalls langfristig — der Absatz die Produktion nicht übersteigen kann[209]. Der zweite Teil der das einzelwirtschaftliche Wachstum erklärenden Verhaltensweisen muß daher im Bereich solcher Maßnahmen und Bestrebungen gesucht werden, die auf eine Vergrößerung der betrieblichen Kapazität ausgerichtet sind, z. B. Erweiterungs- und Verbesserungsinvestitionen, Übergang zum Mehrschichtbetrieb, Vereinfachung des Produktionsprogrammes und Ersatz knapper Produktionsfaktoren[210].

Die technisch-organisatorischen Aktionen zur Überwindung der Nachfrage- und Kapazitätsschranke sind jedoch nicht in der Lage, das einzelwirtschaftliche Wachstum des Betriebes in vollem Umfang zu erklären; zu den Verhaltensweisen der Unternehmensleitung auf diesem Gebiet muß vielmehr als weiterer Erklärungsfaktor des einzelwirtschaftlichen Wachstums noch ein expansionsorientiertes Finanzierungsverhalten[211] treten, d. h. solche Verhaltensweisen, die darauf ausgerichtet sind, die für die Erweiterung der Produktion oder des Umsatzes erforderlichen finanziellen Mittel bereitzustellen[212] und so eine eventuell vorhandene Finanzierungsschranke zu überwinden[213]. „Eine Zunahme der Investitionsbereitschaft (zur Überwindung der Kapazitätsschranke des Unternehmenswachstums) führt (nämlich) nur dann zu einer Erhöhung der tatsächlichen Investitionen, wenn die zu ihrer Realisierung erforderlichen Finanzierungsmittel verfügbar und die Investoren bereit und in der Lage sind, sich diese zu beschaffen. Die Finanzierungsmöglichkeit stellt damit eine wenn nicht hinreichende, so doch notwendige Bedingung für die Investitionstätigkeit“[214] als eine der Grundlagen einzelwirtschaftlichen Wachstums dar. Ein expansionsorientiertes Finanzierungsverhalten findet seinen Ausdruck zunächst in einem hohen Selbstfinanzierungsstreben der Unternehmensleitung. Daneben sind jedoch auch Verhaltensweisen wie Aufnahme von Fremdkapital oder neuen Eigenkapitalgebern, Nutzung neuartiger Finanzierungsquellen (Leasing, Factoring) usw.[215]

---

209 Vgl. *Riebel*, P.: Umgestaltung des Produktionsbereiches in wachsenden Industrieunternehmungen, in: Z.f.b.F., 16. Jg., 1964, S. 211.

210 Vgl. *Finger*, G.: a. a. O., S. 26.

211 Vgl. *Hax*, K.: Die Kapitalwirtschaft des wachsenden Industrieunternehmens, in: Z.f.b.F., 16. Jg., 1964, S. 252.

212 Vgl. *Krieghoff*, H.: Technischer Fortschritt und Produktivitätssteigerung, S. 61.

213 Vgl. *Penrose*, E. T.: Theory of the Growth of the Firm, S. 378.

214 *Barth*, H. J.: Zum Einfluß der schleichenden Inflation auf das Wirtschaftswachstum, S. 72 f.

215 Vgl. *Oelschläger*, K. und *Tiepelmann*, K.: Unternehmerisches Finanzierungsverhalten und Unternehmenswachstum, in: Blätter für Genossenschaftswesen, Nr. 19/20, 1969, S. 341 f.

von Bedeutung; denn jede Fremdfinanzierung geplanter Investitionen setzt, selbst bei grundsätzlich vorhandener Investitionsneigung und genügend großem Angebot an Finanzierungsmitteln, „die Bereitschaft der Investoren voraus, Fremkapital einzusetzen und so die bestehenden Finanzierungsmöglichkeiten auszuschöpfen“[216].

bb) Die Erklärungsfaktoren

α) *Die unternehmerischen Entscheidungen als Grundlage der Analyse*

Unterschiede in Produktivität und Expansion von Unternehmungen — und damit in der Höhe ihres Beitrages zum gesamtwirtschaftlichen Wachstum — können auf einer ersten Stufe der Analyse durch ein komplexes System von Hypothesen über produktivitätswirksame oder expansionsfördernde Verhaltensweisen erklärt werden. Die Verhaltensebene allein reicht jedoch nicht aus, den Beitrag der Unternehmungen zum wirtschaftlichen Wachstum umfassend zu erklären. Wenn nämlich hohe Produktivität und Expansion nichts anderes sind als Folgen der skizzierten unternehmerischen Handlungen, muß die sozialökonomische Wachstumsforschung sich darum bemühen, die notwendigen Bedingungen zu ermitteln, unter denen sich in einer Volkswirtschaft genügend Unternehmensleitungen finden, die sich in dieser das Wachstum begünstigenden Weise verhalten. Es geht also nicht nur darum, zu zeigen, welche Aktionen der Unternehmungen besonders wachstumsrelevant sind bzw. welche für den Prozeß der volkswirtschaftlichen Entwicklung von geringerer Bedeutung sind, sondern ebenso darum, Unterschiede in der Verbreitung solcher Maßnahmen zu erklären[217].

Wachstumsrelevantes Verhalten in den Unternehmungen, d. h. die mehr oder weniger starke Verfolgung der oben skizzierten Strategien, kann entweder eine Gewohnheits- (habituelles Verhalten) oder eine Wahlhandlung sein[218]. „Da Gewohnheitshandlungen nur derivativ als Wiederholungen von Wahlhandlungen realisiert werden können“[219], müssen die wachstumswirksamen Aktionen der Unternehmungen stets als Wahlhandlungen angesehen werden, wobei jedoch im Fall des habituellen Verhaltens die originäre Wahlhandlung in einer der zurückliegenden Wirtschaftsperioden vollzogen wurde. Ist aber mit dieser zeitlichen Einschränkung das gesamte wachstumsrelevante Unternehmungshandeln als Wahlhandlung anzusehen, so wird es in Programm und Ablauf von

---

[216] *Barth*, H. J.: a. a. O., S. 78 f.

[217] Vgl. *Derichs*, H.: Die Problematik der Produktivitätsmessungen von Wirtschaftssektoren, S. 131.

[218] Vgl. *Katona*, G.: Das Verhalten der Verbraucher und Unternehmer, S. 276.

[219] *Scheuing*, E.: Der Unternehmer als Entscheidungszentrum, S. 651.

Entscheidungen bestimmt. „Wenn Entscheidungen (damit) eine so große Bedeutung für das Unternehmungsgeschehen besitzen"[220], ist es erforderlich, zur Erklärung der Verbreitung wachstumsrelevanter Verhaltensweisen in den Unternehmungen auf die Entscheidungen zurückzugreifen[221] und nach dem Kontext ihres Zustandekommens, nach ihren Trägern und den sie beeinflussenden Faktoren zu fragen[222].

Je nach Größe, formaler und informeller Organisation des Betriebes und nach der Bedeutung, die der einzelnen Entscheidung beigemessen wird, ist eine mehr oder weniger große Zahl von Personen innerhalb oder auch außerhalb des Unternehmens am Entscheidungsprozeß beteiligt. Für eine Untersuchung des wachstumsrelevanten Verhaltens der Unternehmung ist es hierbei erforderlich, diejenigen am Prozeß der Entscheidung Beteiligten zu erfassen, von denen die Initiative ausging, bzw. die an der Formulierung des Wertesystems, an dem das Ergebnis der Entscheidung, das Handeln des Unternehmens, ausgerichtet werden soll, an der Untersuchung der Handlungsbedingungen oder der Bestimmung des Handlungsspielraumes wesentlich beteiligt sind[223]. Es handelt sich hierbei um die Person oder um die Gruppe von Personen, die in der wirtschaftswissenschaftlichen Literatur als „Träger betrieblicher Entscheidungen"[224], „decision makers"[225], „dispositive Faktoren"[226] oder — vor allem in der älteren nationalökonomischen Literatur — als „Unternehmer"[227] bezeichnet werden, also um „die Einzelperson oder das Team, das die strategischen Entscheidungen für eine Unternehmung trifft"[228]. „Die Unternehmereigenschaft ist (hier somit allein) entscheidungsbedingt und nicht mehr personenbezogen in dem Sinne, daß jede Disposition der als Unternehmer bezeichneten Personen (Eigentümer, bestellter Direktor usw.) als Unternehmerentscheidung gilt"[229].

Die Frage nach den Ursachen eines wachstumsfördernden oder -hemmenden Unternehmumgsverhaltens löst sich damit auf in die Frage:

---

220 *Scheuing*, E.: ebenda.

221 Vgl. *Chochran*, T. C.: The Entrepreneur in Economic Change, S. 111.

222 Vgl. *Katona*, G.: Das Verhalten der Verbraucher und Unternehmer, S. 257.

223 Vgl. *Scheuing*, G.: Der Unternehmer als Entscheidungszentrum, S. 653.

224 Vgl. *Bidlingmaier*, J.: Unternehmerziele und Unternehmerstrategien, S. 16.

225 *March*, J. G., und *Simon*, H. A.: Organizations, New York 1958, S. 6.

226 Vgl. *Gutenberg*, E.: Grundlagen der Betriebswirtschaftslehre, Bd. I Die Produktion, S. 102 ff.

227 Vgl. *Redlich*, F.: Der Unternehmer, S. 171 ff.

228 *Redlich*, F.: Der Unternehmer, S. 132.

229 *Bidlingmaier*, J.: Unternehmerziele und Unternehmerstrategien, S. 20; vgl. auch *Hofmann*, M.: Das unternehmerische Element in der Betriebswirtschaft, S. 111, und *Gutenberg*, E.: Grundlagen der Betriebswirtschaftslehre, Bd. I Die Produktion, S. 5 f.

Von welchen Faktoren sind die Entscheidungen des oder der Unternehmer abhängig[230]?

Die ältere nationalökonomische Theorie, die das Unternehmerverhalten überwiegend mit Hilfe des unternehmerisch tätigen „homo oeconomicus" erklärte, lieferte zur Beantwortung dieser Frage eine einfache Aussage[231]: Die Entscheidung orientiert sich an dem ausschließlich ökonomischen Ziel: Gewinnmaximierung bzw. Verlustminimierung. Das Ziel wird durch zweckrationale Mittelwahl „stets erreicht, da der Modellunternehmer als homo rationalis mit Allwissenheit, vollkommener Voraussicht und Irrtumsfreiheit im Handeln begabt ist und auf relevante betriebsex- und/oder interne Änderungen unendlich schnell, total und normal zu reagieren vermag"[232]. Zu diesen Einschränkungen kommt, daß das traditionelle Erklärungsmodell der unternehmerischen Entscheidung von sehr strengen Annahmen über das organisatorische Gefüge des Betriebes ausgeht: Nur einer einzelnen Person, dem „klassischen Unternehmer", wird überhaupt die Möglichkeit zugestanden, Entscheidungen zu treffen. Die übrigen Mitglieder der betrieblichen Organisation sind dagegen für den Prozeß der betrieblichen Willensbildung vollständig unbedeutend, ihr Verhalten wird „ausschließlich aus der Perspektive des technischen Kombinationsprozesses gesehen"[233], d. h. ihre organisatorische Funktion beschränkt sich grundsätzlich allein auf die Entgegennahme und Ausführung von Weisungen. Das klassische Modell der Unternehmerentscheidungen geht also entweder von der Nichtexistenz oder dem vollkommenen Funktionieren jeder Organisation aus[234]. Diese Ausschaltung des Organisationsproblems in der Theorie der Unternehmung führte jedoch dazu, daß „Unterschiede in den Präferenzstrukturen der einzelnen Organisationsteilnehmer, die sich in Zielkonflikten und verschiedenartiger Rationalität des Verhaltens äußern, bei der Analyse des Entscheidungsprozesses gar nicht in Erscheinung treten"[235].

β) *Die Erklärungsfaktoren im einzelnen*

Mit der Erkenntnis, „daß der populär introspektive Rationalismus, dem der Hedonismus eine gelehrte Formulierung gegeben hat, nicht halt-

[230] Vgl. *Katona*, G.: Das Verhalten der Verbraucher und Unternehmer, S. 10.

[231] Vgl. *Schmölders*, G.: Ökonomische Verhaltensforschung, S. 204 ff.

[232] *Bidlingmaier*, J.: Unternehmerziele und Unternehmerstrategien, S. 31.

[233] *Heinen*, E.: Die Zielfunktion der Unternehmung, in *Koch*, H. (ed.): Zur Theorie der Unternehmung, Festschrift zum 65. Geburtstag von Erich Gutenberg, Wiesbaden 1962, S. 52.

[234] Vgl. *Gutenberg*, E.: Die Unternehmung als Gegenstand betriebswirtschaftlicher Theorie, Berlin und Wien 1929, S. 26.

[235] *Heinen*, E.: Die Zielfunktion der Unternehmung, S. 53; vgl. auch *Busse von Colbe*, W.: Entwicklungstendenzen in der Theorie der Unternehmung, S. 620.

bar ist"[236] und der damit verbundenen Abkehr vom „Erkenntnisobjekt homo oeconomicus" hin zum Unternehmer der wirtschaftlichen Realität, erfolgte auch die Falsifikation der Hypothese, daß die unternehmerischen Entscheidungen im luftleeren Raum strenger Rationalität allein auf der Grundlage sachlicher Informationen getroffen werden[237]. Es wird vielmehr angenommen, daß die Unternehmer, die „in making their decicions play social roles antizipated by their associates and other groups in the culture"[238], an einer absoluten Rationalität ihrer Entscheidungen im wesentlichen durch folgende drei Faktoren gehindert werden[239]:

1. Routine und gewohnheitsmäßige Reaktionen der mit Entscheidungen betrauten Personen
2. Interessen- und Zielkonflikte der einzelnen Entscheidungsträger
3. mangelnde Kenntnisse und Informationen, die diesen Personen zur Verfügung stehen.

Die Unternehmerentscheidungen der Realität unterliegen damit in großem Umfange Einflüssen aus der Persönlichkeitsstruktur aller am Entscheidungsprozeß beteiligten Personen[240]. Diese wiederum ist wesentlich geprägt durch „weltanschauliche, ethische, politische und soziale Normen ..., (ebenso) treten auch psychologische Einflüsse auf, die sich (z. B. in Form des Zögerns oder Vermeidens risikoreicher Entscheidungen) als Hemmungen äußern"[241]. Damit erscheinen also auch die unternehmerischen Entscheidungen als Grundlagen des wachstumsrelevanten Verhaltens der Unternehmungen „in starkem Maße von psychologischen und sozialen Faktoren"[242] bestimmt.

Als Faktoren, deren Gesamtheit das psychologische Feld der die Entscheidung treffenden Personen oder Gruppen ausmacht, gelten[243] auf der Motivationsebene:

---

[236] *Myrdal*, G.: Das politische Element in der nationalökonomischen Doktrinenbildung, Berlin 1932, S. 147.

[237] Vgl. *Schmölders*, G.: 10 Jahre sozialökonomische Verhaltensforschung in Köln, in: ORDO Bd. 14, Düsseldorf und München 1963, S. 260, und *Rühli*, E.: Grundzüge einer betriebswirtschaftlichen Entscheidungslehre, in: O. *Angehrn* und P. *Künzi* (ed.), Beiträge zur Lehre von der Unternehmung, Festschrift für K. Käfer, Stuttgart 1968, S. 275.

[238] *Chochran*, T. C.: The Entrepreneur in Economic Change, S. 112.

[239] *Heinen*, E.: Die Zielfunktion der Unternehmung, S. 54.

[240] Vgl. *Schmölders*, G.: Der Beitrag der Verhaltensforschung zur Theorie der wirtschaftlichen Entwicklung, S. 372, und *Lauterbach*, A.: Psychologie des Wirtschaftslebens, S. 28.

[241] *Kosiol*, E.: Die Unternehmung als wirtschaftliches Aktionszentrum, S. 195.

[242] *Scheuing*, E.: Der Unternehmer als Entscheidungszentrum, S. 658; vgl. auch *Heinen*, E.: Die Zielfunktion der Unternehmung, S. 58.

[243] *Katona*, G.: Das Verhalten der Verbraucher und Unternehmer, S. 10.

1. *Wachstumsfördernde oder -hemmende Einstellungen des oder der Unternehmer*

Diese finden ihren Ausdruck u. a.:

a) in der Bereitschaft, größere Lebensabschnitte planend zu gestalten[244]

b) in der Einstellung zum wirtschaftlichen und technischen Fortschritt[245] und in dem, was Hirschman die „growth perspective" genannt hat, „which is not only the desire for economic growth but also the perception of the essential nature of the road leading toward it"[246]. Sie zeigt sich z. B. „im Ausmaß der Bereitschaft (der Unternehmensleitung), noch intakte, aber durch den technischen Fortschritt überholte Produktionsanlagen vorzeitig, d. h. vor Ablauf ihrer normalen Lebensdauer, durch modernere und leistungsfähigere Anlagen, in denen ein höheres Maß an technischem Fortschritt inkorporiert ist, auszutauschen. Das Ausmaß dieser Bereitschaft wird von der Traditionsgebundenheit, hinter der oft auch Bequemlichkeit und Trägheit verborgen sind, von den Einstellungen zu Neuerungen, vor allem aber auch von dem indirekten Zwang abhängen, der durch den Wettbewerb erzeugt wird"[247].

c) in der Bereitschaft zur Aufgabe traditioneller Normen und Werte[248]

d) in der Bereitschaft, sich von Routinearbeiten zu lösen und sich stets neuen problemvollen Aufgaben zu widmen

e) „in der Einstellung zum Wettbewerb. Von ihr wird z. B. bestimmt, ob die gegenüber den anderen Unternehmungen erzielten Wettbewerbsvorteile auch voll genutzt werden, oder ob eine Tendenz zur Kollaboration besteht. Je positiver die Einstellung zum Wettbewerb ist, desto größer ist der direkte Zwang zur Verbesserung der Produktionsverfahren durch erhöhte Anwendung des technischen Fortschritts"[249].

---

[244] Vgl. *McClelland*, D.: Die Leistungsgesellschaft, S. 229.

[245] Vgl. *Schmölders*, G.: Der Beitrag der Verhaltensforschung zur Theorie der wirtschaftlichen Entwicklung, S. 183, und *Peiffer*, W., Überlegungen zu einer allgemeinen Theorie der technischen Entwicklung, in: Z.f.B., 37. Jg., 1967, S. 199.

[246] *Hirschmann*, A. E.: The Strategy of Economic Development, New Haven 1958, S. 10.

[247] *Redl*, F.: Versuch einer ökonomischen Theorie des Kapitalkoeffizienten, in: Jahrbücher für Nationalökonomie und Statistik, Bd. 166 (1964), S. 436.

[248] Vgl. *Schmölders*, G.: Der Beitrag der Verhaltensforschung zur Theorie der wirtschaftlichen Entwicklung, S. 380.

[249] *Redl*, F.: Versuch einer ökonomischen Theorie des Kapitalkoeffizienten, S. 436; vgl. auch *Lauterbach*, A.: Psychologie des Wirtschaftslebens, S. 87.

f) „im Grad der unternehmerischen Mobilität. Darunter ist hier die Fähigkeit und Bereitschaft gemeint, sich geänderten Bedingungen durch entsprechende Umstellungen rasch anzupassen. Je größer diese Mobilität ist, umso rascher werden auch Engpaßerscheinungen, die im Laufe der wirtschaftlichen Entwicklung auftreten, zum Verschwinden gebracht“[250].

Über die Wirkungsweise dieser wachstumsrelevanten unternehmerischen Einstellungen bestehen die Hypothesen: „Je aufgeschlossener (die Unternehmer) dem wissenschaftlichen und technischen Fortschritt gegenüber sind, je wettbewerbsfreudiger sie eingestellt sind ..., je rascher technisch überholte Produktionsanlagen ersetzt werden und je größer die Fähigkeit zur raschen Anpassung an Änderungen in den Absatz- und Bezugsbedingungen gegeben sind“[251], desto größer wird auch der Beitrag sein, den das von ihnen geleitete Unternehmen zur wirtschaftlichen Entwicklung leistet.

2. *Fortschrittliche oder hemmende Motive des oder der Unternehmer*

Die Motivation des Unternehmens nimmt seit Max Webers These von der protestantischen Ethik[252] und McClellands weltweiter empirischer Untersuchung eine zentrale Rolle bei der Erklärung der wirtschaftlichen Entwicklung mit Hilfe von Einstellungen und Motiven der Wirtschaftssubjekte ein. McClelland konnte zeigen, daß eine hohe Leistungsmotivation (b-Leistung) zu einer Haltung führt, die in besonderem Maße ein wachstumsförderndes Unternehmerhandeln erwarten läßt[253], während mit geringer b-Leistung ein eher wachstumshemmendes Verhalten verbunden war. Neben der Leistungsmotivation muß auch der allgemeinen Berufsmotivation und der Berufszufriedenheit der Unternehmer ein bedeutender Einfluß auf das wachstumsrelevante Verhalten der Unternehmung beizumessen sein. „Die Bedingungskonstellationen sind hier (im unternehmerischen Bereich) jedoch sicherlich weit vielschichtiger als bei der Erklärung der Verhaltensänderungen der großen Masse der Bevölkerung; vorausgesetzt werden muß hier eine weit spezifischere Motivations- und Einstellungsstruktur, die nicht nur materiellen Gewinn, sondern Gewinn zum Zwecke der produktiven Investition erstrebt, die nicht nur auf eine einmalige, kurzfristig übersehbare Veränderung der Lebensweise, sondern auf eine dauernde schöpferische Gestaltung der Situ-

---

[250] *Redl*, F.: ebenda.

[251] *Redl*, F.: Versuch einer ökonomischen Theorie des Kapitalkoeffizienten, S. 437.

[252] Vgl. *Weber*, M.: Die protestantische Ethik und der Geist des Kapitalismus, in: Gesammelte Aufsätze zur Religionssoziologie, Tübingen 1928.

[253] *McClelland*, D.: Die Leistungsgesellschaft, S. 201 ff.

ationen und eine langfristige Planung für die Zukunft hinzielt u. a. m."[254].

Fortschrittliche bzw. hemmende Motive der Träger betrieblicher Entscheidungen sind jedoch nur eine erste Stufe der Erklärung des wachstumsrelevanten Unternehmungshandelns; denn diese Faktoren der Motivationsebene werden wiederum durch Einflüsse bestimmt, die der Sozialisierungsprozeß wie auch die Rollenerwartungen verschiedener Bezugsgruppen auf das einzelne Mitglied der Unternehmensleitung ausüben. Hinter diesen Größen der Motivationsebene stehen daher als Erklärungsfaktoren noch eine Fülle von demographischen Variablen, institutionellen Einflüssen und persönlichen Erfahrungen der Unternehmer. Im einzelnen handelt es sich hier um folgende Faktoren:

(1) Der Typ des Unternehmers, der je nach den verschiedensten Kriterien (Alter, Geschlecht, Körperbau, Temperament, Ausbildung, soziale Herkunft)[255] oder danach, ob seine seelische Grundhaltung eher optimistisch oder pessimistisch ist, ob er den Betrieb selbst gegründet, erworben oder geerbt hat und ob er Eigentümer oder angestellter Unternehmensleiter ist, differenziert werden muß. Es wird z. B. angenommen, daß der Beitrag, den das Unternehmen zur wirtschaftlichen Entwicklung leistet, um so höher ist, je jünger die Unternehmensleiter sind, je besser ihre Ausbildung ist, je mehr sie für ihre weitere Fortbildung tun, je optimistischer sie in ihrer Grundhaltung sind u. a. m[256];

(2) die Rollenerwartungen verschiedener Bezugsgruppen, z. B. Religionsgemeinschaften, Arbeitnehmer, Presse, Verbände[257] und

(3) die Erfahrungen der Unternehmer, die aus den positiven oder negativen ökonomischen und gesellschaftlichen Sanktionen, mit denen ihr Verhalten in vergangenen Perioden belohnt oder bestraft wurde (Gewinn, Ansehen usw.), resultieren[258].

Neben diesem indirekten Einfluß, den die institutionellen und demographischen Faktoren sowie die persönlichen Erfahrungen des Unternehmers über die Motivationsebene auf die unternehmerischen Entscheidungen und damit auf das wachstumshemmende oder -fördernde Unternehmungshandeln ausüben, ist jedoch ein zweiter ebenso wichtiger Ein-

[254] *Schmölders*, G.: Der Beitrag der Verhaltensforschung zur Theorie der wirtschaftlichen Entwicklung, S. 379; vgl. auch *Hofmann*, M.: Das unternehmerische Element in der Betriebswirtschaft, S. 178 ff.

[255] Vgl. *Redlich*, F.: Der Unternehmer, S. 163 und S. 167.

[256] Vgl. *Schmölders*, G.: Der Beitrag der Verhaltensforschung zur Theorie der wirtschaftlichen Entwicklung, S. 369.

[257] Vgl. *Bidlingmaier*, J.: Unternehmerziele und Unternehmerstrategien, S. 122, und *Redlich*, F.: Der Unternehmer, S. 193.

[258] Vgl. *Bidlingmaier*, J.: S. 100, und *Katona*, G.: Das Verhalten der Verbraucher und Unternehmer, S. 161.

fluß von der Ebene der Erklärungsfaktoren direkt auf den Entscheidungsprozeß festzustellen. So bestimmt z. B. die Ausbildung des Unternehmers und seine weitere Fortbildung selbstverständlich nicht nur durch das Ausmaß der von ihr geprägten fortschrittlichen oder hemmenden Einstellungen und Motive das wachstumsrelevante Unternehmungshandeln, sondern üben in ihrer Eigenschaft als Quellen der beruflichen Information direkt einen Einfluß auf die einzelne unternehmerische Entscheidung aus[259]. Ebenso prägen die Erfahrungen der Unternehmensleiter nicht nur via Motivationsebene ihre Entscheidung, sondern bestimmen darüber hinaus direkt auf der Entscheidungsebene in großem Umfange mit, wie wachstumsfreundlich oder „hemmend das Verhalten der Unternehmungen sein wird.

Diese einzelnen soziologischen und sozialpsychologischen Faktoren der Motivations- und Erklärungsebene bilden insgesamt ein „relatively simple framework of an entrepreneurial role defined by the personality of the actor, the expectations of groups with power to sanction deviations from expected behavior and the operational needs of the function to be performed“[260]. Sie umfassen „all the social or cultural factors“[261], die einen Einfluß auf diejenigen Entscheidungen der Unternehmer haben, aus denen letztlich ein wachstumshemmendes oder -förderndes Verhalten des Unternehmers resultiert.

Die Erklärung des wachstumsrelevanten Unternehmerverhaltens durch die fortschrittlichen oder hemmenden Einstellungen und Motive der Träger betrieblicher Entscheidungen sowie ihre demographischen Variablen und persönlichen Erfahrungen kann in dieser direkten Form — und hier auch nur unter Einschränkungen — allerdings nur bei kleinen und mittleren Unternehmungen vorgenommen werden. Hier allein kann man weitgehend davon ausgehen, daß die Initiative und auch die eigentliche Entscheidung über die Einführung produktivitätssteigernder oder expansionswirksamer Verhaltensweisen von einer einzigen Person oder einer relativ kleinen Gruppe von Personen getroffen werden, dem oder den Eigentümerunternehmen und/oder einem oder wenigen angestellten Unternehmern, denn das „besondere strukturelle Merkmal der Klein- und Mittelbetriebe ist, daß ihre Existenz im wesentlichen auf der Persönlichkeit des Geschäftsinhabers ruht. Fortschritt oder Rückgang des Betriebes gehen daher in erster Linie“[262] von seinen Entscheidungen allein aus[263]. Soweit in diesen Betriebsgrößenklassen andere Personen

[259] Vgl. *Penrose*, E. T.: The Theory of the Growth of the Firm, S. 43 ff.
[260] *Chochran*, T. C.: The Entrepreneur in Economic Change, S. 113.
[261] *Chochran*, T. C.: ebenda.
[262] *Schreiterer*, G.: Ungenützte Chancen des Klein- und Mittelbetriebes, in: Auch der Kleinbetrieb hat Zukunft, Schriftenreihe der Stiftung Im Grüene, Bd. 25, Düsseldorf 1962, S. 111.
[263] In welchem Umfange die Aktionen der Unternehmungen im kleinbe-

im und/oder außerhalb des Betriebes in irgendeiner Phase in den Prozeß der Entscheidung eingeschaltet werden, ist anzunehmen, daß „den Gestaltungsmöglichkeiten dieser Beteiligten ... durch den vom Unternehmer vorgegebenen Entscheidungsrahmen Grenzen gezogen (sind), so daß ein Abweichen von seinen Intentionen prinzipiell unmöglich ist“[264]. Den Einflüssen, die von der Belegschaft oder dem Markt ausgehen, braucht daher nur eine begrenzende Bedeutung beigemessen werden[265]. Das wachstumsrelevante Verhalten der Unternehmung kann damit für diesen Fall der einzentrigen oder unipersonalen Willensbildung[266] in großem Umfang den Einstellungen und Motiven des Unternehmensleiters zugerechnet werden.

Weitaus schwieriger wird das Problem der Zurechnung jedoch in größeren und Größtbetrieben, in denen der Entscheidungsprozeß nach dem Prinzip der Arbeitsteilung in Teilprobleme zergliedert ist[267], an deren Lösung in der Regel mehrere Führungsebenen und Personen beteiligt sind, „die oft eigene Zielvorstellungen entwickeln und durchzusetzen versuchen“[268]. Im Falle einer derartigen multipersonalen Willensbildung treten interpersonelle Unterschiede im sozialpsychologischen Bild der Entscheidungsträger auf[269], die die Zurechnung erschweren, denn die unternehmerischen Strategien werden — ganz anders als im Fall der unipersonalen Entscheidungsinstanz — „durch einen mehr oder weniger langwierigen organisatorischen Prozeß ... konkretisiert und stabilisiert“[270]. Sie erwachsen „aus Interaktionen der aktiven Parteien, die jedoch unterschiedlichen Einfluß auf die Unternehmenspolitik haben“[271].

Da sämtliche bisherigen Versuche der Betriebswirtschaftstheorie, „durch Einführung bestimmter Verhaltensannahmen ... das Einmannkonzept aufrechtzuerhalten und die Mehrpersonenunternehmung

---

trieblichen Bereich der Persönlichkeit des Unternehmers zugerechnet werden können, konnte u. a. durch die Analyse der Ursachen betrieblicher Insolvenzen empirisch nachgewiesen werden: Mehrere derartige Untersuchungen „in den letzten Jahren haben übereinstimmend erbracht, daß in 80 bis 90 % aller Fälle der Unternehmer, seine Person und sein Verhalten Hauptursachen des geschäftlichen Mißerfolges waren“. *Klein-Blenkers*, F.: Die Leitung in mittleren und kleinen Betrieben als Ansatzstelle für Rationalisierungsmaßnahmen, in: Z.f.B., 36. Jg. 1966, S. 368.

[264] *Scheuing*, E.: Der Unternehmer als Entscheidungszentrum, S. 653.

[265] *Scheuing*, E.: a. a. O., S. 653.

[266] Vgl. *Bidlingmaier*, J.: Unternehmerische Zielkonflikte und Ansätze zu ihrer Lösung, in: Z.f.B., Jg. 1968, S. 151.

[267] Vgl. *Heinen*, E.: Die Zielfunktion der Unternehmung, in: *Koch*, H. (ed.): Zur Theorie der Unternehmung, Festschrift für E. Gutenberg.

[268] *Bidlingmaier*, J.: Unternehmerische Zielkonflikte, S. 151.

[269] Vgl. *Schmölders*, G.: Vorlesung „Sozialökonomische Verhaltensforschung“, SS 1968, 12. Stunde: Unternehmerverhalten I.

[270] *Bidlingmaier*, J.: Unternehmerische Zielkonflikte, S. 157.

[271] *Bidlingmaier*, J.: ebenda.

a priori als monolithische Entscheidungseinheit zu behandeln"[272] gescheitert sind und auch kein a-priori-Konsens aller an Entscheidungsprozessen beteiligten Gruppen konstruiert werden kann, sind hier zur Reduzierung des wachstumshemmenden oder -fördernden Verhaltens der Unternehmungen auf die einzelnen Gruppen von soziologischen und sozialpsychologischen Erklärungsfaktoren zusätzliche Annahmen über den Einfluß der verschiedenen Gruppen auf den Entscheidungsprozeß erforderlich[273].

Relativ einfach lassen sich diese Hypothesen über die Gewichtung der sozialpsychologischen Bilder der einzelnen Entscheidungsträger noch finden, wenn es sich um eine geschlossene Gruppe von entscheidungsberechtigten Personen handelt, die durch Abstimmung zu ihrem Ergebnis gelangt und die nur technische Aufgaben, z. B. die Sammlung von Handlungsalternativen, an andere Gruppen abgibt. Hier dient das Abstimmungsverhältnis als Gewicht. Weitaus schwieriger wird es jedoch, wenn Teilentscheidungen delegiert werden und gleichzeitig jede einzelne Entscheidung als Kompromiß anzusehen ist. Denn bei weitgehender Formalisierung und Bürokratisierung des Betriebsprozesses[274] ziehen sich „diese Entscheidungsprozesse, von denen hier die Rede ist, durch die ganze Unternehmung hin...; daraus ergibt sich aber, daß für den Gang dieser Entscheidungsprozesse dem System der Kommunikationswege in der Unternehmung wesentliche Bedeutung zukommt, und zwar sowohl dem System der formellen Kommunikationswege, das der formellen Organisation entspricht, als auch dem ganzen Netzwerk der informellen Kommunikation in der Unternehmung"[275]. Darüber hinaus hängt die Entscheidung in diesem Fall wesentlich von der Macht der einzelnen Parteien, ihrem Verhandlungsruf, ihrer Verhandlungstaktik sowie den allgemeinen Verhandlungsregeln ab[276]. Erste Ansätze zur Lösung dieses Falles, der sich weitgehend an der Theorie der Gruppendynamik und der sozialpsychologischen Konflikttheorie orientiert, sind in der neueren organisationssoziologischen und betriebswirtschaftlichen Literatur zu finden[277]. Darüber hinaus können aber auch Ansätze, wie sie z. B. in der gruppendynamischen Theorie der finanzpolitischen Willensbildung auf-

---

272 *Bidlingmaier*, J.: Unternehmerische Zielkonflikte, S. 151.

273 Vgl. *Kantzenbach*, E.: Die Funktionsfähigkeit des Wettbewerbs, S. 74 f.

274 Vgl. *Mayntz*, R.: Soziologie der Organisation, Reinbek bei Hamburg 1963, S. 84 f.

275 *Rexhausen*, F.: Der Unternehmer und die volkswirtschaftliche Entwicklung, S. 79 f.

276 Vgl. *Bidlingmaier*, J.: Unternehmerische Zielkonflikte, S. 157, *Scheuplein*, H.: Wirtschaftlichkeitsprinzip und soziale Konflikte, in: Z.f.B., 38 Jg., S. 627.

277 Vgl. *Bidlingmaier*, J.: Unternehmerische Zielkonflikte; *Mayntz*, R.: Soziologie der Organisation, S. 74 ff.; *Cyert*, R. M., *Simon*, H. A., *Trow*, D. B.: Oberservation of Business Decision, in: *Hubenstein*, A. H., and *Haberstroh*, Ch. J. (ed.): Some Theories of Organization, Homewood, Ill., 1960, S. 458—472.

gestellt und z. T. schon empirisch überprüft wurden[278], hierzu herangezogen werden.

Unter stärkerer Berücksichtigung der formalen und informellen Führungsorganisation (Kommunikationswege, Führungsstil usw.)[279] lassen sich solche Lösungsversuche daher auf die hier vorliegenden strategischen Entscheidungen übertragen und so die Gewichte feststellen, mit denen die sozialpsychologischen Bilder der einzelnen am Entscheidungsprozeß beteiligten Gruppen belegt werden müssen, um so die wachstumsfördernden oder -hemmenden Verhaltensweisen auch der großen und Großunternehmungen auf bestimmte Einstellungen und Motive der Träger betrieblicher Entscheidungen zurückführen zu können.

3. Die Nachfrageseite: Der Beitrag der Haushalte zum Wirtschaftswachstum

Will man den Beitrag der privaten Haushalte zum wirtschaftlichen Wachstum erfassen, so müssen zwei Bereiche ihres ökonomischen Handelns beachtet werden[280]:

1. die Einkommenserzielung und hierbei vor allem die Bereitstellung von Arbeitskraft,
2. die Einkommensverwendung.

Im Gegensatz zum unternehmerischen Verhalten, bei dem die Faktorkombination im Mittelpunkt steht, spielt bei der Analyse des Beitrages der Haushalte zum wirtschaftlichen Wachstum im Bereich der Einkommenserzielung die Faktorallokation die Hauptrolle. Es handelt sich hierbei zunächst um das Arbeitsverhalten der betroffenen Personen im weitesten Sinne: Sieht man das Sozialprodukt einer Volkswirtschaft als Produkt aus der gesamtwirtschaftlichen Arbeitsproduktivität und der Menge der geleisteten Arbeit,

$$Y_t = \frac{Y_t}{L_t} \cdot L_t,$$

---

278 Vgl. *Schmölders*, G.: Finanzpolitik, und *Bernholz*, P.: Einige Bemerkungen zur Theorie des Einflusses der Verbände auf die politische Willensbildung in der Demokratie, in: Kyklos Vol. XXII, 1969, S. 276 f.

279 Vgl. *Rexhausen*, F.: Der Unternehmer und die volkswirtschaftliche Entwicklung, S. 79 ff.; *Mayntz*, R.: Soziologie der Organisation, S. 48 und *Scheuing*, E.: Der Unternehmer als Entscheidungszentrum, S. 658.

280 Vgl. zum folgenden: *Biervert*, B. und *Dierkes*, M.: Ein Modellentwurf für Empiriker — Antithesen zur neoklassischen Theorie, S. 32 ff. und *Biervert*, B.: Der Beitrag der Haushalte zum wirtschaftlichen Wachstum.

so ist ein Wachstum des Sozialproduktes sowohl durch eine Erhöhung der Arbeitsproduktivität

$$\left(\frac{Y_t}{L_t}\right)$$

als auch durch eine Steigerung des gesamtwirtschaftlichen Arbeitsangebotes

$$L_t$$

möglich. Beide Bereiche werden stark durch das Verhalten der wirtschaftenden Menschen in den privaten Haushalten mitbestimmt: Sie entscheiden zunächst über die Quote der Erwerbstätigen in der Bevölkerung und bestimmen damit den Umfang des gesamtwirtschaftlichen Arbeitsangebotes, das zur Erstellung des Sozialproduktes bereitsteht. Darüber hinaus beeinflussen sie aber auch durch eine Fülle einzelner Faktoren[281] gleichzeitig die Qualität der Arbeitskräfte, die neben der Höhe der Kapitalausstattung und der Effizienz des Kombinationsprozesses die gesamt- und einzelwirtschaftliche Arbeitsproduktivität bestimmt.

An erster Stelle einer Analyse des Einflusses, der aus dem Bereich der *Einkommenserzielung* der Haushalte auf den Prozeß der wirtschaftlichen Entwicklung ausgeht, steht die aus Gründen des Gelderwerbs angebotene Arbeitszeit, denn der Beitrag der Haushalte geht in das Sozialprodukt zum überwiegenden Teil über den Arbeitsmarkt ein. Zusätzlich müssen aber auch die im Haushalt selbst geleisteten unbezahlten Tätigkeiten (Arbeit der Hausfrau, „do-it-yourself", Hobbyarbeiten) beachtet werden. Als weitere Komponente sind die verschiedenen Arten der Mobilität von Wichtigkeit, die letztlich der Produktivitätssteigerung dienen; sie werden von W. E. Moore sogar als der entscheidende Faktor der wirtschaftlichen Entwicklung bezeichnet[282]. Die wesentliche Funktion der Mobilität ist es, Arbeitskräfte von Plätzen niedriger Produktivität auf solche höherer Effizienz zu überführen. Das Wachstum einer Volkswirtschaft kann somit — soweit es durch den Beitrag des Haushaltes als Anbieter von Arbeitsleistungen beeinflußt wird — umso größer sein, je größer die Bereitschaft zur Arbeit, je qualifizierter das Arbeitsangebot und je höher die Mobilität der Arbeitskräfte ist.

Der zweite Bereich des Beitrages der Haushalte zum wirtschaftlichen Wachstum, die *Einkommensverwendung*, kann an der Nachfrage nach Gütern und Dienstleistungen sowie am Sparverhalten gemessen werden. Die Nachfrage und ihre Zusammensetzung entscheiden mit über die Zusammensetzung des Güterangebotes und seine Verschiebungen inner-

---

[281] Vgl. *Fourastié*, J.: Die große Hoffnung des 20. Jahrhunderts, S. 74.

[282] *Moore*, W. E.: The Social Framework of Economic Development, in: *Braibanti*, R. and *Spengler*, J. (ed.), Tradition, Values and socio-economic Development, S. 71.

halb eines Wirtschaftszweiges und zwischen den verschiedenen Zweigen der Volkswirtschaft und damit weitgehend über die Aufteilung der Produktionsfaktoren auf die einzelnen Sektoren und Branchen[283]. So führt eine Verlagerung der Konsumnachfrage von landwirtschaftlichen auf industrielle Produkte in den meisten Fällen zu einem wirtschaftlichen Wachstum, da die Produktivität im sekundären Sektor die des primären in nahezu allen Ländern weit übersteigt. Dieser Tatbestand wird z. B. von E. Denison als wesentlicher Erklärungsfaktor für die im Vergleich zu den Vereinigten Staaten niedrigeren europäischen Wachstumsraten während der fünfziger Jahre herangezogen[284]. Diese von der Verschiebung der Nachfrage ausgehenden Wirkungen auf den Wachstumsprozeß „können durch den Einfluß der Bevölkerungsentwicklung verstärkt oder vermindert werden, je nachdem, ob durch die Veränderungen im Aufbau der Bevölkerung die Nachfrage nach (einzelnen) Produkten (oder Produktgruppen) günstig oder ungünstig beeinflußt wird"[285]. Die Bedeutung des makroökonomischen Impulsbereiches „Bevölkerungswachstum"[286] für den Prozeß der wirtschaftlichen Entwicklung findet somit ihren Niederschlag nicht nur in der Erhöhung des Arbeitsangebotes in der Volkswirtschaft, sondern ebenso im Bereich der Erhöhung und strukturellen Veränderung der Gesamtnachfrage.

Eine wichtige Rolle fällt in diesem Zusammenhang auch der Innovationsbereitschaft der Konsumenten zu: Volkswirtschaften, in denen die Verbraucher überwiegend stets die gleichen althergebrachten Güter und Dienstleistungen nachfragen, werden eine weniger effiziente Konsumgüterindustrie entwickeln als Länder, in denen stets neue Produkte verlangt werden. Ein „offenes" Konsumverhalten der Haushalte gegenüber neuen Produkten und Dienstleistungen ist damit ein wesentlicher Stimulus für die qualitative Komponente der wirtschaftlichen Entwicklung, dem Schumpeterschen „Pionierunternehmer" muß auf der Seite der Nachfrager der „Pionierkonsument" gegenüberstehen um zu erreichen, daß ein Höchstmaß an wirtschaftlicher Entwicklung erzielt werden kann.

Ein weiterer Faktor im Bereich der Einkommensverwendung, durch den der private Haushalt einen Einfluß auf das Wirtschaftswachstum nimmt, ist die Höhe der Sparneigung sowie die Wahl der Anlageform für die Ersparnisse[287]. Ist bei relativ niedriger Selbstfinanzierungsmög-

283 Vgl. *Stümpel*, B.: Konsumverhalten und wirtschaftliche Entwicklung, S. 62 ff.

284 Vgl. *Denison*, E. F.: Why Growth Rates Differ — Post War Experience in Nine Western Countries, Washington 1967.

285 *Redl*, F.: Versuch einer ökonomischen Theorie des Kapitalkoeffizienten, S. 438.

286 Vgl. *Klatt*, S.: Zur Theorie der Industrialisierung, S. 94.

287 Vgl. *Adelman*, J.: Theories of Economic Growth and Development, S. 16, die den Zusammenhang zwischen Sparverhalten und Wirtschaftswachstum in ihrer Funktion

lichkeit der Unternehmen und geringer wachstumswirksamer Kapitalbildung des Staates die Sparneigung der privaten Haushalte „sehr niedrig und eine Beeinflussung der für die Kapitalbildung erforderlichen Finanzierungsmittel über Preissteigerungen durch eine konsequente, auf die Stabilität des Geldwertes ausgerichtete Geldpolitik verhindert, so wird der Ausbau des Kapitalapparates gehemmt“[288]. Für den Wachstumsprozeß kann dieses Verhalten z. B. bewirken, daß „die Beschaffung moderner Kapitalanlagen, die einen höheren Grad an technischem Fortschritt beinhalten“[289], nicht für alle Unternehmungen möglich ist und daß so aufgrund der zu geringen Sparneigung nicht sämtliche Möglichkeiten der Wachstumsförderung durch eine effizientere Kombination der Produktionsfaktoren genutzt werden können.

Zwischen dem Konsum- und Sparverhalten einerseits und dem Arbeitsverhalten andererseits gibt es eine Reihe von Nahtstellen, die ebenfalls von Bedeutung für den Beitrag der Haushalte zum gesamtwirtschaftlichen Wachstum sind[290]. Werden beispielsweise arbeits- und zeitsparende Geräte für die Verwendung im Haushalt nachgefragt, so wirkt dies nicht nur auf die Nachfrageseite, sondern gleichzeitig auch auf die Angebotsseite des Haushaltes, auf der nämlich zusätzliche Arbeitszeit freigesetzt wird. Noch bedeutsamer offenbart sich die Verflechtung zwischen Einkommensverwendung und Einkommenserzielung am Beispiel der Bildungsentscheidungen; ein erweiterter Handlungsspielraum der privaten Haushalte drückt sich hier in einer Verlängerung der durchschnittlichen Ausbildungsdauer der Kinder, zum Teil auch der erwachsenen Mitglieder des Haushaltes aus. Zusätzliche Bildung bzw. Ausbildung stellt zunächst einen Konsumverzicht dar; dieser reduziert zwar zugleich auch die zur Verfügung stehende Arbeitszeit, wirkt sich nach Abschluß der Ausbildung jedoch in einer qualitativen Erhöhung des Arbeitsangebotes, somit in einem voraussichtlich höheren Einkommen und damit letztlich in größeren Möglichkeiten des Konsums aus[291].

---

(23) $$\frac{\Delta K_j}{\Delta_t} = k\,(Y, K, N, L, S, U, t) \qquad [j = 1, \ldots p]$$

mit erfaßt.

[288] *Redl*, F.: Versuch einer ökonomischen Theorie des Kapitalkoeffizienten, S. 38.

[289] *Redl*, F.: ebenda.

[290] Vgl. hierzu: *Schmölders*, G.: Der private Haushalt als Gegenstand der Verhaltensforschung, S. 45 ff.

[291] Vgl. *Stümpel*, B.: Konsumentenverhalten und wirtschaftliche Entwicklung, S. 66.

4. Die Einbeziehung der Staatstätigkeit und der Außenwirtschaft in das Theorem

Der Staat als politische Organisation der Gesellschaft nimmt unter den institutionellen Bereichen „insofern eine Sonderstellung ein, als die Verwirklichung zahlreicher Zwecke und Zielsetzungen der Gesellschaft an ihn delegiert wird, er als Hüter des Wertekodex der Gesellschaft auftritt und deshalb mit Macht ausgestattet ist. Der Gestaltungsbereich des Staates hat somit eine Spannweite“[292], die die der anderen institutionellen Bereiche zum Teil mit überdeckt. Die Fülle von Einwirkungsmöglichkeiten, die aus dem Bereich der staatswirtschaftlichen Tätigkeit auf den Prozeß der wirtschaftlichen Entwicklung ausgehen[293], läßt sich im wesentlichen in drei Gruppen zusammenfassen:

1. Zunächst bestimmt der Staat als Prozeßregler den sozialen Rahmen, in dem die übrigen Wirtschaftseinheiten, Unternehmungen und Haushalte agieren[294]: er setzt die Rechts- und Wirtschaftsordnung. Ebenso bestimmt er Inhalt und Umfang des Bildungs- und Sozialsystems, die als Teile des „social framework“ den Entwicklungsprozeß einer Volkswirtschaft beeinflussen[295].
2. Darüber hinaus wirkt der Staat über Art und Umfang seiner Tätigkeit, d. h. letztlich seiner Einnahmen und Ausgaben, direkt auf den Wachstumsprozeß ein[296]. Hierbei sind zunächst die Auswirkungen, die von dem Gesamtumfang der staatlichen Aktivität, also von der Summe der Entzugs- und Verausgabungseffekte (t-Effekt)[297] auf das wirtschaftliche Wachstum ausgehen, von Bedeutung. Hinzu treten jedoch die Wirkungen einzelner Ausgaben auf die gesamtwirtschaftliche Produktivität (e-Effekt)[298]. Obwohl es bislang nicht möglich war, diesen Effekt für die einzelnen Kategorien der Staatsausgaben zu messen[299], wird vermutet, daß er bei den Ausgaben für das Gesundheitswesen, für Forschungs- und Verkehrsinvestitionen, für die Ausbildung und Erziehung und bei Teilen der Verteidigungsausgaben

---

[292] *Klatt*, S.: Zur Theorie der Industrialisierung, S. 69.

[293] Vgl. hierzu auch *Wittmann*, W.: Die Staatsausgaben in der makroökonomischen Produktionsfunktion, in: Kyklos, Vol. XXII, 1969, S. 297 ff.

[294] Vgl. *Klatt*, S.: ebenda.

[295] Vgl. *Redl*, F.: Versuch einer ökonomischen Theorie des Kapitalkoeffizienten, S. 440.

[296] Vgl. *Siebert*, G.: Wachstumsorientierte Wirtschaftspolitik, in: Offene Welt Nr. 93, Oktober 1966, S. 238; ebenso *Bickel*, W.: Finanzpolitische Bedingungen stetigen Wirtschaftswachstums, in: Finanz- und Währungspolitische Bedingungen stetigen Wirtschaftswachstums, Schriften des Vereins für Socialpolitik, N. F. Bd. 15, Berlin 1955, S. 47 ff.

[297] Vgl. *Timm*, H.: Staat, Wachstum und Preisniveau.

[298] Vgl. *Timm*, H.: Staat, Wachstum und Preisniveau, S. 72.

[299] Vgl. *Timm*, a. a. O., S. 157, und *Wittmann*, W.: Die Staatsausgaben in der makroökonomischen Produktionsfunktion, S. 298.

besonders hoch ist, während er vor allem bei den Transferausgaben relativ niedrig sein soll. Umstrukturierungen in den Staatsausgaben für Güter und Dienste dürften daher ebenso wie die Veränderungen in der Zusammensetzung der Staatsausgaben aus Transferzahlungen und Ausgaben für den Kauf von Gütern und Dienstleistungen Veränderungen des e-Effektes bewirken und damit letztlich den Wachstumsprozeß der Volkswirtschaft beeinflussen[300]. Ebenso wie die einzelnen Ausgabenkategorien nimmt auch die Einnahmenseite des Staatshaushalts Einfluß auf den Prozeß der wirtschaftlichen Entwicklung. Hier handelt es sich sowohl um die Frage der Wachstumsfreundlichkeit des Steuersystems und der hemmenden oder fördernden Entzugseffekte einzelner Steuerarten[301] als auch um den Einfluß der Staatsverschuldung auf den Prozeß der wirtschaftlichen Entwicklung[302].

3. Der Staat beeinflußt schließlich die Verhaltensweisen einzelner Typen von Wirtschaftssubjekten auch unmittelbar unter bestimmten gesamtwirtschaftlichen Zielvorstellungen[303]. Dadurch setzt er gleichzeitig gewisse Stimuli oder Erschwernisse für Investitionen, Erfindungen und Neuerungen, Sparen und Arbeitsverhalten u. a. m. und beeinflußt so das Ausmaß des Beitrages der beiden anderen Wirtschaftseinheiten zur volkswirtschaftlichen Entwicklung[304].

Das wachstumsfördernde oder -hemmende Verhalten der Wirtschaftssubjekte Staat, Haushalte und Unternehmungen darf letztlich jedoch nicht isoliert binnenwirtschaftlich gesehen werden. Die engen außenwirtschaftlichen Verflechtungen der meisten Volkswirtschaften stellen vielmehr die hier vorgetragenen wachstumstheoretischen Ansätze, die den Prozeß der wirtschaftlichen Entwicklung durch das Verhalten der Wirtschaftssubjekte erklären wollen, vor die Aufgabe, auch jenen Einfluß mit in das theoretische Konzept einzubeziehen, der von den Außenwirtschaftsbeziehungen auf das Wachstum einer Volkswirtschaft ausgeht.

---

[300] Vgl. *Timm*, H.: a. a. O., S. 157; ebenso *Haller*, F.: Einige Gedanken zum Thema: Öffentliche Finanzen im Wirtschaftswachstum, in: *Schneider*, E. (ed.): Wirtschaftskreislauf und Wirtschaftswachstum, Carl Föhl zum 65. Geburtstag, Tübingen 1966, S. 57 ff., und *Colm*, G.: Fiscal Policy Innovations in Relation to Economic Growth, in: Kyklos, Vol. XIX, 1966, S. 587 ff.

[301] Vgl. *Strümpel*, B.: Steuersystem und wirtschaftliche Entwicklung— Funktion und Technik der Personalbesteuerung im sozioökonomischen Wandel, Berlin 1968, S. 213 ff.

[302] Vgl. *Klatt*, S.: Zur Theorie der Industrialisierung, S. 129 f.

[303] Vgl. *Schmölders*, G.: Das Problem der Koordinierung von Geld- und Finanzpolitik im Hinblick auf die Sicherung stetigen Wirtschaftswachstums, in: Finanz- und währungspolitische Bedingungen stetigen Wirtschaftswachstums, Schriften des Vereins für Socialpolitik, N. F. Bd. 15, Berlin, 1959 S. 274.

[304] Vgl. *Klatt*, S.: Zur Theorie der Industrialisierung, S. 72, und *Redl*, F.: Versuch einer ökonomischen Theorie des Kapitalkoeffizienten, S. 440.

Dieser Einfluß läßt sich ebenso wie der Wachstumsprozeß einer geschlossenen Wirtschaft durch das Verhalten der Wirtschaftssubjekte in den drei oben erwähnten institutionellen Sektoren erklären. Das wachstumsrelevante Verhalten muß hierbei in erster Linie in zwei Bereichen gesehen werden: dem Bereich des Austausches von Gütern und Dienstleistungen (Import/Exportbeziehungen), d. h. dem Außenhandel und dem Sektor des Austausches von Produktionsfaktoren (Kapitalverkehr, Arbeitskräftewanderung)[305]. Der Umfang des Außenhandelsbeitrages zum wirtschaftlichen Wachstum findet seinen Niederschlag in den sogenannten consumption und productivity-effects[306], die z. B. davon abhängen, inwieweit die Unternehmungen die Auslandsmärkte in ihre Expansionsüberlegungen einbeziehen (Exportneigung) und — auf dem Sektor der Produktivität — bei der Festlegung einer rationalen Beschaffungspolitik berücksichtigen (Importneigung bei Produktionsmitteln). Ebenso gehören der Grad der Auslandsorientierung in der Standortpolitik, der Beschaffung von Produktionsfaktoren wie auch die Aufgeschlossenheit gegenüber technologischen und organisatorischen Neuerungen des Auslandes[307] und die Bereitschaft zu einer internationalen Arbeitsteilung und Spezialisierung mit ihren produktivitätssteigernden Effekten[308] mit in diesen Bereich. Bei dem Verhalten der privaten Haushalte handelt es sich darum, inwieweit diese in ihren Konsumüberlegungen ausländischen Produkten gegenüber aufgeschlossen sind[309] und in welchem Umfang sie ausländischen Institutionen Kapital und Arbeitskräfte zur Verfügung stellen (Faktormobilität). Eine wichtige Rolle bei der Höhe des Außenbeitrages zum wirtschaftlichen Wachstum spielt der Sektor der staatswirtschaftlichen Tätigkeit, da er die Rechtssituation und damit die Voraussetzungen des gesamten wirtschaftlichen Verkehrs über die Grenzen regelt[310].

Diese Aufstellung der verschiedenen Komponenten macht deutlich, daß es sich bei der Einbeziehung der Außenwirtschaft in die wachstumstheoretischen Überlegungen eher um Gradunterschiede zu den verhal-

---

[305] Vgl. *Abb*, F.: Die Außenwirtschaft in der Modellanalyse des ökonomischen Wachstums, in: Zeitschrift für die gesamte Staatswissenschaft, Bd. 114, 1958, S. 475.

[306] Vgl. *Balassa*, B.: The Theory of Economic Integration, Homewood, Ill. 1961, S. 21 ff. und 57 ff.

[307] Vgl. *Abb*, F.: Der Einfluß der Außenwirtschaft auf das ökonomische Wachstum unter Berücksichtigung empirisch gewonnener Werte, in: Zeitschrift für die gesamte Staatswissenschaft, Bd. 114, 1958, S. 683.

[308] *Hughes*, J.R.T: Foreign Trade and Balanced Growth: the Historical Framework, in: American Economic Review, Vol. XLIX, 1959, S. 333.

[309] Vgl. *Schmölders*, G.: Der Beitrag der Verhaltensforschung zur Theorie der wirtschaftlichen Entwicklung, S. 374 ff.

[310] Vgl. *Lewis*, A. W.: Die Theorie des wirtschaftlichen Wachstums, S. 382, und *Meyer*, K.: Zur Theorie der wirtschaftlichen Integration, in: Kyklos, Vol. XIX, 1966, S. 693.

tenstheoretischen Ansätzen im binnenwirtschaftlichen Bereich handelt, „nicht aber um radikale Unterschiede qualitativer Natur“[311], denn Fragen der Mobilität von Produktionsfaktoren, Probleme der Standortpolitik von Unternehmungen und damit verknüpft unterschiedliche Transportkosten treten ebenso wie geringfügige Unterschiede im Rechts- und Sozialwesen[312] auch bei der Erklärung des wachstumsrelevanten Verhaltens der Wirtschaftssubjekte in einer geschlossenen Volkswirtschaft auf — wenn auch nicht in der gleichen Größenordnung wie im außenwirtschaftlichen Bereich —[313]. Schwierig wird die Berücksichtigung der Außenhandelsbeziehungen in der verhaltenstheoretischen Analyse des wirtschaftlichen Wachstums nur dadurch, daß sein Umfang nicht allein von dem Verhalten der inländischen Wirtschaftssubjekte abhängt, sondern ebenso von den Aktionen der Unternehmungen und Haushalte sowie der Regierungen in den anderen Ländern beeinflußt wird.

Für eine verhaltenstheoretische Erklärung des Beitrages der Außenwirtschaft zum binnenwirtschaftlichen Wachstum ist es jedoch nicht erforderlich, völlig neue theoretische Ansätze aufzustellen; der wesentliche Teil des hier kurz skizzierten Konzeptes kann vielmehr der bekannten Theorie der Außenwirtschaft entnommen werden; auch sie ist letztlich — wenigstens in ihrer klassischen Form — nichts anderes als Bestandteil einer umfassenden Wachstumstheorie[314], die zudem mit einer Fülle von Verhaltensparametern wie Importakzelerator, Exportmultiplikator, Import- und Exportneigung[315] und ähnlichen Größen arbeitet, deren empirische Relevanz hierbei zu überprüfen wäre[316].

Selbstverständlich können hier nicht sämtliche Einflußfaktoren dargestellt werden, die für den außenwirtschaftlichen Beitrag zum Wachstum einer Volkswirtschaft von Bedeutung sind, vor allem das weite Feld der politischen Verflechtungen zwischen Volkswirtschaften, die einen wesentlichen Einfluß auf den Prozeßablauf in der wirtschaftlichen Entwicklung haben können[317], müssen ebenso wie die Fragen der internationalen Geldwirtschaft selbst in dieser kurzen Skizze ausgeklammert bleiben. Es soll im wesentlichen nur gezeigt werden, daß eine Einbeziehung der Außenwirtschaftsbeziehungen in die theoretischen Ansätze der Erklärung wirtschaftlichen Wachstums grundsätzlich möglich ist und daß die Bestrebungen auch auf diesem Gebiet darauf gerichtet sein

[311] *Haberler*, G.: Artikel Außenhandel, in: HdSW, Bd. 1, Stuttgart—Tübingen—Göttingen 1956, S. 457.

[312] Vgl. *Haberler*, G.: Artikel Außenhandel, S. 458.

[313] Vgl. *Meyer*, K.: Zur Theorie der wirtschaftlichen Integration, S. 692.

[314] Vgl. *Sanwald*, R. und *Stohler*, J.: Wirtschaftliche Integration, 2. durchgesehene Aufl., Basel—Tübingen 1961, S. 17.

[315] Vgl. *Klatt*, S.: Zur Theorie der Industrialisierung, S. 376 ff. und 387 ff.

[316] Vgl. *Sanwald*, R. und *Stohler*, J.: Wirtschaftliche Integration, S. 15.

[317] Vgl. *Klatt*, S.: Zur Theorie der Industrialisierung, S. 372.

müssen, „Globalbegriffe aufzugliedern, heterogene makroökonomische Verhaltensparameter in homogene Teilaggregate aufzuspalten und zur Gesamtheit in Beziehung zu setzen“[318]. Da sich die Analyse der internationalen Aspekte der wirtschaftlichen Entwicklung noch weitgehend im Anfangsstadium befindet[319], können hier nur erste Hinweise gegeben werden; man darf nur hoffen, daß sie einmal aufgegriffen und dazu entwickelt werden, sowohl durch eine empirisch formulierte ökonomische Integrationstheorie[320] als auch durch die Einbeziehug empirischer Ansätze der politikwissenschaftlichen Nachbardisziplin „internationale Beziehungen“ zu zeigen, inwieweit Wachstumsimpulse auch von diesem Bereich ausgehen können[321].

5. Ausblick: Das Gesamtmodell

In der bisherigen Darstellung der wachstumsrelevanten Einstellungen und Verhaltensweisen der Wirtschaftssubjekte stehen Angebots- und Nachfrageseite sowie Staatstätigkeit und Außenhandel in ihrem Beitrag zur wirtschaftlichen Entwicklung zunächst unverbunden nebeneinander. Hinzu kommt, daß es sich bei den in diesen Bereichen zu erhebenden Tatbeständen um mikroökonomische Variable handelt, aus denen jedoch letztlich eine makroökonomische Größe erklärt und prognostiziert werden soll.

Da es damit aber das Ziel auch der mikroökonomisch orientierten Wachstumsforschung ist, nicht auf der Ebene einzelwirtschaftlicher Daten stehenzubleiben und die jeweiligen wachstumsrelevanten Tatbestände unverbunden nebeneinander aufzuführen, sondern vielmehr makroökonomische Verhaltensgleichungen aufzustellen und so den gesamtwirtschaftlichen Prozeß „Wachstum“ und seine strukturellen Komponenten zu erfassen, ist es erforderlich zu untersuchen, wie ein dynamisches Gesamtmodell konstruiert werden kann, das auf diesen mikroökonomischen Relationen aufbaut[322].

---

318 *Klatt*, S.: Zur Theorie der Industrialisierung, S. 373.

319 Vgl. *Klatt*, S.: Zur Theorie der Industrialisierung, S. 373.

320 Vgl. die bisherigen Ansätze hierzu bei *Balassa*, B.: The Theory of Economic Integration; *Scitovsky*, T.: Economic Theory and Western European Integration, London 1958, und *Tinbergen*, J.: International Economic Integration, Amsterdam—Brüssel 1954.

321 Vgl. *Hughes*, J. R. T.: Foreign Trade and Balanced Growth: the Historical Framework, S. 220, und *Schumann*, J.: Ein dynamischer Ansatz zur reinen Theorie des internationalen Handels: Effizientes Wachstum offener Wirtschaften, in: Zeitschrift für die gesamte Staatswissenschaft, Bd. 121 (1965), S. 264 ff.

322 Vgl. *Machlup*, F.: Der Wettstreit zwischen Mikro- und Makrotheorie in der Nationalökonomie, S. 5.

Nur unter einer solchen zusammenfassenden Zielsetzung ist es nämlich möglich, über die Grenzen der bisherigen empirischen Wachstumsforschung hinauszugehen, die sich weitgehend darauf beschränkte, die Vielzahl von ökonomischen, soziologischen und sozialpsychologischen Faktoren, die auf die Entwicklung einer Volkswirtschaft von Einfluß sind, lediglich aufzuzählen, ohne ihr Zusammen- oder Gegeneinanderwirken aufzuzeigen[323], und die sich deshalb stets gegen den Vorwurf zu wehren hat, sie sei „durch ihre umfassende Fragestellung nicht in der Lage, exakt theoretisch zu argumentieren"[324].

Die wesentliche Aufgabe bei der Konstruktion des Gesamtmodells einer auf mikroökonomischen Daten fußenden Wachstumstheorie ist es, die Interdependenz zwischen den bisher dargestellten wachstumsrelevanten Tatbeständen in den einzelnen Bereichen in einem realistischen Modellzusammenhang zu erfassen und gleichzeitig die mikroökonomischen Verhaltensfunktionen so weit zu aggregieren, daß weitgehend homogene Strukturgruppen gebildet werden, die der Wirtschaftspolitik „überschaubare Zusammenhänge zwischen wenigen, für die Steuerung des Wirtschaftsprozesses wesentlichen Größen"[325] bieten, es aber vermeiden, „hoffnungslos heterogene Mengeneinheiten"[326] zusammenzufassen.

Für die Konstruktion dieses Gesamtmodells ergibt sich damit eine der makroökonomischen Forschung geradezu konträre Problemstellung. Die Schwierigkeit liegt nicht mehr darin, die Kluft zu überbrücken, die zwischen den durch Disaggregation aus postulierten Globalzusammenhängen abgeleiteten Strukturkomponenten und der ökonomischen Realität besteht, sondern darin, die Fülle der mikroökonomischen Parameter in einem adäquaten Aggregationsmodell zu erfassen, welches gleichzeitig die Gesamtheit der Interdependenzen der realen Wirtschaft berücksichtigt. Es stellt sich somit also der mikroökonomisch orientierten Wachstumsforschung die Frage: „How could one handle the tremendous mass of relations governing the actions of millions of individuals?"[327].

Hierbei können folgende Wege eingeschlagen werden:

1. Eine Totalanalyse auf der Ebene der Individualeinheiten[328], d. h. unter Berücksichtigung eines jeden Einzelnen der Millionen von handelnden Wirtschaftssubjekten[329].
2. Eine Totalanalyse auf strukturökonomischer Grundlage[330].

---

323 Vgl. *Lewis*, E. A.: Die Theorie des wirtschaftlichen Wachstums, S. 6 f.

324 *Oppenländer*, K.: Die moderne Wachstumstheorie, 2. Aufl., Berlin—München 1963, S. 17.

325 *Schneider*, E.: Einführung in die Wirtschaftstheorie, Bd. 1, S. 60.

326 *Machlup*, F.: Der Wettstreit zwischen Mikro- und Makrotheorien in der Nationalökonomie, S. 9.

327 *Theil*, H.: Linear Aggregation of Economic Relation, Amsterdam 1954, S. 1.

328 Vgl. *Katona*, G.: Das Verhalten der Verbraucher und Unternehmer, S. 23.

Entschließt man sich, das bis jetzt noch weitgehend ungelöste Problem der Aggregation homogener Wirtschaftseinheiten zu umgehen[331], so wäre ein die gesamte Volkswirtschaft umfassendes, aus *n* Gleichungen mit *n* Unbekannten bestehendes dynamisches Modell Walras'scher Prägung[332] die einzige Möglichkeit, den gesamtwirtschaftlichen Prozeß des Wachstums aus den Entscheidungen der mikroökonomischen Einheiten heraus zu erklären. Da jedoch der heutige Stand der empirischen Forschung sowie die heutige Generation elektronischer Datenverarbeitungsanlagen diese Prozedur auf absehbare Zeit noch nicht erlauben[333] und gleichzeitig auch noch keine Möglichkeiten gegeben sind, die hierfür erforderliche Fülle von Daten zu erhalten, erweist sich dieser Weg, ein auf mikroökonomischen Verhaltensparametern aufgebautes Wachstumsmodell aufzustellen, nicht nur „als wesentlich komplizierter als der der (herkömmlichen) Wachstumsmodelle"[334], sondern auch als vorläufig undurchführbar.

Weniger utopisch wäre es jedoch, auf strukturökonomischer Ebene wenigstens approximativ homogene Einzelwirtschaften zu Aggregaten zusammenzufassen und diese in ein nur wenig aggregiertes, die Zeitverzögerungen bei den einzelnen Variablen berücksichtigendes Kreislaufmodell[335] einzubauen. Auf einen niedrigen Aggregationsgrad der einzelnen Größen dieses Modells muß hierbei besonderer Wert gelegt werden, um nicht Gefahr zu laufen, trotz vorhandener mikroökonomischer Daten letztlich eine solche Fülle von „heroic simplifications" vorzunehmen, daß das Modell keinen größeren Aussagewert erhält als die bekannten makroökonomischen Ansätze[336], denn die Bedeutung der Resultate einer

---

[329] Vgl. *Schneider*, E.: Der gegenwärtige Stand der Theorie der Beschäftigung, in: *Weber*, W. (ed.): Konjunktur und Beschäftigungstheorie, Neue Wissenschaftliche Bibliothek, Köln—Berlin 1967, S. 96.

[330] Vgl. *Bouska*, J.: Strukturmodelle und ihre Anwendung, in: Beirat für ökonomische Forschung bei der staatlichen Plankommission der Deutschen Demokratischen Republik (ed.), Ökonomische Modelle, Berlin 1967, S. 103; *Marchal*, A.: Die Theorie des wirtschaftlichen Fortschritts, in: Zeitschrift für Nationalökonomie. Bd. XV, 1956, S. 175, und *Kaiser*, E.: Das Aggregationsproblem in der Theorie der ökonomischen Entscheidung mit besonderer Berücksichtigung der Theorie der kollektiven Nachfrage, Dissertation Köln 1968.

[331] Vgl. *Stöwe*, H.: Ökonometrie und makroökonomische Theorie, S. 176.

[332] Vgl. *Schneider*, E.: Der gegenwärtige Stand der Theorie der Beschäftigung; *Stöwe*, H.: a. a. O., S. 148, und *Adelman*, J.: Theories of Economic Growth and Development, S. 18.

[333] Vgl. *Brinkmann*, G.: Der Beitrag der sozialökonomischen Verhaltensforschung zur Vorausschätzung des Bedarfs an hochqualifizierten Führungskräften, S. 21, und *Allen*, R. G. D.: Mathematical Economics, S. 694.

[334] *Klatt*, S.: Zur Theorie der Industrialisierung, S. 38.

[335] Vgl. *Gehrig*, G.: Neue Möglichkeiten für die Wirtschaftsforschung durch Benutzung von Datenverarbeitungsanlagen, in: Jahrbücher für Nationalökonomie und Statistik, Bd. 178, S. 122 ff.

[336] Vgl. *Krengel*, R.: Möglichkeiten und Grenzen der Messung des technischen Fortschritts, S. 351.

Theorie nimmt um so mehr ab, „je größer und inhomogener die Gruppen sind, auf denen sich die Betrachtung gründet“[337]. Ziel dieses zweiten Weges wäre also „eine makroökonomische, aber auf kleineren Aggregaten als bisher abgestellte allgemeine dynamische“[338] Erfassung der wachstumsrelevanten Bedingungen und Wirkungen.

Das dynamische Kreislaufmodell, in das diese schwach aggregierten Größen eingebaut werden könnten, könnte analog des Leontief'schen Input-Output-Systems[339] konstruiert werden, ohne jedoch dessen Prämissen[340] zu übernehmen. Voraussetzung für die Konstruktion eines solchen Modells ist, daß die mikroökonomischen Zusammenhänge weitgehend formalisiert sind — so wie es hier für den Bereich der Unternehmungen schon versucht wurde —, daß die Interaktionen auf der Gruppenebene in einer dynamischen Analyse erfaßt sind, und daß gleichzeitig eine theoretische Konzeption darüber besteht, wie die einzelnen makroökonomischen Größen aus der Fülle der mikroökonomischen Daten hergeleitet, d. h., wie die Individualphänomene aggregiert werden können.

Da jedoch einerseits die Literatur, die sich mit der Lösung des Aggregationsproblems auseinandersetzt, bisher noch nicht sehr reichhaltig und besonders in ihren Ergebnissen recht mager ist[341], andererseits aber die bisher geübte Strategie der Analogieschlüsse[342] nur zu zweifelhaften Ergebnissen führt, sollen hier einige Hinweise darauf gegeben werden, wie dieses Problem bei der Konstruktion des Gesamtmodells gelöst werden kann:

Die erste Möglichkeit, die sich anbietet, ist die Bestimmung der Parameter einer Funktion auf strukturökonomischer Ebene als ein gewogenes Mittel aus den Mikrogrößen, wie sie bei der Betrachtung der Produk-

---

[337] *Schneider*, E.: Einführung in die Wirtschaftstheorie, Bd. 1, S. 631.

[338] *Klatt*, S.: Zur Theorie der Industrialisierung, S. 42.

[339] Ein theoretisches Makromodell des Reproduktionsprozesses wie es bei Rudolph, J. beschrieben ist, schlägt ebenfalls diesen Weg ein; vgl. *Rudolph*, J.: Ein theoretisches Makromodell des Reproduktionsprozesses, in: Beirat für ökonomische Forschung bei der staatlichen Plankommission der Deutschen Demokratischen Republik (ed.), Ökonometrische Modelle, S. 121 ff., besonders S. 144 f.

[340] Vgl. *Stöwe*, H.: Ökonometrie und makroökonomische Theorie, S. 153, und *Gerfin*, H.: Langfristige Wirtschaftsprognose, S. 88 ff.

[341] Vgl. *Allen*, R. G. D.: Mathematical Economics, S. 695; *Stöwe*, H.: Ökonometrie und makroökonomische Theorie, S. 176; *Schneeweiß*, H.: Das Aggregationsproblem, und *König*, H.: Ansätze und Probleme der Wachstumstheorie, in: *König*, H. (ed.): Wachstum und Entwicklung der Wirtschaft, der die Verwendung makroökonomischer Produktionsfunktionen in den herrschenden Wachstumstheorien mit den „bisher bescheidenen Möglichkeiten einer konsistenten Aggregation komplexer mikroökonomischer Prozesse zu einer gesamtwirtschaftlichen Produktionsfunktion“ (S. 25) begründet.

[342] Vgl. *Oppenländer*, K.: Die moderne Wachstumstheorie, S. 20, und *Theil*, H.: Linear Aggregation of Economic Relations, S. 6.

tionsfunktion einer Mehrproduktunternehmung als mögliche Lösung vorgeschlagen wurde[343]. Hierbei müssen jedoch in die Makrofunktion noch Verteilungsparameter eingeführt werden[344].

Ein zweiter Weg wäre, in Anlehnung an Theils lineare Aggregation, eine lineare Makrorelation zu postulieren, die Parameter der Makrofunktion sodann nach der Methode der kleinsten Quadrate zu bestimmen und den hierbei entstehenden Schätzfehler durch ein Fehlerglied in der Makrofunktion zu berücksichtigen. Dieses Verfahren erscheint jedoch bedenklich, da schon im Mikrobereich nur selten lineare Funktionstypen den empirischen Sachverhalt optimal, d. h. mit dem geringstmöglichen Schätzfehler repräsentieren. Es ist somit zu befürchten, daß das Fehlerglied hierbei so groß wird, daß die Aussagefähigkeit dieser Funktion nicht viel größer sein dürfte als die einer a priori postulierten Makrofunktion[345]. Hinzu kommt, daß bei mehreren Erklärungsfaktoren „die Parameter der Makrovariablen nicht nur von den Parametern und Streuungen der (jeweilig) entsprechenden Mikrovariablen abhängen, sondern ebenso auch von den Parametern und Streuungen der anderen nicht entsprechenden Mikrovariablen“[346] — ein Phänomen, das Boot und de Witt anhand von Investitionsfunktionen empirisch nachweisen konnten[347].

Am fruchtbarsten scheinen neben der Ermittlung der Makroparameter als gewogenes Mittel der Mikrogrößen, als dritte Möglichkeit heute gewisse entscheidungstheoretische Ansätze zu sein, die auf den Arbeiten von Fisher[348] aufbauend, auch für die „Aggregation interdependenter Systeme, insbesondere Input-Output-Matrizen geeignet sind“[349]. Diese Aggregationsstrategie arbeitet zwar ebenfalls wie die Vorgehensweise von Theil auf der Basis eines linearen Gleichungssystems, ist aber über Theil hinausgehend in der Lage, den sogenannten Prognosefehler, der durch die Errechnung der Koeffizienten des Aggregationssystems entsteht, zu eliminieren.

Neben der Bewältigung des Aggregationsproblems ist es für die Konstruktion des Gesamtmodells jedoch noch erforderlich, die Interdependenz und die sukzessive Dependenz der Wirtschaftsgrößen, soweit sie

---

343 Vgl. S. 55.

344 Vgl. *Klein*, L. R.: An Introduction to Econometrics, New York 1962, S. 25 f.

345 Vgl. hierzu auch die übrigen Bedenken, die z. B. Schneeweiß gegen diese Vorgehensweise anbringt. Vgl. *Schneeweiß*, H.: Das Aggregationsproblem, S. 6.

346 *Scheeweiß*, H.: a. a. O., S. 7 f.

347 *Boot*, J. C. G. und *de Witt*, G. M.: Investment Demand: An Empirical Contribution to the Aggregation Problem, in: International Economic Review 1 (1960), S. 3 f.

348 Vgl. *Fisher*, W. D.: Optimal Aggregation in Multiequation Prediction Models, Econometrica, 30 (1962, S. 744 ff.).

349 *Schneeweiß*, H.: Das Aggregationsproblem, S. 13.

nicht schon durch das zugrundeliegende Kreislaufmodell[350] berücksichtigt werden, quantitativ[351] zu erfassen. Hier dürfte die Varianzanalyse eine erste Möglichkeit bieten, diese Phänomene wenigstens soweit zu klären, daß zumindest die bedeutenden Abhängigkeiten, in ihrer zahlenmäßigen Abhängigkeit dargestellt, erfaßt werden können[352], ohne daß freilich das dabei stets auftauchende Problem der Multikollinearität der erhobenen Variablen vollständig gelöst würde[353].

Es lassen sich also bereits Wege aufzeigen, wie die Probleme der Aggregationen und Interdependenzen, die bei der Konstruktion eines auf mikroökonomischen Relationen aufbauenden Modells wirtschaftlichen Wachstums entstehen, zumindest grundsätzlich gelöst werden können. Voraussetzung für die Konstruktion des Gesamtmodells ist jedoch eine intensive empirische Erforschung der einzelnen Teilbereiche, d. h. auf dem Gebiet des Beitrages zur wirtschaftlichen Entwicklung, der vom Staat, den Unternehmungen, den Haushalten und dem Außenhandel ausgeht. Auch wenn daher ein solches „umfassendes und allgemeingültiges Modell nach dem gegenwärtigen Stand der Wirtschaftstheorie (noch) nicht zu erwarten ist“[354], ergibt sich durch die empirische Erforschung der einzelnen Teilbereiche über die das Makromodell vorbereitenden Arbeiten hinaus schon die Möglichkeit, der Wachstumspolitik in größerem Umfang Kenntnisse über das reale, wachstumsrelevante Verhalten der einzelnen Wirtschaftssubjekte zunutze kommen zu lassen, so daß auch wenn vorläufig aus diesem Modell keine exakte Wachstumsrate ableitbar ist, die Wachstumspolitik hierdurch effizienter gestaltet werden kann und damit gewisse Voraussetzungen für eine Beschleunigung des Entwicklungsprozesses einer Volkswirtschaft geschaffen werden[355].

---

350 *Stöwe*, H.: Ökonometrie und makrookönomische Theorie, S. 176.

351 Vgl. *Gehrig*, G.: Neue Möglichkeiten für die Wirtschaftsforschung durch Benutzung von Datenverarbeitungsanlagen, S. 128.

352 Vgl. hierzu im einzelnen die Diskussion in: *Biervert*, B., *Dierkes*, M., *Walzel*, A.: Automatischer Split zur optimalen Kombination erklärender Faktoren, in: Kölner Zeitschrift für Soziologie und Sozialpsychologie, H. 2, 1969, S. 304—323.

353 Vgl. auch *Wittmann*, W.: Die Staatsausgaben in der makroökonomischen Produktionsfunktion, S. 301 und S. 307.

354 *Klatt*, S.: Zur Theorie der Industrialisierung, S. 18.

355 Vgl. *Voigt*, F.: Vorwort zu Klatt, S., Zur Theorie der Industrialisierung, S. 9.

B. Empirischer Teil

Die Überprüfung des Angebotsmodells

I. Die französische mittelständische Wirtschaft als Testfeld

1. Gründe für die Wahl kleiner und mittlerer Betriebe als Untersuchungsobjekte

Die Daten, die für eine erste empirische Überprüfung der Hypothesen über die Bedeutung der unternehmerischen Verhaltensweisen für das gesamtwirtschaftliche Wachstum erforderlich waren, konnten im Rahmen einer Untersuchung, die die Forschungsstelle für empirische Sozialökonomik (Prof. Dr. G. Schmölders) e. V. in französischen Klein- und Mittelbetrieben durchgeführt hat[1/2], erhoben werden. Neben diesem mehr pragmatischen Grund sprachen zwei Argumente dafür, einen ersten empirischen Test des Angebotsmodells zunächst auf relativ kleine Wirtschaftseinheiten als Untersuchungsobjekte zu beschränken[3]:

1. Die weitgehende Vergleichbarkeit dieser Betriebe innerhalb eines Wirtschaftszweiges und einer Betriebsgrößenklasse und die dadurch ermöglichte große Zahl von Untersuchungsobjekten sowie
2. die Möglichkeit, den oder die kleine Gruppe von Trägern betrieblicher Entscheidungen leicht identifizieren und damit auch das wachstumshemmende oder -fördernde Unternehmungshandeln ihren Einstellungen und Motiven zurechnen zu können.

Die weitgehende Vergleichbarkeit kleinerer und mittlerer Betriebe innerhalb eines Wirtschaftszweiges und einer Betriebsgrößenklasse beruht in erster Linie darauf[4], daß sie

1. in der Regel nur über eine geringere Zahl selbständiger Produktgruppen verfügen, oft sogar Einproduktunternehmungen sind, so daß

[1/2] Vgl. *Dierkes*, M.: Der Beitrag des französischen Mittelstandes zum wirtschaftlichen Wachstum, Abhandlungen zur Mittelstandsforschung Nr. 39, Köln und Opladen 1969.

[3] Vgl. *Weber*, K.: Die Aussagefähigkeit empirischer Kostenfunktionen in betriebswirtschaftlicher Sicht, in: ZfB (1967), 1. Ergänzungsheft, S. 52.

[4] Zu den Anforderungen für die zwischenbetriebliche Vergleichbarkeit von Unternehmungen vgl. *Wöhe*, G.: Einführung in die Allgemeine Betriebswirtschaftslehre, 7. Aufl., Frankfurt 1967, S. 722 ff.

ihre Unterschiede im Leistungsprogramm verhältnismäßig gering sind,

2. meist nur eine Fertigungsstufe umfassen und damit annähernd die gleiche Produktionstiefe aufweisen,
3. in den einzelnen Wirtschaftsszweigen und Betriebsgrößenklassen eine annähernd gleich hohe Kapitalausstattung und daher auch eine annähernd gleiche Kapitalintensität aufweisen.

Damit erfüllen sie die Voraussetzungen für einen zwischenbetrieblichen Vergleich und auch dafür, daß die vorgeschlagene Maßgröße für Produktivität, die arbeitsbezogene Produktivität[5], die erforderliche Aussagekraft besitzt[6].

Ein zweiter Grund für die Beschränkung des empirischen Tests auf diese Betriebsgrößenklassen ist die geringe Ausbildung der Organisationsstruktur in den Klein- und Mittelbetrieben. Nur im mittelständischen Bereich kann nämlich davon ausgegangen werden, daß in der Regel eine unipersonale Willensbildung vorliegt, daß also Entscheidungen über Fortschritt oder Stagnation des Betriebes in erster Linie vom Unternehmensleiter selbst ausgehen und somit auch weitgehend seinen Einstellungen und Motiven zugerechnet werden können. Soweit andere Personen als der Unternehmensleiter in irgendeine Phase des Entscheidungsprozesses eingeschaltet sind, kann bei diesen Betrieben davon ausgegangen werden, daß sich ihre Gestaltungsmöglichkeiten in dem vom Unternehmer vorgegebenen Entscheidungsrahmen bewegen, daß ihnen also ein Abweichen von seinen Intentionen im Regelfall unmöglich ist; den Einflüssen, die von der organisatorischen Struktur auf die unternehmerische Entscheidung ausgehen, braucht daher in diesen Betriebsgrößenklassen nur eine begrenzende Bedeutung beigemessen zu werden[7]. Die Beschränkung auf Klein- und Mittelbetriebe als Untersuchungsobjekte für diesen ersten empirischen Test der Hypothesen über die Bedeutung bestimmter unternehmerischer Verhaltensweisen für das gesamtwirtschaftliche Wachstum macht es infolgedessen möglich, bei der Zurückführung des wachstumsfördernden oder -hemmenden Unternehmungshandelns auf Einstellungen und Motive der Unternehmensleiter die Fülle der gruppendynamischen Entscheidungsprozesse, wie sie in Großunternehmen anzutreffen sind und die mangels empirisch-theoretischer Ansätze der Entscheidungstheorie noch weitgehend ungeklärt sind[8], aus dem Test auszuklammern.

---

[5] Vgl. S. 76.

[6] Vgl. *Schätzle*, G.: Technischer Fortschritt und Produktionsfunktion, S. 51, und *Weber*, K.: Die Aussagefähigkeit . . ., S. 52.

[7] Vgl. S. 91.

[8] Vgl. S. 93.

Eingebettet in unsere Prämisse von dem geringen Einfluß der Organisationsstruktur auf die betriebliche Entscheidung in solchen Unternehmungen ist auch die Voraussetzung, daß die Qualität der Arbeitskräfte auf den verschiedenen Stufen der Betriebshierarchie in den einzelnen Wirtschaftszweigen und Betriebsgrößenklassen vergleichbar ist[9] — eine Annahme, die dadurch plausibel erscheint, daß sämtliche Klein- und Mittelbetriebe Frankreichs die berufliche Fortbildung ihrer Arbeitskräfte nur sehr wenig unterstützen[10].

2. Gründe für die Wahl der französischen mittelständischen Wirtschaft als Untersuchungsobjekt

Für die Wahl der französischen Wirtschaft als Feld für den ersten empirischen Test des hier entwickeltem Angebotsmodells spricht vor allem, daß in der französischen Volkswirtschaft die Klein- und Mittelbetriebe, auf die sich die Überprüfung aus den oben genannten Gründen zunächst beschränken soll, heute noch eine dominierende Rolle spielen. Die Wahrscheinlichkeit, in den einzelnen Wirtschaftszweigen und Betriebsgrößenklassen eine genügend große Zahl vergleichbarer Unternehmungen zu finden, ist hier also weitaus größer als in anderen europäischen Ländern. Bedenkt man, daß der mittelständische Sektor noch immer annähernd 77 % der im produzierenden Gewerbe und im Handel Frankreichs tätigen Erwerbspersonen umfaßt[11], so wird schon daran ersichtlich, daß Fortschritt oder Stagnation der gesamten Volkswirtschaft in großem Umfang von dem Ausmaß der Produktivitätssteigerung und Expansion in diesen Betrieben abhängig sind. Der Test unserer Verhaltenshypothesen ermöglicht es daher, über die rein theoretische Aufgabenstellung hinaus wichtige Informationen für die Wirtschaftspolitik des Landes zu liefern, die von weitaus geringerer Bedeutung wären, wenn der mittelständische Sektor nicht diese dominierende Stellung hätte.

Zu dieser zentralen Stellung der mittelständischen Wirtschaft als erstem Grund für die Wahl französischer Klein- und Mittelbetriebe als Untersuchungsobjekte kommt, daß es gerade über die Bedeutung des Unternehmerverhaltens in Frankreich und über die Einstellungen und Motive des französischen Unternehmers eine Fülle von Hypothesen gibt. Zahlreiche wirtschaftshistorische und -analytische Studien, die sich mit den Problemen des Wirtschaftswachstums in Frankreich beschäftigten,

[9] Vgl. *Wöhe*, G.: Einführung in die Allgemeine Betriebswirtschaftslehre, S. 725.

[10] Vgl. *Dierkes*, M.: Der Beitrag des französischen Mittelstandes zum wirtschaftlichen Wachstum, S. 190.

[11] Vgl. *Dierkes*, M.: Der Beitrag des französischen Mittelstandes zum wirtschaftlichen Wachstum, S. 37 f.

haben immer wieder vor allem auf die Unternehmer dieses Landes hingewiesen: Sie gehen nämlich davon aus, daß „der Charakter des Unternehmerverhaltens in Frankreich einer der verzögernden Faktoren in der wirtschaftlichen Entwicklung"[12] war und daß der Malthusianische Geist, der Konservativismus der Unternehmer und ihre Abneigung gegenüber dem Risiko[13] dieses wachstumshemmende Verhalten bewirkten: „Schuld (an der Schwäche der französischen Wirtschaft) sind Frankreichs Unternehmer selbst, denn Dynamik, Sinn für Neuerungen und Risikofreude fehlen"[14]. Gerade für dieses Land ist es daher interessant festzustellen,

1. ob tatsächlich bestimmte Einstellungen und Motive des französischen Unternehmers Fortschritt und Rückständigkeit der Gesamtwirtschaft, hier gemessen an der Vergrößerung des Angebotes durch Steigerung der Produktivität und einzelwirtschaftliche Expansion, in solchem Ausmaß bestimmen, wie es von den wirtschaftshistorischen und -analytischen Studien immer wieder hervorgehoben wird, und
2. wie die einzelnen Faktoren im Persönlichkeitsbild des Unternehmers — soweit sie sich als wachstumsrelevant herausstellen — zueinander zu gewichten sind, d. h. welche Faktoren von wirklich gravierender Bedeutung sind und welche nur akzidentell das wachstumshemmende oder -fördernde Unternehmerverhalten bestimmen.

II. Die Methode der Untersuchung

Die Bedeutung einzelner unternehmerischer Verhaltensweisen für eine wachstumsrelevante Steigerung der Produktivität des Betriebes oder seine einzelwirtschaftliche Expansion kann grundsätzlich auf zwei Wegen überprüft werden:

1. durch eine Längsschnittanalyse,
2. durch eine Querschnittanalyse.

Die Längsschnittanalyse geht hierbei davon aus, die Einführung einer produktivitäts- oder expansionssteigernden Maßnahme zu einem bestimmten Zeitpunkt t_0 zu konstatieren, um sodann die Veränderungen der betrieblichen Produktivität bzw. des einzelwirtschaftlichen Leistungsvolumens vom Zeitpunkt t_0 zum Zeitpunkt t_1 zu messen. Eine

---

[12] A. *Gerschenkron*: Soziale Haltungen, Unternehmertum und wirtschaftliche Entwicklung, in: Zeitschrift für Nationalökonomie, Nr. 15, 1956, S. 151.

[13] Vgl. D. S. *Landes*: French Enterpreneurship and Industrial Growth in the 19th Century, in: The Journal of Economic History, Bd. IX (I), 1949, S. 45—61; T. *Kemp*: Structural Factors in the Retardition of French Economic Growth, in: Kyklos, Vol. XV 1962, S. 330 ff.

[14] *O. V.*: Frankreich — Verbrannte Erde, in: Der Spiegel, 33. Jg., Nr. 19, vom 5. Mai 1969, S. 117.

derartige Analysestrategie wurde vor allem bei organisationssoziologischen Untersuchungen[1] mit Erfolg angewandt; die Aussagekraft des Verfahrens hängt jedoch wesentlich davon ab, inwieweit es möglich ist, den Einfluß aller anderen (intervenierenden) Variablen auf die abhängige Variable, d. h. hier auf die Produktivität der Betriebe bzw. ihr einzelwirtschaftliches Wachstum, konstant zu halten, so daß die Veränderungen dieser Größen eindeutig der Einführung der produktivitätsfördernden oder expansionssteigernden Maßnahme zugeschrieben werden können. Diese Schwierigkeit der Zurechnung, die sich bei einer solchen Längsschnittanalyse ergibt, erfordert es auch, daß hierbei für jede der zu überprüfenden wachstumsrelevanten Verhaltensweisen eine eigene Zeitreihe aufgestellt wird. Eine solche Vorgehensweise setzt jedoch entweder eine extrem hohe Zahl von untersuchten Betrieben voraus oder würde sich über einen unvertretbar langen Zeitraum hinziehen. Wie schwierig es zudem ist, den für eine solche Untersuchung erforderlichen Zeitraum zu bestimmen, läßt sich leicht daraus ersehen, daß es bis heute noch keine empirisch bestätigten Aussagen darüber gibt, nach welcher Zeit die Einführung einzelner betrieblicher Maßnahmen — unberücksichtigt, ob sie den gewünschten Erfolg erreichen oder nicht — tatsächlich eine Wirkung zeigt.

Kann oder will man sich aus den genannten Gründen dieser der Aufgabenstellung eigentlich am ehesten angemessenen Längsschnittbetrachtung nicht bedienen, so bietet sich als weitere Möglichkeit für den hier vorzunehmenden empirischen Test die Querschnittbetrachtung an. Sie geht bei der Analyse des Zusammenhanges zwischen den vermutlich wachstumsrelevanten unternehmerischen Verhaltensweisen und der tatsächlich wachstumswirksamen Steigerung der betrieblichen Produktivität und des einzelwirtschaftlichen Wachstums nach dem aus der Betriebswirtschaftslehre bekannten Prinzip des zwischenbetrieblichen Vergleichs vor[2]. Bei einer genügend großen Anzahl vergleichbarer Betriebe wird zunächst das Vorhandensein solcher Einrichtungen, Maßnahmen, Kontrollen und Verhaltensweisen festgestellt, von denen angenommen wird, daß sie produktivitäts- oder expansionssteigernd wirken; gleichzeitig wird die von den Unternehmungen tatsächlich erzielte Produktivität und ihr effektives Wachstum über einen bestimmten Zeitraum erhoben. Die Häufigkeitsverteilungen der produktivitätsfördernden Maßnahmen und die der tatsächlichen Produktivität sowie der expansionsfördernden Verhaltensweisen und des erzielten einzelwirtschaftlichen Wachstums werden dann einander gegenübergestellt.

---

[1] Vgl. *Seashore*, St. E. and *Bowers*, D. G.: Changing the Structure of Functionning of an Organization, Ann Arbor, Mich., 1964.

[2] Vgl. *Schnettner*, A.: Der Betriebsvergleich, 3. Aufl., Stuttgart 1969.

Eine Hypothese gilt bei diesem Verfahren dann als bestätigt, wenn — signifikante Ergebnisse vorausgesetzt — Unternehmungen höherer Produktivität bzw. größeren einzelwirtschaftlichen Wachstums überwiegend zu der Gruppe gehören, die auch die jeweiligen, als wachstumsfördernd vermuteten Maßnahmen, Einrichtungen, Kontrollen und Verhaltensweisen aufweisen; sie gilt jedoch als falsifiziert, wenn die jeweilige Aktion überwiegend in solchen Unternehmungen angetroffen wird, die nur eine geringe Produktivität oder ein niedriges einzelwirtschaftliches Wachstum erreicht haben.

Diese Strategie ist selbstverständlich nur bei der Betrachtung der produktivitätswirksamen Maßnahmen eine reine Querschnittbetrachtung; denn bei der Analyse der Quellen des einzelwirtschaftlichen Wachstums, das ja die Veränderung einer Stromgröße ist, werden in die Forschungsstrategie auch Elemente einer Zeitreihenbetrachtung mit aufgenommen. Die grundsätzliche Annahme, die für die Bestätigung oder Verwerfung der einzelnen Hypothesen gilt, ist jedoch auch hier der reinen Querschnittanalyse entnommen.

Die nachstehend vorgenommene Überprüfung des wachstumstheoretischen Angebotsmodells, d. h. der Wachstumswirksamkeit bestimmter unternehmerischer Verhaltensweisen, geht aus den oben genannten Gründen vom Prinzip der Querschnittanalyse aus. Zur Überprüfung der Hypothesen über ein produktivitätswirksames Unternehmungshandeln wird die zum Untersuchungszeitpunkt (1965) tatsächlich erzielte Produktivität der Betriebe erhoben, ebenso der Rationalisierungsstand in den einzelnen Betriebsbereichen, d. h. das Vorhandensein solcher Einrichtungen, Maßnahmen und Kontrollen, von denen angenommen wird, daß sie eine hohe Produktivität des Betriebsprozesses bewirken. Ähnlich werden für die Prüfung der Hypothesen über expansionsförderndes Unternehmungshandeln die vermutlich expansionswirksamen Verhaltensweisen dem einzelwirtschaftlichen Wachstum gegenübergestellt, gemessen an der preisbereinigten Umsatzentwicklung in den Jahren 1960—1965.

Die gleichen Argumente, die auf der Verhaltensebene für die Durchführung der Untersuchung als Querschnittsanalyse sprechen, gelten auch für den zweiten Teil der zentralen Hypothese, den Zusammenhang zwischen den Einflußfaktoren im persönlichen Bereich der Träger betrieblicher Entscheidungen und dem Umfang der Anwendung wachstumsrelevanter Einrichtungen, Kontrollen, Maßnahmen und Aktionen. Gerade dafür erweist sich die Querschnittanalyse als besonders geeignet; handelt es sich doch bei den in diesem Bereich zu analysierenden Faktoren um solche, die im Zeitablauf als annähernd konstant angesehen werden bzw. die sich nur in geringem Maße ändern — Größen also, wie sie allein die Grundlagen einer jeden ökonomischen Prognose bilden können[3].

Für die Querschnittanalyse in Form eines zwischenbetrieblichen Vergleichs standen grundsätzlich zwei Möglichkeiten offen:

1. eingehende Betriebsuntersuchungen,
2. schriftliche oder mündliche Befragungen.

Das dem Untersuchungszweck angemessenste Vorgehen wäre eine genaue Betriebsanalyse durch Fachleute gewesen, wie sie z. B. vom Betriebsbegehungsdienst des RKW vorgenommen wird[4]. Diese Vorgehensweise hätte gegenüber dem Interview, sei es schriftlich, sei es mündlich, den Vorteil, daß sich die Analyse nicht auf Aussagen des Unternehmensleiters allein zu stützten brauchte, sondern das Vorhandensein von Maßnahmen, Einrichtungen, Kontrollen, die entweder expansions- oder produktivitätsfördernd wirken sollen, von einem neutralen Experten im Betrieb erhoben wird. Nur so könnte der Bias vollständig vermieden werden, der bei anderen Vorgehensweisen durch eine Schönfärberei des betrieblichen Leistungsstandes durch den Unternehmer entstehen könnte. Der Nachteil derartiger eingehender Betriebsuntersuchungen ist jedoch darin zu sehen, daß sie einen relativ großen Zeitaufwand erfordern, der sich dadurch ergibt, daß ein Betriebsfremder versucht, Einblick in die verschiedenen Bereiche des Betriebes zu nehmen und so Antworten auf Fragen zu finden, die die Unternehmensleitung aufgrund ihrer intimen Kenntnisse des Betriebsgeschehens weitaus schneller geben könnte. Da eine derartige Untersuchung daher mit überaus hohen Kosten verbunden wäre, schied sie als Analysestrategie für die hier vorgenommene Untersuchung aus. Es blieb also nur die Möglichkeit der Befragung des Unternehmensleiters übrig. Von den hier gegebenen Alternativen, der schriftlichen oder mündlichen Befragung, wurde das mündliche Interview gewählt, da hierbei sowohl die Ausfallquoten als auch die Möglichkeiten der Verzerrung durch „Schönfärberei" erfahrungsgemäß weitaus geringer sind als beim schriftlichen Interview. Hinzu kommt, daß es bei Durchführung einer schriftlichen Befragung keine Möglichkeit gegeben hätte zu kontrollieren, welche Person den Fragebogen ausgefüllt hat, während dagegen beim mündlichen Interview die antwortgebende Person nach ihrer hierarchischen und funktionalen Stellung im Betrieb genau identifiziert werden kann, es also gewährleistet war, daß es tatsächlich die Einstellungen und Motive des Unternehmensleiters und nicht einer anderen Person sind, die zur Bestimmung der Determinanten eines wachstumsfördernden oder -hemmenden Unternehmungshandelns erhoben wurden.

---

[3] Vgl. *Schmölders*, G.: Der private Haushalt als Gegenstand der Verhaltensforschung, S. 53.

[4] Vgl. RKW, Anleitungen für den Betriebsbegehungsdienst zur Wahrnehmung betrieblicher Schwerpunkte, Anleitung 1—4, Frankfurt 1965/66.

III. Die Verhaltenshypothesen und ihre Überprüfung[1]

1. Produktivitätssteigernde unternehmerische Verhaltensweisen

Als erster Bereich der wachstumsrelevanten unternehmerischen Verhaltensweisen soll eine Auswahl der in den theoretischen Grundlagen global beschriebenen Einrichtungen, Maßnahmen, Kontrollen und Aktionen, von denen allgemein angenommen wird, daß sie zu einer hohen Produktivität des Betriebsprozesses beitragen, der von den Unternehmungen erzielten Produktivität gegenübergestellt und so festgestellt werden, welche Wachstumswirksamkeit diese Verhaltensweisen tatsächlich besitzen. Selbstverständlich erheben die hier überprüften Hypothesen keinen Anspruch auf Vollständigkeit, so werden z. B. nur solche Verhaltensweisen betrachtet, von denen anzunehmen ist, daß sie in allen Wirtschaftszweigen gleichermaßen produktivitätssteigernd wirken; wirtschaftszweigspezifische Fragen bleiben aus der Betrachtung ausgeklammert und weiteren Untersuchungen vorbehalten. Unterschiede in den Anforderungen der einzelnen Betriebsgrößen an das Vorhandensein produktivitätsrelevanter Einrichtungen, Maßnahmen und Aktionen werden jedoch — soweit erforderlich — berücksichtigt.

Den verschiedenen Hypothesen über ein produktivitätswirksames unternehmerisches Verhalten wird als Maß ihrer tatsächlichen Wachstumsrelevanz die im Jahre 1965 erzielte arbeitsbezogene Produktivität der Betriebe gegenübergestellt. Die hier in den untersuchten Unternehmungen erhobenen Kennzahlen wurden zum Zweck der vereinfachten Auswertung unter Berücksichtigung strukturbedingter Unterschiede zwischen den Wirtschaftszweigen zu Gruppen zusammengefaßt, die es ermöglichen, zwischen Unternehmungen hoher, mittlerer und niedriger Produktivität zu unterscheiden. Eine detaillierte Darstellung der Gruppenbildung ist in der Anmerkung zu Tabelle 1 zu finden.

Der empirische Test der einzelnen Hypothesen über die produktivitätsfördernden unternehmerischen Verhaltensweisen in den verschiedenen Betriebsbereichen wird im folgenden analog dem Wertefluß durch den Betrieb dargestellt, d. h. die Reihefolge der Behandlung der einzelnen Einrichtungen, Kontrollen, Maßnahmen und Aktionen lehnt sich im

[1] Die folgende Analyse beschränkt sich allein auf die empirische Überprüfung der Bedeutung der einzelnen unternehmerischen Verhaltensweisen für eine wachstumsrelevante Produktivitätssteigerung der Betriebe bzw. ihr einzelwirtschaftliches Wachstum; auf die Besonderheiten der französischen Wirtschaft als Quelle der Daten, vor allem die Häufigkeitsverteilung der sich letztlich als wachstumsfördernd oder -hemmend herausstellenden Verhaltensweisen in den untersuchten Unternehmungen wird hierbei nicht eingegangen. Diese Ergebnisse sind ebenso wie die genaue Formulierung der Fragen vom Verfasser an anderer Stelle ausführlich dargestellt worden. Vgl. *Dierkes*, M.: Der Beitrag des französischen Mittelstandes zum wirtschaftlichen Wachstum, S. 139—273.

wesentlichen an die übliche Prozeßgliederung der Betriebswirtschaftslehre an[2].

a) Im Bereich der Beschaffung

Rationale Betriebsführung in der Beschaffung als erster Indikator für ein produktivitätswirksames Unternehmerverhalten ist im wesentlichen auf zwei Ziele ausgerichtet: langfristig kostengünstiger Einkauf und höchste Fertigungseignung der zu beschaffenden Produkte[3]. Beide Ziele sollen, wenn sie in einem Unternehmen intensiv verfolgt werden, erheblich zur Kostensenkung, d. h. zur Erzielung der gleichen betrieblichen Leistung mit einem geringeren Einsatz an Produktionsfaktoren beitragen. Hierbei beinhaltet der langfristig kostengünstige Einkauf eine periodische Überprüfung der Zahl der in Anspruch genommenen Lieferanten und ihrer Lieferbedingungen, wie auch eine Analyse der potentiellen Lieferanten und deren Liefermöglichkeiten. Das zweite Ziel, die maximale Fertigungseignung der zu beschaffenden Produkte, soll durch die Anwendung des Instrumentes der „Wertanalyse" im Beschaffungssektor erreicht werden. Demgemäß kauft das einzelne Unternehmen von seinen Vorlieferanten nicht so sehr eine Ware, als vielmehr eine „Problemlösung", d. h. der Einkäufer bestellt „nicht mehr das Material als solches, sondern dessen Funktion und Aufgabe"[4]. „So kann man neue Ideen, Forschungsergebnisse, neue Herstellverfahren und die Erfahrungen des großen Marktes — kurz: den technischen Fortschritt"[5] mit der Materiallieferung von seinem Lieferanten beziehen.

Beide Ziele, langfristig kostengünstiger Einkauf und höchste Fertigungseignung der zu beschaffenden Produkte, sollen im Interesse einer optimalen Produktivität grundsätzlich von allen Betrieben jeder Größenklasse und Branche angestrebt werden; auch der Klein- und Mittelbetrieb mit seiner oft umfangreichen Materialwirtschaft kann nach den Aussagen der Betriebswirtschaftslehre hier mit geringem zusätzlichen Aufwand eine erhebliche Kostensenkung erzielen.

Welche Bedeutung hat die so geschilderte rationale Betriebsführung im Bereich der Beschaffung tatsächlich für die Produktivität der Unternehmungen und damit für die erste Komponente ihres Beitrages zum gesamtwirtschaftlichen Wachstum?

---

[2] Vgl. *Kosiol*, E.: Die Unternehmung als wirtschaftliches Aktionszentrum, S. 117 f.

[3] Es wird an dieser Stelle allein auf den Einkauf der Werkstoffe eingegangen. Die Beschaffung anderer Produktionsfaktoren: Arbeitskräfte, Real- und Geldkapital wird an anderen Stellen behandelt.

[4] *Sell*, J.: Hier werden Kosten gesenkt, in: Planen und Beraten, Heft 5, 1966, S. 8.

[5] *Sell*, J.: ebenda.

Tabelle 1

Kontrolle des Beschaffungswesens in preislicher und fertigungstechnischer Hinsicht und Produktivität 1965[a)]

	Das Beschaffungswesen wird ... kontrolliert	nicht kontrolliert	Summe	Basis
niedrige Produktivität[b)]	22 %	78 %	100 %	42
mittlere Produktivität	33 %	67 %	100 %	125
hohe Produktivität	44 %	56 %	100 %	54

$r = 0{,}29$; $r^2 = 0{,}08$

a) Nur untersucht für mittelständische Industriebetriebe.

b) Die Produktivitätsklassen wurden unter Berücksichtigung der Wirtschaftszweige wie folgt gebildet:

	Umsatz pro Kopf der Beschäftigten in NF: niedrige Produktivität	mittlere Produktivität	hohe Produktivität
I. Grundstoff-, Chemische, Glas-, Papierindustrie	15 000—36 700	40 000—100 000	136 400— 839 000
II. Metallverarbeitung und mechanisches Gewerbe	7 000—19 000	24 300— 66 200	83 400— 270 000
III. Konsumgüterindustrie	8 000—27 700	31 100—120 000	130 000—1 200 000
IV. Bau- und sonstiges verarbeitendes Gewerbe	5 700—27 500	31 600—100 000	114 000— 500 000
V. Lebensmittelhandel	4 000—36 700	40 000—104 000	126 700— 500 000
VI. Warenhäuser, Textilhandel	12 000—26 300	50 000—118 000	150 000—1 615 000
VII. Produktionsverbindender Handel	7 500—41 700	48 000—150 000	165 000— 773 000

Stellt man die Kontrolle oder Nicht-Kontrolle des Beschaffungswesens der von den Unternehmungen erzielten Produktivität gegenüber, so ist zu erkennen, daß die untersuchten Unternehmungen hoher Produktivität ihr Beschaffungswesen in weitaus größerem Umfang kontrollieren (44 %) als Betriebe mit mittlerer (33 %) oder niedriger Produktivität (22 %); es kann daher angenommen werden, daß die Rechenhaftigkeit im Beschaffungswesen einen nicht unerheblichen Beitrag zur Erzielung der höheren Produktivität des Betriebsprozesses jener Unternehmungen geleistet hat. Wie groß die Bedeutung der Beschaffungskontrolle für die Produktivität des Unternehmens ist, wird auch durch den für eine isolierte organisatorische Maßnahme recht hohen Korrelationskoeffizienten von $r = 0{,}29$ deutlich. Darüber hinaus zeigt der quadrierte Korrelationskoeffizient $r^2 = 0{,}08$, daß schon durch diese Maßnahme allein 8 % der abhängigen Variablen erklärt werden, d. h., 8 % der Unterschiede in der

Produktivität zwischen den Unternehmen können auf das Vorhandensein oder Nichtvorhandensein einer intensiven Kontrolle des Beschaffungswesens zurückgeführt werden.

b) Im Bereich der Lagerhaltung

Neben der Beschaffung ist es die Lagerhaltung, von der angenommen wird, daß sie durch intensive Kontrollen erheblich zur Erreichung einer hohen Produktivität des Betriebsprozesses beitragen kann. Das Streben nach rationaler Betriebsführung umfaßt hier Kontrollen des Lagerbestandes an Roh-, Hilfs- und Betriebsstoffen wie auch an Halb- und Fertigfabrikaten und die Überwachung der Sortenzahl im Materiallager[6].

Eine ständige Bestandskontrolle soll es ermöglichen, die oft umfangreiche Kapitalbindung in der Lagerhaltung zu minimieren und so trotz eines geringeren Einsatzes dieses Produktionsfaktors die gleiche betriebliche Leistung zu erstellen. In gleicher Weise soll auch eine intensive Kontrolle der Sortenzahl im Materiallager die optimale Nutzung des betrieblichen Kapitals fördern, indem sie nämlich zu einer Beschränkung auf die am häufigsten benötigten und für den Verwendungszweck am besten geeigneten Materialien führt.

Tabelle 2

Kontrolle des durchschnittlichen Lagerbestandes und Produktivität 1965[a)]

	Der durchschnittliche Lagerbestand wird ...			
	kontrolliert	nicht kontrolliert	Summe	Basis
niedrige Produktivität	49 %	51 %	100 %	42
mittlere Produktivität	64 %	36 %	100 %	125
hohe Produktivität	67 %	33 %	100 %	54

$r = 0{,}22$; $r^2 = 0{,}05$

a) Nur untersucht für mittelständische Industriebetriebe.

Die Gegenüberstellung der Verbreitung beider Komponenten rationaler Betriebsführung im Bereich der Lagerhaltung mit der von den Unternehmungen erzielten Produktivität bestätigt diese Hypothese: Betriebe mit hoher Produktivität kontrollieren in größerem Umfang ihren Lager-

[6] Vgl. RKW, Anleitungen für den Betriebsbegehungsdienst zur Wahrnehmung betriebstechnischer Schwerpunkte, Anleitung 3: Rationelle Materialnutzung, S. 7.

bestand (67 %) und die Sortenzahl im Materiallager (42 %) als Unternehmungen mit mittlerer (64 %, 24 %) und niedriger Produktivität (49 %, 20 %). Auch in diesem Bereich zeigt sich somit ein enger Zusammenhang zwischen der Anwendung produktivitätsfördernder Maßnahmen und der Höhe der erzielten Produktivität. Dieser Zusammenhang ist jedoch bei der Kontrolle der Sortenzahl stärker als im Bereich der Überprüfung des Lagerbestandes — ein Ergebnis, das sich auch in dem unterschiedlich hohen Korrelationskoeffizienten von 0,22 (Lagerbestandskontrolle) und 0,32 (Kontrolle der Sortenzahl) widerspiegelt. Durch eine rationale Betriebsführung in der Lagerhaltung wird vor allem durch die Kontrolle der Sortenzahl im Materiallager — ebenso wie durch ein solches Verhalten im Beschaffungssektor — ein erheblicher Teil der Varianz in der Produktivität der Unternehmungen erklärt: 10 % (Kontrolle der Sortenzahl) und 5 % (Kontrolle des Lagerbestandes) der Unterschiede in der Produktivität der untersuchten Unternehmungen sind durch das Vorhandensein oder Nichtvorhandensein dieser organisatorischen Einrichtungen bestimmt.

Tabelle 3

Kontrolle der Sortenzahl im Materiallager und Produktivität 1965[a)]

	Die Sortenzahl wird ...			
	kontrolliert	nicht kontrolliert	Summe	Basis
niedrige Produktivität	20 %	80 %	100 %	42
mittlere Produktivität	24 %	76 %	100 %	125
hohe Produktivität	42 %	58 %	100 %	54

$r = 0{,}32$; $r^2 = 0{,}10$

c) *In der Materialwirtschaft*

Die Kontrolle der Materialbeschaffung wie auch die Überwachung der Sortenzahl im Materiallager konnten schon im Rahmen der Betrachtung der ersten Glieder des materiellen Betriebsprozesses als wichtige Komponenten des Rationalisierungsstrebens im Umgang mit den Roh-, Hilfs- und Betriebsstoffen hervorgehoben werden. Der Produktivitätsgewinn durch diese Verhaltensweisen dürfte jedoch schnell verloren gehen, wenn der Einsatz der Materialien auf dem folgenden Weg des Werteflusses durch den Betrieb nicht weiteren Kontrollen unterworfen ist. Diese können vielfältiger Natur sein; letztlich zielen sie jedoch alle darauf hin, den Einsatz und den Ausschuß bei den Roh-, Hilfs- und Betriebsstoffen möglichst gering zu halten.

Als Indikatoren für ein produktivitätswirksames Unternehmerverhalten in diesem Bereich wurden erhoben, ob das Unternehmen

1. eine Kontrolle des Ausschusses in den verschiedenen Produktionsstufen
2. eine Kontrolle des Verbrauchs an Roh-, Hilfs- und Betriebsstoffen
3. eine Kontrolle des Materialeinsatzes mittels Kennzahlen durchführt oder
4. Normen im Produktionsprozeß verwendet.

Tabelle 4

Kontrolle des Ausschusses in verschiedenen Produktionsstufen und Produktivität 1965[a)]

	Der Ausschuß wird ...			
	kontrolliert	nicht kontrolliert	Summe	Basis
niedrige Produktivität	10 %	90 %	100 %	42
mittlere Produktivität	18 %	82 %	100 %	125
hohe Produktivität	27 %	73 %	100 %	54

$r = 0{,}33;\ r^2 = 0{,}11$

a) Nur untersucht für mittelständische Industriebetriebe.

Tabelle 5

Kontrolle des Verbrauchs an Roh-, Hilfs- und Betriebsstoffen und Produktivität 1965[a)]

	Eine Verbrauchskontrolle wird ...			
	durchgeführt	nicht durchgeführt	Summe	Basis
niedrige Produktivität	12 %	88 %	100 %	42
mittlere Produktivität	15 %	85 %	100 %	125
hohe Produktivität	23 %	77 %	100 %	54

$r = 0{,}25;\ r^2 = 0{,}06$

a) Nur untersucht für mittelständische Industriebetriebe.

Tabelle 6

Kontrolle des Materialeinsatzes mittels Kennzahlen und Produktivität 1965[a)]

	Der Materialeinsatz wird ...			
	kontrolliert	nicht kontrolliert	Summe	Basis
niedrige Produktivität	14 %	86 %	100 %	42
mittlere Produktivität	27 %	73 %	100 %	125
hohe Produktivität	32 %	68 %	100 %	54

$r = 0{,}26;\ r^2 = 0{,}07$

a) Nur untersucht für mittelständische Industriebetriebe.

Tabelle 7

Anwendung von Normen und Produktivität 1965[a)]

	Normen werden ...			
	beachtet	nicht beachtet	Summe	Basis
niedrige Produktivität	13 %	87 %	100 %	42
mittlere Produktivität	18 %	82 %	100 %	125
hohe Produktivität	30 %	70 %	100 %	54

$r = 0{,}03;\ r^2 = 0{,}09$

a) Nur untersucht für mittelständische Industriebetriebe.

Auch hier ergibt sich wieder ein recht starker Zusammenhang zwischen den unternehmerischen Verhaltensweisen, die als produktivitätswirksam angesehen werden, der Durchführung der genannten Kontrollen in der Materialwirtschaft, und der von den untersuchten Unternehmungen tatsächlich erzielten Produktivität: Während nur 10 % der Betriebe niedriger Produktivität ihren Ausschuß in den verschiedenen Produktionsstufen kontrollieren, sind es 27 % der hochproduktiven Betriebe, die eine derartige Kontrolle vornehmen. Ein ähnliches Ergebnis ist auch bei der Überwachung des Verbrauchs an Roh-, Hilfs- und Betriebsstoffen festzustellen: Nur 12 % der Betriebe niedriger Produktivität führen diese Verbrauchskontrolle durch, während es unter den Betrieben hoher Produktivität immerhin 23 % sind. Gleichermaßen stark ist der Zusammenhang auch bei der Kontrolle des Materialeinsatzes mittels Kennzahlen bzw. bei der Anwendung von Normen im Betriebsprozeß: Während nur

14 % der Betriebe niedriger Produktivität ihren Materialeinsatz mit Hilfe von Kennzahlen überwachen, führen 32 % der hochproduktiven Betriebe diese Kontrolle durch. Ebenso verwenden nur 13 % der Betriebe niedriger Produktivität werkseigene oder überbetriebliche Normen, in der Gruppe der hochproduktiven Betriebe sind es immerhin 30 %.

Die Unterschiede in der Bedeutung all dieser Maßnahmen für die Produktivität der Betriebe und damit auch für ihren Beitrag zum gesamtwirtschaftlichen Wachstum sind jedoch relativ groß: Orientiert man sich an den Korrelationskoeffizienten, so erweist sich die Ausschußkontrolle ($r = 0{,}33$) und die Verwendung von Normen ($r = 0{,}30$) als bedeutender als die beiden anderen Indikatoren rationaler Betriebsführung im Bereich der Materialwirtschaft, bei denen nur ein r von 0,25 bzw. 0,26 erzielt wurde. Die Analyse der Varianz zeigt daher auch, daß durch die Ausschußkontrolle (11 %) und die Verwendung von Normen (9 %) mehr der Produktivitätsunterschiede erklärt werden als durch die Kontrolle des Materialeinsatzes bzw. die Verbrauchskontrolle bei den Roh-, Hilfs- und Betriebsstoffen, auf die nur jeweils 7 % der Unterschiede in der Produktivität der untersuchten Unternehmungen zurückzuführen sind.

d) *Im Bereich der maschinellen Ausstattung*

Zur Erzielung einer hohen Produktivität bedarf neben den Roh-, Hilfs- und Betriebsstoffen auch der zweite Elementarfaktor der betrieblichen Produktion[7], die Betriebsmittel, einer intensiven Kontrolle. Sie sollte in quantitativer und qualitativer Hinsicht vorgenommen werden. Das Ziel der quantitativen Kontrolle ist die Vermeidung von Leerkosten, sie umfaßt also eine Überwachung von Zeit und Intensität der Nutzung des Maschinenparks. Die qualitative Kontrolle ist auf eine Gegenüberstellung der Leistungsmöglichkeit einer Anlage und der ihr tatsächlich abverlangten Leistung ausgerichtet. Sie soll helfen, die Kosten zu minimieren, die durch eine qualitative Überdimensionierung im Hinblick auf räumliche, leistungs- und genauigkeitsmäßige Nutzung der Maschinen[8] entstehen. Neben diese Kontrolle der qualitativen Nutzung sollte nach den Empfehlungen der Betriebswirtschaftslehre als weiteres Instrument rationaler Betriebsführung eine ständige Überwachung der Leistungsbereitschaft des Maschinenparks treten[9]. Hierdurch können

---

[7] Vgl. *Gutenberg*, E.: Grundlagen der Betriebswirtschaftslehre, Bd. I, Die Produktion, S. 3.

[8] Vgl. RKW: Anleitungen für den Betriebsbegehungsdienst zur Wahrnehmung betriebstechnischer Schwerpunkte, Anleitung 2: Rationelle Betriebsmittelnutzung, S. 6 f.

[9] Vgl. *Hellwig*, A.: Kooperation und Produktivität, in: Z.f.B., Jg. 38, 1966, S. 207.

unnötige Stillstandskosten, wie sie aufgrund plötzlich anfallender Reparaturen entstehen, weitgehend vermieden und auch die in manchen Wirtschaftszweigen bis zu 10 % des Umsatzvolumens reichenden Instandhaltungskosten[10] gesenkt werden. Der Erhaltung einer ständigen Leistungsbereitschaft des Maschinenparks dienen regelmäßige Inspektionen, deren Durchführung auch schon in Klein- und Mittelbetrieben zweckmäßig an Hand von Maschinenkarten als organisatorischem Hilfsmittel überwacht werden kann.

Als weiteres wichtiges Kriterium für das Produktionsstreben im Bereich der maschinellen Ausstattung gilt das Alter des vorhandenen Maschinenparks. Im Zuge des ständigen technischen Fortschritts auf allen Sektoren gibt — so wird angenommen — nur eine neuzeitliche maschinelle Ausrüstung dem Unternehmen langfristig die Möglichkeit, den Markt kostengünstig mit Gütern zu versorgen. Das Alter des Maschinenparks kann daher als ein weiterer Indikator für das Streben der Unternehmung angesehen werden, durch Ausnutzung des technischen Fortschritts eine höhere Produktivität zu erzielen.

Diese Bedeutung des Alters des Maschinenparks für das wirtschaftliche Wachstum wird besonders durch die neueren Modelle der neoklassischen Wachstumstheorie immer wieder hervorgehoben, die im sogenannten „vintage approach" den technischen Fortschritt als selbständigen Produktionsfaktor aufgelöst haben, seine Wirkung vielmehr an den Einsatz der klassischen Produktionsfaktoren gebunden sehen, vor allem des Produktionsfaktors Kapital (embodied technical progress)[11].

Tabelle 8

Kontrolle der Nutzungszeit der Maschinen und Produktivität 1965a)

	Die Nutzungszeit wird ...			
	kontrolliert	nicht kontrolliert	Summe	Basis
niedrige Produktivität	19 %	81 %	100 %	42
mittlere Produktivität	34 %	66 %	100 %	125
hohe Produktivität	37 %	63 %	100 %	54

$r = 0{,}24$; $r^2 = 0{,}06$

a) Nur untersucht für mittelständische Industriebetriebe.

[10] Vgl. RKW: Anleitungen für den Betriebsbegehungsdienst zur Wahrnehmung betriebstechnischer Schwerpunkte, Anleitung 3: Rationelle Materialnutzung, S. 3.

[11] Vgl. *v. Weizsäcker*, C. Chr.: Zur ökonomischen Theorie des technischen Fortschritts, S. 95.

Tabelle 9

Vergleich von tatsächlicher und potentieller Maschinenleistung und Produktivität 1965a)

	Ein Vergleich wird ...			
	durchgeführt	nicht durchgeführt	Summe	Basis
niedrige Produktivität	**24 %**	**76 %**	**100 %**	**42**
mittlere Produktivität	**30 %**	**70 %**	**100 %**	**125**
hohe Produktivität	**39 %**	**61 %**	**100 %**	**54**
$r = 0{,}20$; $r^2 = 0{,}04$				

a) Nur untersucht für mittelständische Industriebetriebe.

Tabelle 10

Regelmäßige Inspektion des Maschinenparks und Produktivität 1965a)

	Eine regelmäßige Inspektion wird ...			
	durchgeführt	nicht durchgeführt	Summe	Basis
niedrige Produktivität	**39 %**	**61 %**	**100 %**	**42**
mittlere Produktivität	**41 %**	**59 %**	**100 %**	**125**
hohe Produktivität	**52 %**	**48 %**	**100 %**	**54**
$r = 0{,}17$; $r^2 = 0{,}03$				

a) Nur untersucht für mittelständische Industriebetriebe.

Tabelle 11

Verwendung von Maschinenkarten und Produktivität 1965 der mittelständischen Industriebetriebe

	Maschinenkarten werden ...			
	verwendet	nicht verwendet	Summe	Basis
niedrige Produktivität	**20 %**	**80 %**	**100 %**	**42**
mittlere Produktivität	**25 %**	**75 %**	**100 %**	**125**
hohe Produktivität	**33 %**	**67 %**	**100 %**	**54**
$r = 0{,}19$; $r^2 = 0{,}03$				

Tabelle 12

Alter des Maschinenparks und Produktivität 1965 der mittelständischen Industriebetriebe

	niedrige Produktivität	mittlere Produktivität	hohe Produktivität
Moderner Maschinenpark[a]	35 %	49 %	46 %
Älterer Maschinenpark[b]	40 %	43 %	48 %
Überalterter Maschinenpark[c]	25 %	8 %	6 %
Summe	100 %	100 %	100 %
Basis	42	125	54
$r = 0{,}24$; $r^2 = 0{,}06$			

a) Moderner Maschinenpark = Maschinen bis unter 5 Jahre.
b) Älterer Maschinenpark = Maschinen von 5 bis unter 15 Jahre.
c) Überalterter Maschinenpark = Maschinen von 15 Jahren und mehr.

Wie schon bei den bisher behandelten Kriterien rationaler Betriebsführung ist auch im Bereich der Kontrolle der Maschinennutzung ein enger Zusammenhang zwischen der Anwendung produktivitätsfördernder Maßnahmen und der von den Unternehmungen erzielten Produktivität als erste Komponente ihres Beitrages zum gesamtwirtschaftlichen Wachstum festzustellen. Während von den untersuchten Betrieben niedriger Produktivität nur 19 % die Nutzungszeit ihrer Maschinen kontrollieren, 24 % tatsächliche und potentielle Maschinenleistung gegenüberstellen, 39 % ihren Maschinenpark durch regelmäßige Inspektionen erhalten und 20 % hierzu Maschinenkarten benutzen, sind es unter den Betrieben mittlerer Produktivität jeweils 34 %, 30 %, 41 %, 25 % und in der Gruppe der hochproduktiven Unternehmungen 37 %, 39 %, 52 %, 33 %, die diese Kontrollen durchführen.

Der Zusammenhang zwischen diesen einzelnen Kontrollen und Maßnahmen und der von den Unternehmungen erzielten Produktivität ist jedoch nicht so stark wie in den bisher behandelten Bereichen, vor allem in der Materialwirtschaft; dies wird durch die geringen Korrelationskoeffizienten von $r = 0{,}17$ bis $r = 0{,}24$ deutlich. Ebenso schlägt sich die geringe Bedeutung solcher Maßnahmen für die Produktivität der Unternehmungen in dem niedrigen Anteil der erklärten Varianz nieder; nur 3—6 % der Unterschiede in der Produktivität der Unternehmungen können auf diese organisatorischen Maßnahmen zurückgeführt werden.

Erstaunlicherweise ist der Zusammenhang zwischen dem Alter des Maschinenparks und der von den Unternehmungen ausgewiesenen Produktivität nicht so stark wie der zwischen der Anwendung produktivitätsfördernder organisatorischer Maßnahmen und der Produktivität des Unternehmens. Es zeigen sich hier in erster Linie nur Unterschiede zwischen den niedrig produktiven Unternehmungen einerseits und Betrieben mit mittlerer und hoher Produktivität andererseits: Während 25 % der Betriebe mit niedriger Produktivität einen überalterten Maschinenpark aufweisen, sind es bei denen mit mittlerer und hoher Produktivität nur 8 % und 6 %. Der produktivitätssteigernde Effekt eines modernen Maschinenparks, der sogenannte „embodied technical progress", wirkt sich somit in erster Linie nur dahingehend aus, daß die Unternehmungen tendenziell von einer Stufe niedriger Produktivität in die mittlerer Produktivität gelangen, erst die zusätzliche Anwendung der organisatorischen Maßnahmen rationaler Betriebsführung ermöglicht dann meist den Sprung in die Stufe höherer Produktivität.

Diese relativ geringe Bedeutung des an den Einsatz des Produktionsfaktors Kapital gebundenen „technischen Fortschritts" wird auch durch den, gemessen an den anderen organisatorischen Maßnahmen, die losgelöst vom Einsatz des Produktionsfaktor Kapital wirken, niedrigeren Korrelationskoeffizienten von $r = 0{,}24$ deutlich, was gleichzeitig bedeutet, daß nur ein geringer Teil (6 %) der unterschiedlichen Produktivität der Unternehmungen durch Unterschiede im Alter des Kapitalstocks der Betriebe, also durch den „embodied technical progress", erklärt wird.

e) Im Bereich des Einsatzes der „elementaren Arbeit"

Ein weiterer Ansatzpunkt zur Erzielung einer hohen Produktivität durch rationale Betriebsführung wird in der Organisation des dritten Elementarfaktors der betrieblichen Produktion[12] gesehen, der ausführenden Arbeit. Grundlagen hierzu bieten Arbeitszeit- und Arbeitsablaufstudien, die es ermöglichen sollen, Arbeitsleistung und Produktionserfordernisse optimal aufeinander abzustimmen. Selbstverständlich kommt diesen beiden Instrumenten einer rationalen Betriebsführung in verschiedenen Betriebsgrößenklassen auch eine unterschiedliche Bedeutung zu: Kleinstbetriebe mit nur wenigen Arbeitskräften werden in der Regel seltener Arbeitszeit- und Arbeitsablaufstudien durchführen als größere mittelständische Unternehmen, da bei ihnen der Betriebsleiter vielfach noch selbst im Sektor der eigentlichen Produktion tätig und damit in der Lage ist, aus eigener Anschauung heraus und durch eigenes Eingreifen eine optimale Nutzung der Arbeitskraft zu erzielen. Größere Betriebe, auch des mittelständischen Bereichs, sind dagegen in stärkerem Maße auf eine organisatorische Institutionalisierung dieser Instrumente angewiesen.

---

[12] Vgl. *Gutenberg,* E.: Grundlagen der Betriebswirtschaftslehre, Bd. I, Die Produktion, S. 3.

Tabelle 13

Arbeitszeitstudien und Produktivität 1965[a)]

	Arbeitszeitstudien werden ...			
	durchgeführt	nicht durchgeführt	Summe	Basis
niedrige Produktivität	43 %	57 %	100 %	42
mittlere Produktivität	43 %	57 %	100 %	125
hohe Produktivität	44 %	56 %	100 %	54
$r = 0{,}04$; $r^2 = 0{,}0$				

a) Nur untersucht für mittelständische Industriebetriebe.

Tabelle 14

Arbeitsablaufstudien und Produktivität 1965[a)]

	Arbeitsablaufstudien werden ...			
	durchgeführt	nicht durchgeführt	Summe	Basis
niedrige Produktivität	38 %	62 %	100 %	42
mittlere Produktivität	38 %	62 %	100 %	125
hohe Produktivität	41 %	59 %	100 %	54
$r = 0{,}02$; $r^2 = 0{,}0$				

a) Nur untersucht für mittelständische Industriebetriebe.

Erstaunlicherweise besteht, ganz im Gegensatz zu den bisher behandelten Instrumenten einer rationalen Betriebsführung, zwischen der Durchführung von Arbeitsablauf- und Arbeitszeitstudien und der Produktivität der untersuchten Unternehmungen kein Zusammenhang. Betriebe mit hoher Produktivität analysieren in gleich großem Umfang Arbeitszeit (44 %) und Arbeitsablauf (41 %) wie Unternehmungen mit mittlerer (43 %, 38 %) und niedriger Produktivität (43 %, 48 %). Anscheinend hat gerade dieser traditionelle Sektor der betrieblichen Rationalisierungsarbeit — es sei hier auf die lange Geschichte des „Refa-Wesens" hingewiesen — wenigstens im mittelständischen Sektor nur eine untergeordnete Bedeutung für die tatsächlich von den Unternehmungen erzielte Produktivität. Dies wird auch durch die Korrelationskoeffizienten von $r = 0{,}04$ bzw. $0{,}02$ deutlich, die zeigen, daß kein Zusammenhang zwischen der Anwendung oder Nichtanwendung dieser Kontrollen und der von den Unternehmungen erzielten Produktivität besteht, so daß auch bei der Varianzanalyse 0 % der Unterschiede in der Produktivität der Unternehmungen durch die Existenz oder das Nichtvorhandensein dieser Maßnahmen erklärt werden. Arbeitszeit- und Arbeitsablaufstudien müssen daher in die Kategorie unternehmerischer Verhaltensweisen eingeordnet werden, die keine Bedeutung für den Beitrag besitzen, den die Unternehmungen dieser Betriebsgrößenklassen zum gesamtwirtschaftlichen Wachstum leisten.

f) Im Bereich der Sortimentspolitik

Rationale Betriebsführung erfordert nach den Vorstellungen der Betriebswirtschaftslehre neben den vielfältigen Maßnahmen zur Ökonomisierung der einzelnen Betriebsprozesse auch ein klares Konzept bei der Aufstellung des Produktionsprogrammes oder Sortiments; denn hierdurch können Art und Umfang der Investitionen, der Aufbau der Absatzorganisation wie auch letztlich das gesamte Kostenniveau des Betriebes weitgehend beeinflußt werden. Grundsätzlich stehen dem einzelnen Unternehmer bei der Festlegung der Sortimentspolitik zwei Wege offen:

1. durch eine starke Sortimentsbeschränkung, die mit größeren Möglichkeiten der Rationalisierung verbunden ist, den Abnehmern preisliche Vorteile bieten oder
2. durch ein breites Sortiment möglichst jeden Wunsch der Kunden zu befriedigen — gegebenenfalls sogar durch Sonderanfertigung bzw. Sonderbeschaffung.

Die Vorteile der Sortimentsbeschränkung werden in einer kostengünstigen Produktion mittels Spezialmaschinen und größerer Serienfertigung bei Industriebetrieben und in umfangreichen Beschaffungsrabatten für die Handelsunternehmen gesehen. Nachteilig wirken sich bei dieser Politik die starke Anfälligkeit gegenüber konjunkturellen und strukturellen Wandlungen wie auch eine oft festzustellende Bindung an einen oder wenige Großabnehmer aus[13]. Das Prinzip des breiten Sortiments, vor allem wenn es gezielt angewendet wird (Diversifikation)[14], vermeidet diese Nachteile der Sortimentsbeschränkung weitgehend und verschafft dem Betrieb mit seiner großen akquisitorischen Wirkung eine starke Stellung im Absatzbereich[15]; es ist aber dafür in Industriebetrieben durch die Produktion in kleinen und kleinsten Serien oder

---

[13] Vgl. *Aengenendt-Papesch*, R.: Die Funktionen der Klein- und Mittelbetriebe in der wettbewerblichen Marktwirtschaft, Abhandlungen zur Mittelstandsforschung Nr. 2, Köln und Opladen 1962, S. 55.

[14] Vgl. *Bartels*, G.: Diversifizierung, die gezielte Ausweitung des Leistungsprogramms der Unternehmung, Stuttgart 1966.

[15] Vgl. *Bayer*, H.: Das mittlere personengeprägte Unternehmen als Wirtschaftsstabilisator, Köln und Opladen 1963, S. 132.

Einzelfertigung meist mit höheren Kosten verbunden. In den kleinen und mittleren Handelsbetrieben bewirkt die Politik des breiten Sortiments vielfach eine Zersplitterung der Beschaffungswege, die ebenfalls zu Kostensteigerungen führt. Außerdem stellt eine konsequente Verfolgung dieser Politik in der Regel recht hohe Anforderungen an die finanzielle Leistungsfähigkeit des Unternehmens, das Kapital für ganz unterschiedliche Bereiche zur Verfügung stellen muß.

Welches Konzept rationaler Betriebsführung in der Sortimentspolitik ist nun für Klein- und Mittelbetriebe unter dem Aspekt eines maximalen Beitrages zum gesamtwirtschaftlichen Wachstum das effizientere?

Tabelle 15

Sortimentspolitik und Produktivität 1965

	niedrige Produktivität	mittlere Produktivität	hohe Produktivität
Sortimentsbeschränkung	21 %	25 %	31 %
Breites Sortiment	63 %	46 %	34 %
Beide Methoden	16 %	29 %	35 %
Summe	100 %	100 %	100 %
Basis	71	170	83

$r = 0{,}25$; $r^2 = 0{,}06$

Unter der Zielsetzung einer hohen Produktivität des Betriebsprozesses ist sowohl das Prinzip der strengen Sortimentsbeschränkung als auch das des gemäßigt breiten Sortiments vorteilhaft, denn es zeigt sich, daß Unternehmungen, die diese Politiken verfolgen, in größerem Umfange in der Gruppe der hochproduktiven Betriebe zu finden sind (31 %, 35 %) als unter den Unternehmungen mittlerer (25 %, 29 %) und niedriger Produktivität (21 %, 16 %), während der Anteil der Unternehmungen, die eine Politik des breiten Sortiments verfolgen, unter den Betrieben niedriger Produktivität (63 %) weitaus größer ist als bei den Unternehmungen mittlerer (46 %) und hoher Produktivität (34 %). Der Korrelationskoeffizient $r = 0{,}25$ ist hier ebenso hoch wie bei der Gegenüberstellung der von den Unternehmen tatsächlich erzielten Produktivität mit dem Alter des Maschinenparks. Daher werden auch durch die Unterschiede der Sortimentspolitik ebenso wie durch das Konzept des „embodied technical progress" 6 % der Unterschiede in der Produktivität der untersuchten Unternehmungen erklärt.

Als weiteres Kriterium für das Streben nach rationaler Betriebsführung in der Sortimentspolitik gilt die Durchführung einer Gewinnanalyse, d. h. der Berechnung des Beitrages, den einzelne Artikel oder auch Artikelgruppen zur Erzielung des Gesamtgewinnes leisten[16]. Hierin offenbart sich zunächst einmal die Rechenhaftigkeit des gesamten Absatzbereiches sowie die Leistungsfähigkeit des betrieblichen Rechnungswesens, zum anderen aber auch die Bereitschaft des Betriebes, Veränderungen in der Wertschätzung des Marktes den einzelnen Produkten gegenüber zu registrieren und hieraus Konsequenzen für die langfristige Sortimentspolitik zu ziehen.

Tabelle 16

Gewinnanalyse und Produktivität 1965

	Eine Gewinnanalyse wird ...			
	durchgeführt	nicht durchgeführt	Summe	Basis
niedrige Produktivität	56 %	44 %	100 %	71
mittlere Produktivität	74 %	26 %	100 %	170
hohe Produktivität	79 %	21 %	100 %	83

$r = 0{,}32$; $r^2 = 0{,}10$

Stellen wir das Ausmaß der Rechenhaftigkeit der Betriebsleitung im Absatzbereich der von den untersuchten Unternehmungen erzielten Produktivität gegenüber, so zeigt sich, daß die rechenhaften Betriebe in weit größerem Umfang in der Klasse der Unternehmungen zu finden sind, die eine hohe Produktivität aufweisen, als unter den weniger produktiven Betrieben: Während nur 56 % der Unternehmungen mit einer niedrigen Produktivität eine derartige Analyse durchführen, waren es immerhin 74 % bei den Betrieben mittlerer und 79 % bei den mit hoher Produktivität — ein Zusammenhang, der sich auch in dem wieder recht hohen Korrelationskoeffizienten von $r = 0{,}32$ niederschlägt. Diese große Bedeutung der Rechenhaftigkeit im Absatzbereich für die von den Unternehmungen tatsächlich erzielte Produktivität und damit auch für das Ausmaß ihres Beitrages zum gesamtwirtschaftlichen Wachstum bewirkt, daß 10 % der Unterschiede in der Produktivität der untersuchten Unternehmen darauf zurückgeführt werden können, ob die Unternehmensleitung eine genaue Analyse des Absatzbereiches durchführt oder nicht.

---

[16] Vgl. *Wöhe*, G.: Einführung in die Allgemeine Betriebswirtschaftslehre, S. 693 f.

g) *Im Bereich der betrieblichen Planung*

Das Planungswesen dient der rationalen Durchdringung der zukünftigen Entwicklung des Betriebes[17]. Es soll der Unternehmung die Möglichkeit geben, unter Berücksichtigung der erwarteten Datenkonstellation sämtliche Betriebsbereiche auf eine optimale Erfüllung des gewählten Unternehmenszieles auszurichten und damit eine „Verminderung der Koordinationsmängel, eine Senkung der aus Fehlentscheidungen resultierenden Kosten, eine Erhöhung der Leistungsfähigkeit aller Unternehmensabteilungen wie auch eine Erhöhung der Erträge durch bessere Anpassung an die Marktbedürfnisse“[18] zu erzielen.

Mit der wachsenden Größe und Unübersichtlichkeit der Märkte, den ständig steigenden Ausreifungszeiten der betrieblichen Produktentwicklungen und den selbst in Kleinbetrieben immer umfangreicheren Investitionen wird es nach den Vorschriften der mikroökonomischen Entscheidungstheorie auch für die mittelständische Unternehmung immer mehr erforderlich, das Fingerspitzengefühl in der Lenkung des Betriebes durch eine systematische Planung zu ersetzen. Selbstverständlich muß bei der Bestimmung des Umfanges der Planung die Größe des Betriebes berücksichtigt werden, denn „sowohl eine Unterplanung als auch eine Überplanung vermindern den Planungseffekt“[19]. Es ist daher für kleinere Betriebe in der Regel nicht erforderlich, ein so detailliertes, alle Betriebsbereiche umfassendes Planungswesen einzurichten, wie es für den stärker gegliederten Großbetrieb empfehlenswert ist. Jedoch sollten unter dem Aspekt rationaler Betriebsführung in Hinblick auf eine hohe Produktivität des Betriebsprozesses mittlere und größere mittelständische Unternehmungen wenigstens eine langfristige Rahmenplanung besitzen[20], d. h. festgelegt haben, welche Investitionen oder einschneidenden organisatorischen Maßnahmen in den nächsten drei bis fünf Jahren in ihren Betrieben vorgenommen werden sollten. Darüber hinaus sollten sie im Interesse einer Kostenminimierung und eines reibungslosen Ablaufs des Betriebsprozesses im Bereich der kurzfristigen Planung über eine Finanzplanung, also die Gegenüberstellung ihrer zukünftigen Einnahme- und Ausgabeströme, verfügen[21].

---

[17] Vgl. *Gutenberg*, E.: Einführung in die Betriebswirtschaftslehre, Wiesbaden 1958, S. 47.

[18] *Hill*, W.: Unternehmungsplanung, Stuttgart 1966, S. 10.

[19] *Grochla*, E.: Artikel „Betriebliche Planung“, in: HdSW, Bd. 8, Göttingen 1964, S. 317.

[20] Vgl. *Hill*, W.: Unternehmungsplanung, S. 75.

[21] Vgl. *Bourlet*, C.: Le Financement des Entreprises Familiales, Lille 1960, S. 110.

Tabelle 17

Langfristige Planung und Produktivität 1965a)

	Langfristige Rahmenplanung wird ...			
	durchgeführt	nicht durchgeführt	Summe	Basis
niedrige Produktivität	65 %	35 %	100 %	35
mittlere Produktivität	65 %	35 %	100 %	109
hohe Produktivität	67 %	33 %	100 %	57
$r = 0{,}03$; $r^2 = 0{,}0$				

a) Nur untersucht für mittlere und große mittelständische Betriebe.

Tabelle 18

Finanzplanung und Produktivität 1965a)

	Finanzplanung wird ...			
	durchgeführt	nicht durchgeführt	Summe	Basis
niedrige Produktivität	63 %	37 %	100 %	34
mittlere Produktivität	65 %	35 %	100 %	112
hohe Produktivität	69 %	31 %	100 %	62
$r = 0{,}09$; $r^2 = 0{,}01$				

a) Nur untersucht für mittlere und große mittelständische Betriebe.

Stellt man im Bereich des Planungswesens das Streben nach rationaler Betriebsführung der von den untersuchten Unternehmungen erzielten Produktivität gegenüber, so ist zu erkennen, daß sich hoch- wie niedrigproduktive Unternehmungen in der Aufstellung einer langfristigen Rahmenplanung kaum unterscheiden. 67 % der hochproduktiven Unternehmungen, 65 % der Betriebe mit mittlerer und gleichfalls 65 % der mit niedriger Produktivität geben an, in ihrem Planungswesen betriebliche Investitionen und Maßnahmen der kommenden drei Jahre erfaßt zu haben.

Diese geringe Bedeutung einer langfristigen Rahmenplanung für die Produktivität der Betriebe dieser Größenklassen und damit für ihren Beitrag zum gesamtwirtschaftlichen Wachstum wird auch durch den geringen Korrelationskoeffizienten von $r = 0{,}03$ deutlich. Ebenso zeigt die Analyse der Varianz anhand des quadrierten Korrelationskoeffizienten, daß Unterschiede in der Produktivität der Unternehmungen durch das Vorhandensein oder Nichtvorhandensein einer langfristigen Rahmenplanung in keiner Weise erklärt werden, denn es ergibt sich hier ein r^2 von 0,0.

Wie das langfristige Planungswesen übt auch die Finanzplanung als Instrument rationaler Betriebsführung im Bereich der kurzfristigen Steuerung der Betriebsprozesse keinen erkennbaren Einfluß auf das wachstumsrelevante Ergebnis der mittelständischen Unternehmungen aus. Während 69 % der hochproduktiven Betriebe über einen Finanzplan verfügen, sind es auch bei den Unternehmungen mit mittlerer und niedriger Produktivität immerhin noch 65 % und 63 %.

Zwar ist der Korrelationskoeffizient $r = 0{,}09$ hier ein wenig höher als im Bereich des langfristigen Planungswesens, aussagekräftiger wird er durch diese geringen Unterscheide jedoch nicht — ein Ergebnis, das auch dadurch deutlich wird, daß nur 1 % der Unterschiede in der Produktivität der untersuchten Unternehmungen auf das Vorhandensein einer ausgebauten Finanzplanung zurückgeführt werden kann.

h) Im Bereich der Organisation

Neben der Planung ist die Organisation das zweite Führungsinstrument, das der Unternehmensleitung für die Bewältigung ihrer Aufgaben zur Verfügung steht[22]. Durch sie soll „die gesamte Arbeit im Betrieb in sinnvolle Ordnung und Gliederung gebracht“[23] werden. Eine der zentralen Aufgaben der Organisation ist die allgemein verbindliche Festlegung der Kompetenzen, d. h. der Aufgaben- und Verantwortungsbereiche der einzelnen Mitarbeiter im Betrieb. Ihren schriftlichen Niederschlag findet diese Abgrenzung der Kompetenzbereiche im Organisationsplan, der als vorzügliches Instrument der Unternehmensführung einen reibungslosen Arbeitsablauf zwischen den einzelnen Instanzen der Betriebshierarchie ermöglichen soll. Ein gut ausgebauter Organisationsplan könnte damit auch ein bedeutendes Mittel zur Erzielung einer hohen Produktivität sein, denn „kaum etwas schadet der Produktivität mehr als eine unklare Aufgabenstellung, Überschneidung der Funktionen und sinnlose Doppelarbeit“[24].

Selbstverständlich ergibt sich die Notwendigkeit eines detaillierten Organisationsplanes erst von einer bestimmten Betriebsgröße an. Seine wirkliche Effizienz wird sich daher vor allem in den stark gegliederten Großbetrieben zeigen, in denen eine Koordination der betrieblichen Auf-

---

[22] Vgl. *Gutenberg*, E.: Einführung in die Betriebswirtschaftslehre, S. 45.

[23] *Seyffert*, R.: Wirtschaftslehre des Handels, Köln und Opladen 1961, S. 477.

[24] *Simpfendörfer*, J. M.: Methoden der Personal- und Ausbildungspolitik, in: Deutsches Institut für Betriebswirtschaft (ed.), Führungskräfte heute und morgen, Düsseldorf—Wien 1966, S. 149.

gaben ohne solche generellen Regelungen nicht mehr möglich ist. Aber schon der mittlere und größere mittelständische Betrieb sollte nach den Vorstellungen der Betriebswirtschaftslehre zur Erzielung einer hohen Produktivität über einen wenigstens grob gegliederten Organisationsplan verfügen, damit vermieden wird, daß Aufgaben mehrfach oder gar nicht erfüllt werden, weil die Kompetenzen hierfür nicht geklärt sind[25].

Tabelle 19

Organisationsplan und Produktivität 1965[a)]

	Ein Organisationsplan wird ...			
	aufgestellt	nicht aufgestellt	Summe	Basis
niedrige Produktivität	60 %	40 %	100 %	34
mittlere Produktivität	77 %	23 %	100 %	115
hohe Produktivität	80 %	20 %	100 %	61
$r = 0{,}25$; $r^2 = 0{,}06$				

a) Nur untersucht für mittlere und große mittelständische Betriebe.

Wie groß die Bedeutung einer klaren Abgrenzung von Aufgaben- und Verantwortungsbereichen für einen reibungslosen Betriebsablauf und damit für eine kostenoptimale Leistungserstellung ist, läßt die Gegenüberstellung der Verbreitung eines Organisationsplanes mit der von den untersuchten Unternehmen erzielten Produktivität erkennen. Unternehmungen mit hoher (80 %) und mittlerer (77 %) Produktivität verfügen in weitaus größerem Umfang über einen Organisationsplan als Betriebe, die nur eine niedrige Produktivität aufweisen können (60 %). Im Gegensatz zum Planungswesen ist also in diesem Bereich der Leitungs- und Verwaltungsprozesse ein engerer Zusammenhang zwischen der Anwendung eines Instrumentes rationaler Betriebsführung, wie es die Betriebswirtschaftslehre empfiehlt, und dem wachstumspolitisch relevanten Ergebnis der Unternehmungen festzustellen.

Diese gemessen am Planungswesen höhere Bedeutung eines Organisationsplanes für die Produktivität der Unternehmungen bewirkt auch, daß er den gleichen Anteil, nämlich 6 % der Unterschiede in der Produktivität der Unternehmungen erklärt wie der von der neoklassischen Wachstumsforschung hervorgehobene „embodied technical progress".

[25] Vgl. *Sieber*, E. H.: Führungsprobleme mittlerer Betriebe, in: *Linhardt*, H. (ed.): Betriebsgrößen und Unternehmenskonzentration (Nürnberger Abhandlungen zu den Wirtschafts- und Sozialwissenschaften, Heft 10), Berlin 1959, S. 79.

i) *Im Bereich des Investitionsverhaltens*

Ein weiterer Ansatzpunkt zur Erreichung einer hohen Produktivität durch rationale Betriebsführung im Bereich der Leitungs- und Verwaltungsprozesse wird in den Investitionsentscheidungen der Unternehmensleitung gesehen; bei der oft langen Nutzungsdauer vieler Güter des Anlagevermögens und mit der — auch im mittelständischen Bereich — steigenden Kapitalintensität der modernen Unternehmung „gewinnt die rationale Kapitalverwendung und damit auch eine diese vorbereitende Untersuchung ständig an Bedeutung“[26].

Die Investitionsrechnung hat zum Ziel, die Unternehmensleitung soweit wie möglich vor einer Fehlinvestition zu schützen, d. h. den Kauf oder die Erstellung einer Anlage oder eines Betriebsteiles zu verhindern, die die erwartete Verzinsung des investierten Kapitals wahrscheinlich nicht erwirtschaften wird. Darüber hinaus soll sie eine rationale Entscheidung darüber ermöglichen, welche von den verschiedenen zur Wahl stehenden technischen Anlagen oder Produktionsverfahren als die vorteilhafteste anzusehen ist[27]. Eine an der höchsten Leistungsfähigkeit ihres Betriebes interessierte Unternehmensleitung wird daher vor Durchführung der Investition die erwarteten Aufwendungen und Erträge bzw. Leistungen und Kosten gegenüberstellen, während Unternehmer, die weniger auf eine hohe Produktivität des Betriebsprozesses sehen, eine derartige Rechnung in der Regel nicht vornehmen. Es wird daher als ein weiterer wichtiger Indikator für das Streben nach hoher Produktivität angesehen, ob die Unternehmensleitung sich in ihrem Investitionsverhalten nach streng rationalen Kriterien ausrichtet oder ob hierbei mehr irrationale Momente den Ausschlag geben.

Tabelle 20

Investitionsrechnung und Produktivität 1965

	Eine Investitionsrechnung wird ... aufgestellt	nicht aufgestellt	manchmal aufgestellt	Summe	Basis
niedrige Produktivität	74 %	22 %	4 %	100 %	71
mittlere Produktivität	64 %	26 %	10 %	100 %	170
hohe Produktivität	70 %	19 %	11 %	100 %	83

$r = 0{,}02$; $r^2 = 0{,}0$

[26] *Schwarz*, H.: Optimale Investitionsentscheidungen, München 1967, S. 9.

[27] Vgl. *Wöhe*, G.: Einführung in die Allgemeine Betriebswirtschaftslehre, S. 365.

Im Gegensatz zu anderen Kriterien rationaler Betriebsführung ist jedoch ein eindeutiger Zusammenhang zwischen der Durchführung einer Investitionsrechnung oder der alleinigen Ausrichtung der Investitionsentscheidung an weniger rationalen Kriterien und der von den untersuchten Unternehmungen erzielten Produktivität nicht festzustellen. Eine Investitionsrechnung wird in erster Linie von Betrieben niedriger (74 %) und hoher Produktivität (70 %) aufgestellt, während von den Unternehmungen, die eine mittlere Produktivität aufweisen, nur 64 % zukünftige Aufwendungen und Erträge bei ihren Investitionsentscheidungen gegenüberstellen. Falls nicht von den Unternehmensleitungen der niedrigproduktiven Betriebe mehr als von den anderen Unternehmungen auch vage Überlegungen über die Rentabilität einer Investition als exakte Investitionsrechnung ausgegeben wurden, ergibt sich der Schluß, daß eine strenge Rationalität im Investitionsverhalten wenigstens im mittelständischen Bereich nicht wesentlich zur Erreichung einer hohen Produktivität beiträgt.

Dieses Ergebnis wird auch dadurch deutlich, daß der Korrelationskoeffizient hier nicht sehr von Null verschieden ist ($r = 0{,}02$) und damit die Durchführung von Investitionsrechnungen, ein Bereich des Unternehmerverhaltens, der bislang als recht bedeutsam für das gesamtwirtschaftliche Wachstum angesehen wurde, die Unterschiede in der Produktivität der Unternehmungen in keiner Weise erklärt ($r^2 = 0{,}0$).

k) Im Bereich der Verwaltung

Als weiteres Kriterium rationaler Betriebsführung im Bereich der Leitungs- und Verwaltungsprozesse gilt die Ausstattung der Verwaltung mit maschinellen und organisatorischen Hilfsmitteln. Art und Umfang dieser Ausstattung lassen erkennen, inwieweit die Unternehmensleitung bestrebt ist, auch hier die Produktivität zu erhöhen, d. h. die Leistungen des Verwaltungsbereiches kostengünstiger zu erstellen und gleichzeitig die Unterlagen für die Leitung des Betriebes schneller als bei manueller Verarbeitung bereitzustellen. Obwohl zwar oft erwähnt wird, daß es sich bei der Ausstattung der Verwaltung mit technischen und organisatorischen Hilfsmitteln, gemessen an den übrigen Kriterien, mehr um ein Randgebiet betrieblichen Produktivitätsstrebens handelt[28], zumal Art und Umfang der Ausstattung sehr stark von Branche und Betriebsgröße bestimmt sind, soll hier jedoch überprüft werden, welche Bedeutung dem Umfang der Ausstattung der Verwaltung mit technischen und organisatorischen Hilfsmitteln für die Produktivität der Betriebe beigemessen werden muß.

---

[28] Vgl. *Intermarket*: Die Situation mittelständiger Unternehmen im Lande Nordrhein-Westfalen, Düsseldorf 1964, S. 177.

Der stärkste Zusammenhang zwischen der Gesamtzahl der im Unternehmen vorhandenen organisatorischen und technischen Hilfsmittel[29] zeigt sich bei den Kleinstbetrieben des Handels und der Industrie. In beiden Betriebsgrößenklassen verfügen die Betriebe niedriger Produktivität überwiegend über keine oder nur wenige der erhobenen Einrichtungsgegenstände, während die Unternehmungen hoher oder mittlerer Produktivität eine größere Anzahl solcher technischen und organisatorischen Hilfsmittel besitzen. Der starke Zusammenhang zwischen der Ausstattung der Verwaltung und der Produktivität in diesen Betriebsgrößenklassen wird durch den hohen Korrelationskoeffizienten besonders deutlich, der in der Betriebsgrößenklasse IV (Handelsbetriebe mit 1—5 Beschäftigten) $r = 0{,}6$ und bei Kleinstbetrieben der Industrie mit bis zu 10 Beschäftigten (Betriebsgrößenklasse I) $r = 0{,}42$ beträgt.

Tabelle 21

Maschinelle Ausstattung der Verwaltung und Produktivität 1965 in den einzelnen Betriebsgrößenklassen

Betriebsgrößenklasse I
(Industriebetriebe mit 1—10 Beschäftigten)

	niedrige Produktivität	mittlere Produktivität	hohe Produktivität
Zahl der vorhandenen Einrichtungsgegenstände			
0	23 %	0 %	0 %
1	5 %	7 %	4 %
2	30 %	38 %	8 %
3	30 %	30 %	48 %
4	3 %	18 %	27 %
5	0 %	7 %	14 %
6	0 %	0 %	0 %
7	9 %	0 %	0 %
Summe	100 %	100 %	100 %
Basis	16	25	11

$r = 0{,}42;\ r^2 = 0{,}18$

[29] Die in den einzelnen Betriebsgrößenklassen jeweils erhobenen organisatorischen und technischen Hilfsmittel sind beschrieben bei *Dierkes*, M.: Der Beitrag des französischen Mittelstandes zum wirtschaftlichen Wachstum, S. 178.

Betriebsgrößenklasse II (Industriebetriebe mit 11—50 Beschäftigten)

	Zahl der vorhandenen Einrichtungsgegenstände												Summe	Basis
	0	1	2	3	4	5	6	7	8	9	10	11		
niedrige Produktivität	0 %	0 %	15 %	26 %	23 %	18 %	18 %	0 %	0 %	0 %	0 %	0 %	100 %	13
mittlere Produktivität	2 %	3 %	5 %	23 %	20 %	19 %	15 %	6 %	2 %	4 %	1 %	0 %	100 %	63
hohe Produktivität	6 %	0 %	0 %	10 %	18 %	22 %	10 %	9 %	6 %	6 %	6 %	7 %	100 %	20

$r = 0{,}3;\ r^2 = 0{,}09$

Betriebsgrößenklasse III (Industriebetriebe mit 51—200 Beschäftigten)

	Zahl der vorhandenen Einrichtungsgegenstände																Summe	Basis
		1	2	3	4	5	6	7	8	9	10	11	12	13	14	15		
niedrige Produktivität	0 %	0 %	0 %	11 %	21 %	0 %	0 %	0 %	14 %	22 %	16 %	16 %	0 %	0 %	0 %	0 %	100 %	13
mittlere Produktivität	0 %	0 %	4 %	5 %	9 %	10 %	9 %	17 %	1[illegible]	15 %	5 %	11 %	0 %	0 %	0 %	2 %	100 %	37
hohe Produktivität	0 %	0 %	0 %	0 %	8 %	5 %	8 %	14 %	17 %	10 %	11 %	8 %	11 %	2 %	0 %	6 %	100 %	23

$r = 0{,}17;\ r^2 = 0{,}03$

Betriebsgrößenklasse IV (Handelsbetriebe mit 1—5 Beschäftigten)

	Zahl der vorhandenen Einrichtungsgegenstände								
	0	1	2	3	4	5	6	Summe	Basis
niedrige Produktivität	23 %	60 %	14 %	3 %	0 %	0 %	0 %	100 %	16
mittlere Produktivität	9 %	19 %	34 %	31 %	7 %	0 %	0 %	100 %	22
hohe Produktivität	23 %	0 %	13 %	58 %	0 %	0 %	6 %	100 %	8

$r = 0{,}6 \quad r^2 = 0{,}36$

Betriebsgrößenklasse V (Handelsbetriebe mit 6—200 Beschäftigten)

	Zahl der vorhandenen Einrichtungsgegenstände																Summe	Basis
	0	1	2	3	4	5	6	7	8	9	10	11	12	13	14	15		
niedrige Produktivität	0 %	11 %	30 %	17 %	0 %	10 %	20 %	0 %	6 %	0 %	0 %	0 %	0 %	0 %	0 %	6 %	100 %	13
mittlere Produktivität	0 %	0 %	20 %	31 %	17 %	11 %	0 %	5 %	0 %	5 %	0 %	8 %	3 %	0 %	0 %	0 %	100 %	23
Produktivität hohe	0 %	0 %	0 %	9 %	29 %	22 %	3 %	4 %	23 %	4 %	0 %	0 %	6 %	0 %	0 %	0 %	100 %	21

$r = 0{,}37 \quad r^2 = 0{,}14$

Mit steigender Betriebsgröße geht die Bedeutung der Ausstattung der Verwaltung für die Produktivität der Unternehmungen zurück, so daß auch weniger produktive Unternehmungen in größerem Umfang über die erhobenen Einrichtungsgegenstände verfügen. Diese geringe Bedeutung der Verwaltungsausstattung für die Produktivität der Unternehmungen in den größeren Betriebsgrößenklassen wird durch den sinkenden Korrelationskoeffizienten deutlich: Während er bei den kleinsten Industriebetrieben noch 0,42 betrug, sind es bei den mittleren Unternehmungen (Betriebsgrößenklasse II: Industriebetriebe mit 11—50 Beschäftigten) $r = 0{,}3$ und in der Klasse der großen mittelständischen Industriebetriebe (Betriebsgrößenklasse III: Industriebetriebe mit 51—200 Beschäftigten) nur noch $r = 0{,}17$. Ähnliche Relationen zeigen sich auch in den untersuchten Handelsbetrieben. Hier wird der Zusammenhang zwischen der Zahl der in der Verwaltung vorhandenen Einrichtungsgegenstände und der von den Unternehmungen tatsächlich erzielten Produktivität in der Betriebsgrößenklasse V (Handelsbetriebe mit 6—200 Beschäftigten) durch einen Korrelationskoeffizienten von $r = 0{,}37$ repräsentiert, während er in Kleinstbetrieben des Handels — wie bereits erwähnt — $r = 0{,}6$ war.

Die unterschiedliche Bedeutung der Ausstattung der Verwaltung mit organisatorischen und technischen Hilfsmitteln wird auch in der Varianzanalyse deutlich: Während noch 36 % der Variabilität in der Produktivität bei den Kleinstbetrieben des Handels auf einen unterschiedlichen Grad der Ausstattung der Verwaltung mit maschinellen und organisatorischen Hilfsmitteln zurückgeführt werden können, sind es bei den größeren Betrieben des Handels nur noch 14 %. Ähnlich liegen die Verhältnisse in der Industrie: 18 % der Unterschiede in der Produktivität der Kleinstbetriebe der Industrie können durch Unterschiede in dem Umfang der Verwaltungseinrichtung dieser Betriebe erklärt werden, bei den mittleren und großen mittelständischen Betrieben der Industrie sind es dagegen nur noch 9 bzw. 3 %. Trotz dieser großen Unterschiede zwischen den Betriebsgrößenklassen sind jedoch sowohl die absolute Höhe des Korrelationskoeffizienten, als auch die hier erklärte Varianz so groß, daß festgehalten werden kann: Durch Unterschiede in der Ausstattung der Verwaltung mit organisatorischen und technischen Hilfsmitteln wird — vor allem bei den kleineren der untersuchten Betriebe — mehr der von den Unternehmungen tatsächlich erzielten Produktivität und damit auch ihres Beitrages zum wirtschaftlichen Wachstum erklärt als durch viele andere Einrichtungen, Kontrollen und Maßnahmen der Unternehmensleitung, die hier als Operationalisierung des Faktors „org_n" überprüft werden.

Geht man von dieser Globalbetrachtung ab und analysiert den Zusammenhang zwischen der von den Unternehmungen erzielten Produktivität und den einzelnen, hier erhobenen organisatorischen und technischen Hilfsmitteln der Verwaltung, so ergeben sich Gruppen von Einrichtungsgegenständen, die weit mehr in hochproduktiven Unternehmungen als in solchen mit mittlerer oder niedriger Produktivität zur Anwendung kommen, während andere sich gleichmäßig über die einzelnen Klassen unterschiedlicher Produktivität verteilen bzw. bei hoch- und niedrigproduktiven Unternehmungen in größerem Umfang vorhanden sind als bei Betrieben mittlerer Produktivität.

Annähernd gleichmäßig bei hoch-, mittel- und niedrigproduktiven Betrieben ist nur das Telefon verbreitet. Von hochproduktiven Unternehmungen werden dagegen in größerem Umfang als von Betrieben mittlerer und niedriger Produktivität Schreibmaschine, Rechenmaschine, Diktaphon, Rufanlage, Stempeluhr, Frankiermaschine, Umdruck-Vervielfältiger, Adressiermaschine, Lichtpausgerät eingesetzt. Eine erstaunliche Tendenz zeigt sich bei Buchungsautomat und Fakturiermaschine. Hier sind es die Unternehmen mit hoher Produktivität und diejenigen mit niedriger Produktivität, die in größerem Umfang über diese Einrichtungsgegenstände verfügen. Während zu vermuten ist, daß die hochproduktiven Unternehmen mit Hilfe dieser Einrichtungsgegenstände und vieler anderer Ansatzpunkte rationaler Betriebsführung ihr gutes Betriebsergebnis erzielt haben, handelt es sich bei den Unternehmen mit geringer Produktivität wahrscheinlich um typische Fälle überorganisierter Betriebe[30].

Eine Ausnahmestellung im Hinblick auf die tatsächliche Höhe der Produktivität nimmt die Lochkartenanlage ein, die bei Unternehmen niedriger Produktivität in weitaus größerem Umfange verbreitet ist als bei Betrieben hoher Produktivität[31]. Auch hier scheint es sich um den Fall der überorganisierten Unternehmung zu handeln, bei dem mittelständische Unternehmen sich eines organisatorischen Hilfsmittels bedienen, das seinen wirklichen Rationalisierungseffekt vermutlich erst nach einer weiteren Vergrößerung des Betriebes zeigen wird.

l) Im Bereich des Personal- und Sozialwesens

Neben dem Streben nach rationaler Betriebsführung in den einzelnen Bereichen des Umsatzprozesses und der Verwaltung des Unternehmens gehört „auch derjenige Bereich, der auf die Steigerung der menschlichen Leistungsfähigkeit abzielt"[32] zum weiteren Begriff der Rationalisierung.

---

[30] Tab. 213—225 (Tabellenband). Diese und die übrigen mit „Tabellenband" gekennzeichneten Tabellen befinden sich in einem gesonderten Materialband im Archiv der Forschungsstelle für empirische Sozialökonomik (Prof. Dr. G. Schmölders), Köln.

[31] Tab. 226 (Tabellenband).

[32] Deutscher Industrie- und Handelstag, Schriftenreihe Heft 53, Stärkung der Mittelschichten ..., S. 47.

Daher soll jetzt die Bedeutung des Sozialwesens für die betriebliche Produktivität untersucht werden. Hierbei geht es weniger um die Fragen der optimalen Eingliederung der elementaren Arbeit in den Betriebsprozeß, wie sie schon bei der Betrachtung des Strebens nach rationaler Betriebsführung im Bereich der Produktion dargestellt wurde, sondern um die Instrumente, mit denen das Unternehmen qualitativ hochwertige Mitarbeiter heranzieht, diese Mitarbeiter weitgehend am Unternehmenserfolg interessiert und gleichzeitig ihre fachliche und betriebliche Eignung erhöht[33]. Zur Erreichung dieser Ziele werden u. a. die hier folgenden Maßnahmen[34] empfohlen: übertarifliche Bezahlung, Leistungszulagen zum Lohn, Prämien für Verbesserungsvorschläge, Beihilfen zur beruflichen Fortbildung wie auch der gesamte Bereich des betrieblichen Sozialwesens[35].

Tabelle 22

Maßnahmen zur Steigerung der Leistungsfähigkeit der Mitarbeiter und Produktivität 1965

	Das Unternehmen trifft ...			
	solche Maßnahmen	keine solche Maßnahmen	Summe	Basis
niedrige Produktivität	85 %	15 %	100 %	71
mittlere Produktivität	87 %	13 %	100 %	170
hohe Produktivität	96 %	4 %	100 %	83
$r = 0{,}34;\ r^2 = 0{,}12$				

Wie groß die Bedeutung aller dieser Maßnahmen zur Steigerung der Leistungsfähigkeit der Mitarbeiter für die Produktivität des Unternehmens ist, zeigt Tabelle 22: Während nämlich immerhin 15 % der Betriebe niedriger Produktivität über keinerlei Einrichtungen und Hilfen verfügen, die die Leistungsfähigkeit der Mitarbeiter steigern sollen, sind es bei den hochproduktiven Unternehmungen nur noch 4 %, die keine solchen Maßnahmen vorweisen. Stärker noch als diese Zahlen zeigt der Korrelationskoeffizient diesen Zusammenhang: Mit $r = 0{,}34$, liegt er mit an der Spitze der hier untersuchten produktivitätssteigernden unternehme-

[33] Vgl. Deutsches Institut für Betriebswirtschaft, Führungskräfte heute und morgen, S. 7.

[34] Die erhobenen Maßnahmen sind im einzelnen dargestellt bei *Dierkes*, M.: Der Beitrag des fränzösischen Mittelstandes zum wirtschaftlichen Wachstum, S. 183.

[35] Vgl. *Hellwig*, A.: Kooperation und Produktivität, S. 206 f.

rischen Verhaltensweisen — ein Tatbestand, der dazu führt, daß immerhin 12 % der Unterschiede in der Produktivität der Unternehmungen allein darauf zurückgeführt werden können, ob diese Betriebe derartige Maßnahmen zur Steigerung der Leistungsfähigkeit der Mitarbeiter vorweisen können oder nicht.

Selbstverständlich muß den einzelnen hier erhobenen Maßnahmen eine unterschiedliche Bedeutung für die Produktivität der Unternehmungen beigemessen werden. Löst man sich daher von der Globalbetrachtung und stellt die Instrumente rationaler Betriebsführung im Personal- und Sozialsektor einzeln der Produktivität der Unternehmungen gegenüber, so ist zu erkennen, daß tatsächlich zwischen solchen Maßnahmen in diesem Bereich unterschieden werden muß, die in engem Zusammenhang zur Produktivität der Betriebe stehen, und solchen, die nur einen geringen oder gar keinen Einfluß auf diese erste Komponente des Beitrages der Unternehmungen zur Erhöhung des gesamtwirtschaftlichen Angebotes besitzen.

Pensions- und Unterstützungskassen, Treueprämien, übertarifliche Bezahlung, Prämien für Verbesserungsvorschläge sind in den Betrieben aller Produktivitätsstufen in annähernd gleichem Umfang vorhanden. Umsatzprämien, sonstige finanzielle Leistungsanreize, Einsparungsprämien und sonstige freiwillige Sozialleistungen sind dagegen in größerem Ausmaß unter den hochproduktiven Unternehmungen zu finden als im Bereich der Betriebe mit mittlerer und niedriger Produktivität. Dagegen werden Akkordlohn und Beihilfen zur Berufsfortbildung von den mittelständischen Unternehmen mit geringer Produktivität in größerem Umfang gezahlt als von Unternehmen, die eine mittlere oder hohe Produktivität vorweisen können[36].

m) Im Bereich der Führung von Handelsbetrieben

Bei der Betrachtung der Indikatoren für ein produktivitätssteigerndes und damit wachstumsrelevantes Unternehmungshandeln wurden bislang die Fragen erörtert, die beide Wirtschaftszweiggruppen, Handel und Industrie, gemeinsam betrafen, ebenso wurden die speziellen Probleme der Industriebetriebe dargestellt. Zur Vervollständigung des Bildes sollen jetzt noch einige für das Produktivitätsstreben der mittelständischen Handelsbetriebe typische Bereiche analysiert werden.

Als eines der zentralen Kriterien rationaler Betriebsführung in Handelsbetrieben gilt die laufende Überwachung des Lagerumschlages von einzelnen Artikeln, Artikelgruppen wie auch des gesamten Sortiments[37]. Ziel dieser Rechnung ist es, Voraussetzungen dafür zu schaffen, daß

[36] Tab. 249 bis 259 (Tabellenband).
[37] Vgl. *Seyffert*, R.: Wirtschaftslehre des Handels, S. 359.

1. das Sortiment ständig den sich verändernden Wünschen der Kunden angepaßt werden kann — ein stärkeres Absinken der Lagerumschlagshäufigkeit deutet darauf hin, daß der jeweilige Artikel oder die Artikelgruppe nur noch selten gefragt wird — und
2. das gesamte Sortiment bei minimaler Lagerhöhe angeboten wird[38] und so der Lagerungsaufwand wie auch die oft sehr hohe Kapitalbindung im Warenlager verringert werden[39].

Beide Komponenten, ständige Anpassung des Sortiments an die Wünsche der Abnehmer und Minimierung von Lagerungsaufwand und Lagerkapitalkosten, sollen eine bessere Nutzung der betrieblichen Kapazität sowie einen optimalen Einsatz des Kapitals bewirken und können somit gegebenenfalls zu einer Erhöhung der Produktivität der Unternehmungen beitragen. In Handelsbetrieben, in denen die Erreichung einer hohen Leistung im Vordergrund der betrieblichen Zielsetzung steht, dürfte daher eine derartige Rechnung zu den zentralen Instrumenten der Betriebsführung gehören, während in Unternehmungen mit geringerem Produktivitätsstreben sortimentspolitische Entscheidungen statt auf einer exakten Kalkulation stärker auf der unternehmerischen Intuition, dem Fingerspitzengefühl der Unternehmensleiter, basieren dürften.

Wie groß die Bedeutung dieses Instrumentes rationaler Betriebsführung für die Produktivität der Handelsbetriebe und damit für ihren Beitrag zum gesamtwirtschaftlichen Wachstum tatsächlich ist, zeigt die Gegenüberstellung von Berechnung des Lagerumschlages versus Fingerspitzengefühl in der Sortimentspolitik mit der von den Unternehmungen erzielten Produktivität (Tabelle 23). 84 % der untersuchten Handelsbetriebe, die eine hohe Produktivität vorweisen können, berechnen den Lagerumschlag, während nur 16 % dieser Betriebe ihre Sortimentspolitik auf der Basis des Fingerspitzengefühls gestalten. In der Gruppe der Betriebe mittlerer Produktivität sind es dagegen nur 59 % der Unternehmungen, die diese Rechnung vornehmen, und 41 %, die sich auf unternehmerische Intuition verlassen. Unter den Betrieben niedriger Produktivität überwiegen schließlich eindeutig (58 %) die Betriebe mit einer intuitiv fundierten Sortimentspolitik; nur noch 42 % dieser Unternehmungen geben an, den Lagerumschlag als Fundament einer rationalen Sortimentspolitik zu berechnen.

Diese zentrale Stellung, die die Überwachung der Lagerumschlagshäufigkeit für die Produktivität der Handelsbetriebe hat, wird auch

---

[38] Vgl. *Seyffert*, R.: Handbuch des Einzelhandels, Stuttgart 1932, S. 440.

[39] Vgl. *Schreiterer*, G.: Ungenutzte Chancen des Klein- und Mittelbetriebes, in: Auch der Kleinbetrieb hat Zukunft, Schriftenreihe der Stiftung „im Grüne" Bd. 25, Düsseldorf—Wien 1962, S. 125.

Tabelle 23

Lagerumschlagskalkulation und Produktivität 1965

	Die Unternehmensleitung ...			
	berechnet den Lagerumschlag	kalkuliert nicht	Summe	Basis
niedrige Produktivität	42 %	58 %	100 %	23
mittlere Produktivität	59 %	41 %	100 %	44
hohe Produktivität	84 %	16 %	100 %	27
$r = 0{,}51$; $r^2 = 0{,}26$				

durch den hohen Korrelationskoeffizienten von $r = 0{,}51$ deutlich. Ebenso zeigt die Varianzanalyse, daß bei dem hier gegebenen r^2 von 0,26 immerhin 26 % der gesamten Unterschiede in der Produktivität der untersuchten Handelsbetriebe darauf zurückgeführt werden können, daß diese Unternehmungen eine Lagerumschlagskalkulation vornehmen oder ihr Sortiment rein intuitiv bestimmen.

Nicht nur die Ermittlung des Lagerumschlages als Grundlage einer rationalen Sortimentspolitik, sondern auch die verschiedenen Maßnahmen zur Absatzsteigerung werden als Mittel zur Erreichung einer hohen Produktivität der Handelsbetriebe angesehen, denn sie dienen nicht nur dazu, die Expansion der Betriebes zu fördern, sondern bewirken auch, daß die betriebliche Kapazität in möglichst großem Umfang und möglichst gleichmäßig genutzt wird, daß also mit den gegebenen Produktionsfaktoren ein Höchstmaß an betrieblicher Leistung erreicht werden kann. Aus der Fülle derartiger, die Produktivität des Handelsbetriebes fördernder absatzpolitischer Maßnahmen wurden als Indikatoren die Verbreitung von Sonderverkaufsaktionen in Form von Sonderverkaufswochen oder Sonderangeboten wie auch das Ausmaß der Werbung erhoben, die die einzelnen Unternehmungen über die Werbung ihrer Vorlieferanten hinaus treiben.

Wie wirken sich beide absatzfördernden Maßnahmen, Sonderverkaufsveranstaltungen und eigene Werbung des Handelsbetriebes, auf die Produktivität der Unternehmung aus?

Sonderverkaufsveranstaltungen (vgl. Tabelle 24) werden in größerem Umfange von hochproduktiven Unternehmungen (54 %) durchgeführt als von Betrieben niedriger (45 %) und mittlerer (41 %) Produktivität. Werbung (vgl. Tabelle 25) treiben dagegen Unternehmungen hoher und mittlerer Produktivität in gleichem Umfange (55 %), aber weitaus mehr als Betriebe niedriger Produktivität (40 %).

Tabelle 24

Sonderverkaufsveranstaltungen und Produktivität 1965

	niedrige Produktivität	mittlere Produktivität	hohe Produktivität
Das Unternehmen hat ...			
regelmäßig Sonderangebote	38 %	15 %	38 %
Sonderverkaufswoche	7 %	19 %	16 %
beides	—	7 %	—
keine Sonderverkaufs-veranstaltungen	55 %	59 %	46 %
Summe	100 %	100 %	100 %
Basis	29	45	29

$r = 0{,}11;\ r^2 = 0{,}01$

Tabelle 25

Werbung und Produktivität 1965 der mittelständischen Handelsbetriebe

	Das Unternehmen treibt ...			
	eine eigene Werbung	keine eigene Werbung	Summe	Basis
niedrige Produktivität	40 %	60 %	100 %	29
mittlere Produktivität	55 %	45 %	100 %	44
hohe Produktivität	55 %	45 %	100 %	27

$r = 0{,}20;\ r^2 = 0{,}04$

In beiden Fällen ist jedoch der Zusammenhang zwischen der als produktivitätswirksam vermuteten Maßnahme und der tatsächlichen Produktivität der Unternehmungen recht gering: Der Korrelationskoeffizient beträgt nur $r = 0{,}11$ (Sonderverkaufsveranstaltungen) bzw. $r = 0{,}20$ (Werbung). Von den Unterschieden in der Produktivität der Unternehmungen wird daher auch fast nichts (1 %) durch eine Durchführung von Sonderverkaufsveranstaltungen bzw. nur wenig durch eine eigene Werbung (4 %) erklärt.

Nicht nur in Industriebetrieben, sondern auch im Handel wird das Alter der Geschäftsausstattung als ein wesentlicher Indikator für das Streben der Unternehmensleitung nach hoher Produktivität der betrieblichen Leistungserstellung angesehen. Erst eine neuzeitliche Einrichtung soll nämlich den optimalen Arbeitsablauf bei der Erstellung der Handelsleistung gewährleisten und es darüber hinaus ermöglichen, Warengruppen anzubieten, die, wie z. B. im Bereich des Lebensmittelhandels die Tiefkühlkost, einer speziellen Behandlung bedürfen. Hinzu kommt die Hypothese, daß von der Art der Geschäftsausstattung im Handel eine relativ hohe akquisitorische Wirkung ausgeht, die erst bei einer neuzeitlichen Ausstattung zur vollen Entfaltung kommt.

Im Gegensatz zu den untersuchten Industriebetrieben, bei denen festgestellt werden konnte, daß durch einen neuzeitlichen Maschinenpark tendenziell nur der Sprung von der Gruppe der niedrig produktiven Unternehmungen in die Stufe mittlerer Produktivität erreicht werden kann und erst die Anwendung der organisatorischen Maßnahmen rationaler Betriebsführung letztlich auch eine hohe Produktivität des Betriebes ermöglicht, ist im Bereich des Handels (Tabelle 26) zu erkennen, daß sich Betriebe mittlerer und niedriger Produktivität im Altersaufbau ihrer Einrichtung nicht wesentlich unterscheiden. Sie weisen in annähernd gleichem Umfang eine moderne, ältere oder auch überalterte Einrichtung auf. Dagegen besitzen die hochproduktiven Unternehmungen jedoch weitgehend (53 %) eine neuzeitliche Ausstattung und nur äußerst selten (10 %) eine überalterte Geschäftseinrichtung. Es ist daher zu vermuten, daß im Handel stärker als bei den untersuchten Industriebetrieben eine neuzeitliche Einrichtung mit dazu beiträgt, eine höchste Produktivität der betrieblichen Leistungserstellung zu erreichen.

Tabelle 26

Alter der Geschäftsausstattung und Produktivität 1965 der mittelständischen Handelsbetriebe

	niedrige Produktivität	mittlere Produktivität	hohe Produktivität
Moderne Geschäftsausstattung[a)]	44 %	34 %	53 %
Ältere Geschäftsausstattung[b)]	24 %	32 %	37 %
Überalterte Geschäftsausstattung[c)]	32 %	34 %	10 %
Summe	100 %	100 %	100 %
Basis	29	44	27

a) Moderne Geschäftsausstattung = unter 5 Jahre alt.
b) Ältere Geschäftsausstattung = von 5 bis unter 15 Jahre alt.
c) Überalterte Geschäftsausstattung = von 15 Jahren und mehr.

n) Im Bereich der Inanspruchnahme externer Hilfen

Ein hohes Streben des einzelnen Klein- und Mittelbetriebes nach rationaler Betriebsführung allein reicht jedoch nicht aus, das Ziel „höchste Produktivität" und damit verknüpft einen maximalen Beitrag zum gesamtwirtschaftlichen Wachstum in vollem Umfang zu erreichen, denn es gibt Gebiete, auf denen diese Unternehmungen aus eigener Kraft nicht in der Lage sind, sämtliche Kostenvorteile bzw. eine breite Steigerung der betrieblichen Leistung zu erlangen. In solchen Bereichen müssen daher zu dem internen Streben nach rationaler Betriebsführung externe Hilfen treten, die den mittelständischen Betrieben zusätzliche Quellen der Rationalisierung erschließen[40]. Als derartige externe Hilfen zur Erreichung einer hohen Produktivität dienen Beratung und Kooperation der Betriebe. Die Beratung durch staatliche, verbandseigene oder private Institutionen hat zum Ziel, das „intellektuelle Defizit" der Klein- und Mittelbetriebe gegenüber den Großunternehmen weitgehend zu beseitigen, das durch zu geringe Spezialisierungsmöglichkeiten auf die einzelnen Betriebsbereiche und einseitige Begabungen oder Interessen des Unternehmensleiters hervorgerufen wird[41]. Durch die Kooperation sollen den Klein- und Mittelbetrieben dagegen solche Bereiche der Produktivitätssteigerung erschlossen werden, die sie aus Kostengründen, mangelnden organisatorischen Möglichkeiten oder aufgrund einer zu geringen finanziellen Leistungsfähigkeit als Einzelunternehmung nicht nutzen können; vor allem dienen viele Kooperationsformen dazu, die Stellung der Klein- und Mittelbetriebe im Markt zu verbessern und ihnen in Absatz oder Beschaffung ähnliche Vorteile zu verschaffen, wie sie den Großunternehmen automatisch aufgrund ihrer Betriebsgröße zukommen.

Tabelle 27

Bereitschaft zur Kooperation und Produktivität 1965

	Bereitschaft zur Kooperation			
	Ja	Nein	Summe	Basis
niedrige Produktivität	53 %	47 %	100 %	71
mittlere Produktivität	61 %	39 %	100 %	170
hohe Produktivität	73 %	27 %	100 %	83

$r = 0{,}25$; $r^2 = 0{,}06$

[40] Vgl. Fortbildungsinstitut für Unternehmensführung, Katholische Universität Leuwen, Bericht Woitrin und Stampa, Untersuchung über die Lage der industriellen Klein- und Mittelbetriebe in den EWG-Ländern, Leuwen 1964, S. 132. — Diese Untersuchung wird im folgenden nur noch als „Bericht Woitrin — Stampa" zitiert.

[41] Vgl. *Kalveram*, W.: Industriebetriebslehre, 7. Aufl., Wiesbaden 1960, S. 356.

Tabelle 28

Inanspruchnahme von Beratung und Produktivität 1965

	Inanspruchnahme von Beratung			
	Ja	Nein	Summe	Basis
niedrige Produktivität	74 %	26 %	100 %	71
mittlere Produktivität	89 %	11 %	100 %	170
hohe Produktivität	86 %	14 %	100 %	83

$r = 0{,}25$; $r^2 = 0{,}06$

Das Streben, durch externe Hilfe zusätzliche Quellen der Produktivitätssteigerung zu erschließen, ist unter hochproduktiven Betrieben weitaus größer als bei Unternehmungen, die nur eine niedrige Produktivität vorweisen können — ein Zusammenhang, der vor allem in der Bereitschaft zur Kooperation deutlich wird: Während nämlich unter den Betrieben niedriger Produktivität nur 53 % zu einer Zusammenarbeit mit anderen Unternehmungen bereit sind, wollen von den Betrieben mittlerer Produktivität immerhin 61 % und von den hochproduktiven Unternehmungen sogar 73 % zur Steigerung ihrer betrieblichen Leistung eine der vielfältigen Kooperationsformen eingehen. Die schon als Einzelbetrieb leistungsstärkeren Unternehmungen sind also in größerem Umfange bestrebt, durch weitere Anstrengungen im zwischenbetrieblichen Bereich ihre Produktivität und damit auch den Beitrag zum gesamtwirtschaftlichen Wachstum noch zu erhöhen, während die Unternehmungen, deren Beitrag zum gesamtwirtschaftlichen Wachstum aufgrund ihrer geringen Produktivität relativ niedrig ist, bedeutend seltener ein derartiges Interesse bekunden.

Auch der zweite Bereich externer Hilfen, die Beratung, wurde von den niedrigproduktiven Unternehmungen in geringerem Umfang (74 %) in Anspruch genommen als von Betrieben mittlerer (89 %) und hoher Produktivität (86 %). Die betriebswirtschaftliche wie auch technische Beratung scheint damit nicht unwesentlich zur Steigerung der betrieblichen Leistung der untersuchten Unternehmen beizutragen; die geringen Unterschiede und die leicht rückläufige Tendenz in der Heranziehung externer Beratungsinstitutionen zwischen den Betrieben mittlerer und hoher Produktivität lassen jedoch vermuten, daß die hochproduktiven Unternehmungen in größerem Umfang bestrebt und — das zeigt das Ergebnis — auch in der Lage waren, betriebliche Probleme intern zu lösen, während die Betriebe mittlerer Produktivität hierbei noch stärker auf externe Anregungen und Hilfen zurückgegriffen haben.

Der Zusammenhang zwischen diesen beiden Indikatoren eines wachstumsrelevanten unternehmerischen Verhaltens und der wachstumswirksamen Höhe der Produktivität des Betriebes ist jedoch keineswegs so eng, wie es sich aufgrund der vielfältigen Literatur zu den Fragen der Kooperation und Beratung kleiner und mittlerer Betriebe[42] eigentlich hätte ergeben müssen: Der Korrelationskoeffizient beträgt nur jeweils 0,25: Beide Verhaltensweisen sind also für die tatsächliche Produktivität der Unternehmungen keineswegs so wichtig wie viele andere betriebsinterne organisatorische Einrichtungen; sie entsprechen in ihrer Bedeutung etwa dem Altersaufbau des Maschinenparks, d. h. dem „embodied technical progress". Wie bei diesem werden auch hier durch jede dieser Verhaltensweisen nur je 6 % der Unterschiede in der Produktivität der untersuchten Unternehmungen erklärt.

2. Expansionsfördernde unternehmerische Verhaltensweisen

Nach dem Test der verschiedenen Hypothesen über ein wachstumsförderndes oder -hemmendes Unternehmerverhalten im Bereich der ersten Komponente des Beitrages der Unternehmungen zur wirtschaftlichen Entwicklung, der Steigerung der Produktivität, sollen jetzt diejenigen Verhaltenshypothesen überprüft werden, die im Bereich des einzelwirtschaftlichen Wachstums aufgestellt wurden. Dabei werden zunächst solche Einrichtungen, Maßnahmen und Verhaltensweisen betrachtet, die allein darauf gerichtet sind, im Rahmen bestehender Kapazitäten den Umsatz des Betriebes zu erhöhen, d. h. die als Indikatoren für ein Streben nach hohem Umsatzwachstum anzusehen sind. Da ein Umsatzwachstum langfristig jedoch nur möglich ist, wenn über die Förderung des Absatzes hinaus auch die Kapazität des Betriebes erhöht wird, sollen im Anschluß daran solche Maßnahmen und Bestrebungen untersucht werden, die auf eine Vergrößerung der betrieblichen Kapazitäten zielen.

Als Maß für die jeweils tatsächlich erzielte einzelwirtschaftliche Expansion wird — wie bereits dargelegt — diesen als wachstumswirksam vermuteten Maßnahmen, Einrichtungen und Verhaltensweisen die Entwicklung des preisbereinigten Umsatzes der Unternehmungen gegenübergestellt[43].

---

[42] Vgl. *Dierkes*, M.: Der Beitrag des französischen Mittelstandes zum wirtschaftlichen Wachstum, S. 204 ff.; und die dort angegebene Literatur.

[43] Die Unternehmungen wurden hierbei anhand der von ihnen für den Untersuchungszeitraum (1960 bis 1965) ausgewiesenen Umsatzentwicklung in folgende drei Klassen eingeteilt:
— Unternehmungen mit einer Umsatzentwicklung von —80 % bis +13 % in die Klasse: „rückläufige oder stagnierende Umsatzentwicklung"
— Unternehmungen mit einer Umsatzentwicklung von + 14 % bis + 70 % in die Klasse: „geringe Umsatzsteigerung"

a) *Im Bereich der Marktforschung und Produktentwicklung*

Eine gezielte Expansion des Unternehmens ist — nach den Hypothesen der mikroökonomischen Theorie — nur auf der Basis der genauen Kenntnis der Märkte möglich, auf denen die Mehrproduktion an bisherigen Erzeugnissen oder die neuentwickelten Produkte abgesetzt werden sollen. Eine diesen Erfordernissen angepaßte Markterkundung muß daher als eine wesentliche Grundlage für die rationale Expansionspolitik auch der Klein- und Mittelbetriebe angesehen werden[44].

Trotz vieler größenbedingter Nachteile auf dem Sektor der Marktforschung besteht auch für den Klein- und Mittelbetrieb eine Anzahl von Möglichkeiten, sich Kenntnisse über die ihn interessierenden Märkte zu verschaffen; „in vielen Fällen genügen (als Basis für eine rationale Expansionspolitik) Informationen über die Markt- und Kundensituation, die die Unternehmen aus ihrer unmittelbaren eigenen Erfahrung, aus Erkundigungen bei ihren Vertretern oder Reisenden, aus der Fachpresse, Verbandsmitteilungen u. ä. erhalten"[45]. Ein ausgebautes betriebliches Berichtswesen, intensive Lektüre von Fachzeitschriften, Kontakte zu Industrie- und Handelskammern und Verbänden wie auch Besuche von Ausstellungen und Messen können daher auch diesen Unternehmungen ein gutes Bild der Marktsituation liefern. Hinzu kommt die Möglichkeit, im Bereich der Marktforschung mit anderen Unternehmen zusammenzuarbeiten und gemeinsam solche Analysen vornehmen zu lassen, die für den einzelnen Betrieb aus Kostengründen nicht durchführbar sind.

84 % der untersuchten Unternehmungen, die im Untersuchungszeitraum eine hohe Umsatzsteigerung erzielen konnten, informieren sich in einer der oben genannten Formen über das Marktgeschehen. Bei den Betrieben geringer Umsatzsteigerung sind es immerhin noch 59 %, die eine ihrer Betriebsgröße entsprechende Marktforschung durchführen, während nur 42 % der Unternehmungen, die stagnierende oder rückläufige Umsätze zu verzeichnen hatten, Informationen über das Marktgeschehen sammeln. Diese Unterschiede zeigen schon, wie groß die Bedeutung einer der Betriebsgröße angemessenen Marktforschung für die

— Unternehmungen mit einer Umsatzentwicklung von + 71 % bis + 300 % in die Klasse: „hohe Umsatzsteigerung".

Bei der Festlegung der Grenzen für die einzelnen Klassen wurde die Kaufkraftentwicklung berücksichtigt. Anhand des Großhandelspreisindex, der von 179,4 Punkte (1960) auf 198,1 Punkte (1964) stieg, wurde ein durchschnittlicher Kaufkraftverlust der französischen Währung von jährlich 2,6 % errechnet (vgl. INSEE, Annuaire Statistique de la France 1965, Paris 1966, S. 445). Ohne Berücksichtigung von Branchenunterschieden der Preisentwicklung wurde unterstellt, daß eine wertmäßige Umsatzsteigerung von 13 % im Untersuchungszeitraum einem gleichgebliebenen gütermäßigen Absatz entsprach.

[44] Vgl. *Gross*, H. und *Meier*, I.: Größe und Größenstruktur der Unternehmen, Köln 1964, S. 33.

[45] *Gutenberg*, E.: Einführung in die Betriebswirtschaftslehre, S. 80.

Tabelle 29

Durchführung einer der Betriebsgröße entsprechenden Marktforschung und tatsächliche Expansion (1960—1965)

	Die Unternehmensleitung ...			
	informiert sich über das Marktgeschehen	informiert sich nicht über das Marktgeschehen	Summe	Basis
stagnierende oder rückläufige Umsatzentwicklung	42 %	58 %	100 %	27
geringe Umsatzsteigerung	59 %	41 %	100 %	74
hohe Umsatzsteigerung	84 %	16 %	100 %	32

$r = 0{,}30$; $r^2 = 0{,}09$

Tabelle 30

Bereitschaft zu einer kooperativen Marktforschung und tatsächliche Expansion (1960—1965)

	Eine Bereitschaft der Unternehmensleitung zu einer gemeinsamen Marktforschung ...			
	besteht	besteht nicht	Summe	Basis
stagnierende oder rückläufige Umsatzentwicklung	28 %	72 %	100 %	27
geringe Umsatzsteigerung	39 %	61 %	100 %	74
hohe Umsatzsteigerung	56 %	44 %	100 %	32

$r = 0{,}20$; $r^2 = 0{,}04$

einzelwirtschaftliche Expansion auch der Klein- und Mittelbetriebe ist. Dieser enge Zusammenhang zwischen ausreichenden Informationen über das Marktgeschehen und der von den Unternehmungen erzielten Expansion wird auch durch den relativ hohen Korrelationskoeffizienten von $r = 0{,}3$ ebenso deutlich wie durch die Varianzanalyse, die zeigt, daß immerhin 9 % der Unterschiede in der Umsatzentwicklung der untersuchten Unternehmungen darauf zurückgeführt werden können, ob diese Betriebe sich über das Marktgeschehen in einer ihrer Größe entsprechenden Form orientieren oder nicht.

Geringer als dieser Zusammenhang zwischen der unternehmensinternen Marktforschung und dem einzelwirtschaftlichen Wachstum ist die

Bedeutung der Bereitschaft zu einer kooperativen Marktforschung für die Expansion von Klein- und Mittelbetrieben. Zwar ist festzustellen, daß diese Bereitschaft, mit anderen Betrieben zusammen interessierende Märkte zu erforschen, bei den untersuchten Betrieben, die eine hohe Umsatzsteigerung erzielen konnten, weitaus größer (56 %) ist als bei Betrieben mit geringer Umsatzsteigerung (39 %) oder stagnierenden bzw. rückläufigen Umsätzen (8 %), jedoch zeigt der Korrelationskoeffizient $r = 0{,}2$, daß dieser Zusammenhang keineswegs so stark ist wie der zwischen einer intern durchgeführten Marktforschung und der Expansion der Unternehmungen. Diese geringere Bedeutung der kooperativen Marktforschung wird dadurch deutlich, daß die Bereitschaft hierzu nur 4 % der Unterschiede in der Umsatzentwicklung der untersuchten Betriebe erklärt.

Neben der Kenntnis des Marktes wird eine systematische Produktentwicklung als eine wesentliche Grundlage für die weitere Expansion des Betriebes angesehen[46]. Sie soll es dem Unternehmen ermöglichen,

1. sich den Wandlungen des Bedarfs anzupassen und so einen Vorteil gegenüber den nicht an der Weiterentwicklung ihrer Erzeugnisse arbeitenden Betrieben zu erzielen;
2. neue Produkte auf den Markt zu bringen und hierdurch eine Ausweitung des Umsatzes zu erreichen;
3. Differenzierungsmöglichkeiten in der Produktgestaltung zu erkennen und damit der direkten Konkurrenz der Mitanbieter auf dem Markt auszuweichen[47].

Wie bei der Marktforschung sind jedoch die Möglichkeiten des Klein- und Mittelbetriebes auch auf dem Sektor der Produktentwicklung wesentlich beschränkter als die einer Großunternehmung[48]. Vor allem solche Arten der Produktentwicklung, die bis in den Sektor der Grundlagenforschung und der angewandten Grundlagenforschung reichen, liegen für sie kaum im Bereich des Möglichen[49]; denn sie erfordern einen Aufwand, der von diesen Unternehmen in der Regel nicht aufgebracht und getragen werden kann[50]. Dieser Nachteil gegenüber den Großunter-

---

[46] Vgl. *Bayer*, H.: Das mittlere personengeprägte Unternehmen . . ., S. 189: „Der Anteil der Forschungsarbeit heute bestimmt den Anteil am Markt und die Entwicklungsmöglichkeiten des Unternehmens morgen.“

[47] Vgl. *Bloch-Lainé*, F.: Une économie de l'inquiétude: l'entreprise toujours en question, in: Bloch-Lainé, F. et Perroux F. (ed.): L'entreprise et l'économie du XXe siècle, Paris 1966, S. 20.

[48] Vgl. *L'Entreprise*: La place, le rôle et l'avenir des petites et moyennes entreprises, Nr. 580 vom 20. 10. 1966.

[49] Vgl. *Bayer*, H.: Das mittlere personengeprägte Unternehmen . . ., S. 189.

[50] Vgl. *Passern*, W.: Die industrielle Kleinunternehmung in der Wirtschaftspolitik der Bundesrepublik, in: *Andreae*, C. A., *Seidenfus*, H. St., *Passern*, W., *Meier*, J. (ed.): Der industrielle Mittelstand in der Wettbewerbsordnung, S. 141.

nehmen kann jedoch zum Teil durch gemeinsame Forschungsanstrengungen der Klein- und Mittelbetriebe ausgeglichen werden[51].

Vielfach ist es für das mittelständische Unternehmen jedoch gar nicht erforderlich, eine systematische Produktentwicklung bis in den Bereich der Grundlagenforschung hinein zu betreiben. „Gerade die kleinen Neuerungen oder Verbesserungen, die sehr wertvoll“[52] für die weitere Expansion des Unernehmens sein können, lassen sich schon mit einem relativ geringen Aufwand erzielen. Hier wären daher auch den mittelständischen Unternehmen viele Möglichkeiten gegeben, durch eine systematische Produktentwicklung die Basis zur weiteren Expansion zu legen, falls die Produktentwicklung hierzu tatsächlich beitragen kann.

Bei unserer Untersuchung wurde nicht zwischen einer innerbetrieblich vorgenommenen und einer kooperativen Lösung unterschieden. Die Unternehmensleitungen wurden befragt, ob sie regelmäßig Geld für die Entwicklung neuer Produkte ausgeben ohne Rücksicht darauf, ob diese Ausgaben für eine innerbetriebliche oder kooperative Produktentwicklung verwendet wurden.

Tabelle 31

Produktentwicklung und tatsächliche Expansion (1960—1965)

	Regelmäßige Ausgaben für Produktentwicklung	Nicht regelmäßige oder keinerlei Ausgaben für Produktentwicklung	Summe	Basis
stagnierende oder rückläufige Umsatzentwicklung	38 %	62 %	100 %	27
geringe Umsatzsteigerung	33 %	67 %	100 %	74
hohe Umsatzsteigerung	47 %	53 %	100 %	32

$r = 0{,}14;\ r^2 = 0{,}02$

Stellt man den Ausgaben für Produktentwicklung die tatsächliche Expansion der untersuchten Unternehmungen gegenüber, so ist zu erkennen, daß Betriebe, die eine hohe Umsatzsteigerung verzeichnen kön-

[51] Vgl. *Meier*, J.: Small business und Industrieforschung, in: *Andreae*, C. A., *Seidenfus*, H. St., *Passern*, W., *Meier*, J. (ed.): Der industrielle Mittelstand in der Wettbewerbsordnung, S. 203.

[52] *Passern*, W.: Die industrielle Kleinunternehmung in der Wirtschaftspolitik der Bundesrepublik, S. 143.

nen, auch in größerem Umfang eine systematische Produktentwicklung treiben als Unternehmungen mit einer geringen Umsatzsteigerung oder stagnierenden bzw. rückläufigen Umsätzen. Jedoch ist der Zusammenhang zwischen der Durchführung einer systematischen Produktentwicklung und der tatsächlichen einzelwirtschaftlichen Expansion der Unternehmungen — wenigstens im Bereich der hier untersuchten Betriebsgrößenklassen — weitaus geringer, als es aufgrund der Bedeutung, die die mittelstandsbezogene betriebswirtschaftliche Literatur dieser Frage beimißt, zu erwarten gewesen wäre. Der Korrelationskoeffizient von $r = 0{,}14$ ist, auch wenn man berücksichtigt, daß es sich hier um eine isolierte und sehr langfristig angelegte Maßnahme zur Steigerung des Umsatzwachstums handelt, sehr gering; damit läßt sich aber die These, daß für das langfristige einzelwirtschaftliche Wachstum von Klein- und Mittelbetrieben und damit auch für ihren Beitrag zur gesamtwirtschaftlichen Entwicklung ein kontinuierlicher Aufwand für die Produktentwicklung notwendig ist, nur schwer aufrecht erhalten. Wie gering die Bedeutung dieses Faktors ist, wird darüber hinaus auch dadurch deutlich, daß nur 2 % der Unterschiede im tatsächlichen Umsatzwachstum durch die Aufwendungen für Forschung erklärt werden.

b) *Im Bereich des Umsatzwachstums*

Marktforschung und Produktentwicklung bilden — so lauten wenigstens die Hypothesen — die Grundlage für die langfristige Entwicklung des Unternehmens. Das Ausmaß der Expansion wird jedoch darüber hinaus noch von einer Fülle von weiteren Maßnahmen und Verhaltensweisen abhängen, die darauf ausgerichtet sind, den Umsatz des Betriebes zu erhöhen. Diese absatzfördernden Maßnahmen können einmal zum Ziel haben, die bisherigen Produkte des Unternehmens auf solchen Märkten abzusetzen, auf denen die Unternehmung bislang nicht vertreten war, oder zum weiteren, den bisher gegebenen Markt der Unternehmung mit neuen oder besseren Produkten zu versorgen und hierdurch eine Steigerung des Umsatzes zu erzielen. Das Streben nach Ausweitung des Absatzgebietes wie auch die Diversifikation können daher als weitere Indikatoren für ein wachstumsrelevantes Expansionsstreben der Unternehmungen angesehen werden.

aa) Umsatzwachstum durch Ausdehnung des Absatzgebietes

Aus der Fülle der möglichen und auch praktizierten Maßnahmen, die auf eine Ausweitung des Absatzgebietes zielen, wurde als Maßstab für das Streben der untersuchten Unternehmungen, ihr bisheriges Sortiment bzw. Produktionsprogramm auf neuen Märkten anzubieten und durch diese regionale Expansion ihren Umsatz zu steigern, die Exportorientierung der Unternehmen herausgegriffen[53]. Der Umfang dieser Exportorientierung wie auch der Grad der Exportsteigerung der Unternehmungen im Untersuchungszeitraum bieten uns ein erstes Maß für die Bestrebungen der Unternehmensleitungen, durch regionale Ausdehnung des Absatzmarktes ein einzelwirtschaftliches Wachstum des Betriebes herbeizuführen.

Tabelle 32

Exportorientierung und tatsächliche Expansion (1960—1965)

	Das Unternehmen ...			
	exportiert	exportiert nicht	Summe	Basis
stagnierende oder rückläufige Umsatzentwicklung	38 %	62 %	100 %	27
geringe Umsatzsteigerung	37 %	63 %	100 %	74
hohe Umsatzsteigerung	53 %	47 %	100 %	32

$r = 0{,}16$; $r^2 = 0{,}03$

Ein gewisser Zusammenhang zwischen der Exportorientierung der Unternehmen in den für den Export bedeutenden Wirtschaftszweigen[54] und ihrem tatsächlichen Umsatzwachstum ist durchaus zu erkennen: Während 53 % der untersuchten Unternehmungen, die eine hohe Umsatzsteigerung erzielen konnten, exportieren, sind es bei den Betrieben, die stagnierende oder rückläufige Umsätze zu verzeichnen hatten, nur 38 %. Wie bei der Durchführung von Produktentwicklung als Grundlage einer betrieblichen Expansion ist aber auch hier der Zusammenhang zwischen diesem Indikator eines vermutlich expansionsfördernden Unternehmungshandelns und dem tatsächlichen einzelwirtschaftlichen Wachstum geringer, als erwartet — ein Ergebnis, das in dem niedrigen Korrelationskoeffizienten von $r = 0{,}16$ zum Ausdruck kommt. Die Exportorientierung erklärt daher auch nur 3 % der Unterschiede in der tatsächlichen Umsatzentwicklung der untersuchten Unternehmungen, ist also für das einzelwirtschaftliche Wachstum wenigstens von Betrieben dieser Größenklassen und damit auch für das gesamtwirtschaftliche Wachstum keineswegs so bedeutend, wie es oft dargestellt wird.

[53] Zur Bedeutung der Exportorientierung für die Entwicklung der mittelständischen Unternehmungen vgl. *Bayer*, H.: Das mittlere personengeprägte Unternehmen ..., S. 142.

[54] Zur Abgrenzung der für den Export bedeutenden Branchen vgl. *Dierkes*, M.: Der Beitrag des französischen Mittelstandes zum wirtschaftlichen Wachstum, S. 251.

Stellt man die Exportentwicklung der Betriebe als zweiten Indikator eines expansiven Unternehmungshandelns im Bereich des Umsatzwachstums dem quantitativen Maßstab der Expansion, der tatsächlichen Umsatzentwicklung, gegenüber, so ergibt sich, daß sowohl die Unternehmungen mit einer großen Umsatzausweitung wie auch die Betriebe mit gleichbleibendem oder rückläufigem Umsatz in größerem Umfange eine Exportsteigerung angeben als die Betriebe mit einer mittleren Umsatzentwicklung (Tabelle 33). Es sieht so aus, als hätten die stark expandierenden Unternehmungen ihr hohes Umsatzwachstum neben der Steigerung ihres Inlandsabsatzes auch durch eine Vergrößerung ihres Exportes erreicht, während die Unternehmungen mit stagnierendem oder rückläufigem Umsatz durch die stärkere Exportorientierung größere Umsatzeinbußen auf dem Inlandsmarkt auffangen konnten. Zwar ist der Zusammenhang zwischen dem tatsächlichen Ergebnis der Aktivität des Unternehmens auf den Auslandsmärkten und dem einzelwirtschaftlichen Wachstum stärker als bei den bisher behandelten expansionsfördernden Verhaltensweisen — der höhere Korrelationskoeffizient von $r = 0{,}23$ deutet darauf hin — jedoch können auf die unterschiedlichen Exportbemühungen der Unternehmensleitung lediglich 5 % der Varianz in der Umsatzentwicklung der untersuchten Unernehmungen zurückgeführt werden.

Tabelle 33

Exportentwicklung seit 1962 und tatsächliche Expansion (1960—1965)

	Stagnierende oder rückläufige Umsatzentwicklung	Geringe Umsatzsteigerung	Hohe Umsatzsteigerung
Der Export ...			
ist stark gestiegen	44 %	14 %	34 %
ist ein wenig gestiegen	46 %	26 %	31 %
ist gleich geblieben	10 %	42 %	20 %
hat abgenommen	—	18 %	15 %
Summe	100 %	100 %	100 %
Basis	27	74	32

$r = 0{,}23$; $r^2 = 0{,}05$

bb) Umsatzwachstum durch Diversifikation

Neben der regionalen Expansion des Absatzmarktes gilt die Diversifikation, die gezielte Ausweitung des Produktionsprogramms oder Sortiments, als ein weiterer Bereich von Maßnahmen, die ein Umsatzwachstum der Unternehmungen herbeiführen sollen. Die Aufnahme neuer Produkte in das Sortiment oder Produktionsprogramm wie auch die Verbesserung der bisherigen Produkte können jedoch nicht ausschließlich als Indikatoren für eine aktive Expansionspolitik der Unternehmung angesehen werden; Veränderungen in der qualitativen Struktur des Angebotes sind vielmehr auch dann erforderlich, wenn die Unternehmung lediglich bestrebt ist, ihre Marktposition zu halten, d. h. eine Verringerung ihres Marktanteils zu verhindern[55]. Daher sollte in einer dynamischen Wirtschaft vor allem in solchen Branchen, die einer sich stark wandelnden Bedarfsstruktur der Nachfrage gegenüberstehen, die Bereitschaft zu ständigen Neuerungen im Produktionsprogramm auch in solchen Betrieben vorhanden sein, die lediglich eine Sicherung der erreichten Marktposition zum Ziele haben.

Stellt man auch diesem Indikator eines wachstumswirksamen Unternehmungshandelns wiederum die erzielte Expansion der Unternehmungen gegenüber (Tabelle 34), so zeigt sich, daß diejenigen Unternehmungen, die neue Produkte in ihr Sortiment aufgenommen haben oder an bestehenden Erzeugnissen Veränderungen vornahmen, auch in größerem Umfange zu der Gruppe von Unternehmen gehören, die im Untersuchungszeitraum eine hohe Umsatzsteigerung erzielen konnten. Betriebe mit unverändertem Erzeugnisprogramm sind dagegen mehr unter den Unternehmungen zu finden, die nur eine geringe Umsatzsteigerung erfahren haben oder sogar einen stagnierenden oder rückläufigen Umsatz verzeichnen mußten.

Tabelle 34

Diversifikation und tatsächliche Expansion (1960—1965)

	Das Unternehmen hat seit 1962 neue Produkte in das Programm ...			
	aufgenommen	nicht aufgenommen	Summe	Basis
stagnierende oder rückläufige Umsatzentwicklung	43 %	57 %	100 %	27
geringe Umsatzsteigerung	49 %	51 %	100 %	74
hohe Umsatzsteigerung	58 %	42 %	100 %	72

$r = 0{,}18;\ r^2 = 0{,}03$

Der Korrelationskoeffizient von $r = 0,18$ weist jedoch darauf hin, daß der Zusammenhang zwischen einer systematisch betriebenen Diversifikation und dem einzelwirtschaftlichen Wachstum von Unternehmun-

[55] Vgl. *Bayer*, H.: Das mittlere personengeprägte Unternehmen . . ., S. 255.

gen dieser Größenklasse relativ gering ist — ein Ergebnis, das sich sehr gut mit der Bedeutung der Sortimentsbeschränkung vereinbaren läßt, die im ersten Teil dieser empirischen Überprüfung von Hypothesen über ein wachstumsrelevantes Unternehmerverhalten, d. h. bei der Betrachtung der produktivitätsfördernden Verhaltensweisen, herausgestellt wurde[56]. Die Gegenüberstellung dieser beiden unternehmerischen Strategien zeigt nämlich, daß gerade im Bereich der Sortimentsgestaltung der Beitrag kleiner und mittlerer Betriebe zum wirtschaftlichen Wachstum in erster Linie darin gesehen werden muß, das Angebot durch Steigerung der betrieblichen Produktivität zu erhöhen bzw. Produktionsfaktoren für eine andere Verwendung freizusetzen, statt zu versuchen, durch eine Ausdehnung des Sortiments auf andere Produktgruppen zur Erhöhung des gesamtwirtschaftlichen Angebotes beizutragen. Diese geringe Bedeutung der Diversifikation für das einzelwirtschaftliche Wachstum der hier untersuchten Betriebe wird auch dadurch deutlich, daß die Anwendung oder Nichtanwendung dieser Strategie der Ausdehnung des Absatzgebietes nur 3 % der Unterschiede in der Umsatzentwicklung der untersuchten Unternehmungen erklärt.

c) Das Streben nach Kapazitätswachstum

Ein Umsatzwachstum des Betriebes ist im Rahmen der gegebenen Kapazitäten nur in beschränktem Umfang möglich. Daher muß nach Ausnutzung sämtlicher Produktionsreserven als weitere Komponente des einzelwirtschaftlichen Expansionsstrebens neben das Streben nach hohem Umsatzwachstum der Wille und die Bereitschaft der Unternehmensleitung treten, die Kapazität des Betriebes zu vergrößern. Diese Bereitschaft zum Kapazitätswachstum umfaßt einmal den Willen zur Durchführung von Erweiterungsinvestitionen, also das Streben nach einem weiteren Ausbau der vorhandenen Betriebsstätten, zum anderen aber auch die Fähigkeit, die für den Ausbau erforderlichen Finanzierungsmittel bereitzustellen. Soweit die Möglichkeiten der Eigenfinanzierung hierzu nicht ausreichen, umschließt die Fähigkeit zur Finanzierung der Erweiterungsinvestitionen auch die Bereitschaft der Unternehmensleitungen, die ihnen gegebenen Möglichkeiten der Kreditaufnahme zu nutzen.

Der Zusammenhang zwischen der Bereitschaft zum Kapazitätswachstum und der tatsächlichen Expansion der Unternehmungen ist stärker als bei allen bisher behandelten expansionsfördernden Verhaltensweisen. Diese Bedeutung der Bereitschaft zum Kapazitätswachstum für die Expansion des einzelwirtschaftlichen Leistungsvolumens zeigt die Tabelle 35 deutlich: Während von den Unternehmen, die nur eine niedrige

---

[56] Vgl. Seite 129 dieser Arbeit.

Tabelle 35

Bereitschaft zu Kapazitätswachstum und tatsächliche Expansion (1960—1965)

	Stagnierende oder rückläufige Umsatzentwicklung	Geringe Umsatzsteigerung	Hohe Umsatzsteigerung
Der Betrieb ...			
soll erweitert werden	61 %	60 %	75 %
hat seine endgültige Größe	27 %	35 %	22 %
soll verkleinert werden	12 %	5 %	3 %
Summe	100 %	100 %	100 %
Basis	53	134	58
$r = 0{,}21$; $r^2 = 0{,}04$			

Umsatzsteigerung erzielen konnten oder sogar stagnierende oder rückläufige Umsätze feststellen mußten, nur 60 % bzw. 61 % bereit sind, ihren Betrieb zu erweitern, sind es bei den Unternehmungen mit hoher Umsatzsteigerung immerhin 75 %. Der Korrelationskoeffizient von 0,21 ist zwar immer noch relativ gering; berücksichtigt man jedoch, daß es sich hier wie bei allen anderen behandelten Maßnahmen nur um einen kleinen Ausschnitt aus dem gesamten Unternehmungshandeln, d. h. um eine isoliert betrachtete Aktion, handelt, bleibt doch festzustellen, daß der Bereitschaft zum Kapazitätswachstum eine größere Bedeutung für die einzelwirtschaftliche Expansion des Betriebes und damit auch für seinen Beitrag zum gesamtwirtschaftlichen Wachstum beizumessen ist als den übrigen bisher abgehandelten Indikatoren eines expansionsorientierten Unternehmungshandelns, obwohl letztlich nur 4 % der Variation des tatsächlich gemessenen Wachstums der untersuchten Unternehmungen auf eine unterschiedliche Bereitschaft der Unternehmensleitungen zum Kapazitätswachstum zurückgeführt werden können. Die hier durch die Bereitschaft zum Kapazitätswachstum, d. h. letztlich durch die Investitionsbereitschaft der Unternehmensleitungen, erklärte Varianz im einzelwirtschaftlichen Wachstum der Unternehmungen und damit in ihrem Beitrag zum gesamtwirtschaftlichen Wachstum deckt sich genau mit der von der statistischen Wachstumsforschung für 22 Industrieländer ermittelten, durch die unterschiedlichen Investitionsquoten erklärten Varianz in den gesamtwirtschaftlichen Wachstumsraten. Auch hier ergab sich ein quadrierter Korrelationskoeffizient von $r^2 = 0.04$[57], das bedeutet, daß

[57] Vgl. *Dürr*, E.: Alternativen der Wachstumsplanung in Entwicklungsländern, S. 59.

4 % der Wachstumsdifferenzen auf die unterschiedlichen Investitionsquoten zurückgeführt werden können.

Tabelle 36

Möglichkeit der Expansionsfinanzierung und tatsächliche Expansion (1960—1965)

	Das Unternehmen hat zur Realisierung der Erweiterungspläne ...			
	ausreichende Finanzierungsmöglichkeiten	keine ausreichenden Finanzierungsmöglichkeiten	Summe	Basis
stagnierende oder rückläufige Umsatzentwicklung	64 %	36 %	100 %	53
geringe Umsatzsteigerung	77 %	23 %	100 %	134
hohe Umsatzsteigerung	78 %	22 %	100 %	45

$r = 0{,}18$; $r^2 = 0{,}03$

Im Gegensatz zur Bereitschaft zum Kapazitätswachstum ist der Zusammenhang zwischen den generellen Möglichkeiten des Unternehmens, diese Expansion zu finanzieren, und dem tatsächlichen Umsatzwachstum geringer: Zwar zeigt die Tabelle 36, daß Unternehmen, die eine Umsatzsteigerung erfahren haben, auch in größerem Umfang in der Lage sind, die Expansion des Betriebes zu finanzieren, als Unternehmungen, die nur

Tabelle 37

Kreditbereitschaft der Unternehmen und Expansion (1960—1965)

	Das Unternehmen ...			
	sollte Kredit aufnehmen	sollte lieber mit eigenen Mitteln arbeiten	Summe	Basis
stagnierende oder rückläufige Umsatzentwicklung	59 %	41 %	100 %	53
geringe Umsatzsteigerung	75 %	25 %	100 %	134
hohe Umsatzsteigerung	77 %	23 %	100 %	58

$r = 0{,}39$; $r^2 = 0{,}15$

über stagnierende oder rückläufige Umsätze berichten konnten; der — gemessen an der Bereitschaft zur Kapazitätsausweitung — geringe Korrelationskoeffizient von $r = 0{,}18$ weist jedoch darauf hin, daß die grundsätzliche Fähigkeit der Unternehmensleitung, die für das Kapazitätswachstum erforderlichen finanziellen Mittel bereitzustellen, eine geringere Bedeutung für das einzelwirtschaftliche Wachstum hat, als bislang angenommen wurde[58].

Die Bereitschaft der Unternehmensleitung, zur Finanzierung des Ausbaues des Betriebes auf Fremdkapital zurückzugreifen, ist dagegen derjenige der hier erhobenen Indikatoren, der die größte Bedeutung für das einzelwirtschaftliche Wachstum der Unternehmungen hat; der hohe Korrelationskoeffizient von 0,39 zeigt diesen engen Zusammenhang. In der Finanzierungsmentalität der Unternehmer liegt damit ein wesentlicher Faktor, der das einzelwirtschaftliche Wachstum als zweite Komponente des Beitrages der Unternehmungen zum wirtschaftlichen Wachstum determiniert[59]. Diese große Bedeutung der Kreditmentalität der Unternehmer für das Wachstum des Betriebes wird auch in der Varianzanalyse deutlich: 15 % der Unterschiede in der Umsatzentwicklung der untersuchten Unternehmungen werden durch diesen Faktor erklärt.

3. Zusammenfassung

Fassen wir die Ergebnisse der bisherigen Analyse der Verhaltensebene, d. h. solcher Einrichtungen, Maßnahmen, Kontrollen und Aktionen der Unternehmungen, die zu einer hohen Produktivität des Betriebsprozesses und einer einzelwirtschaftlichen Expansion führen sollen, zusammen, so ist als erstes, allgemeines Ergebnis festzustellen: In beiden Bereichen, in denen die Unternehmungen einen Beitrag zur wirtschaftlichen Entwicklung leisten, lassen sich solche Verhaltensweisen, die stark wachstumswirksam sind, finden und abgrenzen von anderen, die einen geringeren oder gar keinen Einfluß auf die Produktivität des Unternehmens oder seine einzelwirtschaftliche Expansion als den mikroökonomischen Determinanten des Gesamtangebotes an Sachgütern und Dienstleistungen in der Volkswirtschaft ausüben.

Die Tabellen 38 und 39 zeigen diese Klassifikation der unternehmerischen Verhaltensweisen nach ihrer Relevanz für die Produktivität der Unternehmungen, d. h. für die erste Komponente ihres Beitrages zum gesamtwirtschaftlichen Wachstum, getrennt nach Industrie- und Handelsbetrieben. Im Bereich der Industrie sind es vor allem die stark pro-

[58] Vgl. z. B. *Bayer*, H.: Das mittlere personengeprägte Unternehmen ..., S. 66.

[59] Vgl. *Oelschläger*, K. und *Tiepelmann*, K.: Unternehmerisches Finanzierungsverhalten und Unternehmenswachstum, S. 347.

Tabelle 38: **Klassifikation der erhobenen Verhaltensweisen nach ihrer Bedeutung für die Produktivität des Unternehmens in Industriebetrieben**

Starker Zusammenhang zwischen Verhalten und Produktivität des Unternehmens $r > 0{,}25$		Geringer Zusammenhang zwischen Verhalten und Produktivität des Unternehmens $0{,}19 \leq r \leq 0{,}25$		Kein Zusammenhang zwischen Verhalten und Produktivität des Unternehmens $r \leq 0{,}18$	
Variable	erklärte Varianz in %	Variable	erklärte Varianz in %	Variable	erklärte Varianz in %
Kontrolle des Beschaffungswesens in preislicher und fertigungstechnischer Hinsicht	8	Kontrolle des durchschnittlichen Lagerbestandes	5	Regelmäßige Inspektionen des Maschinenparks	3
		Kontrolle des Verbrauchs an Roh-, Hilfs- und Betriebsstoffen	6		
Kontrolle der Sortenzahl im Materiallager	10	Kontrolle der Nutzungszeit der Maschinen	6	Durchführung von Arbeitszeitstudien	0
Kontrolle des Ausschusses	11	Vergleich von tatsächlicher und potentieller Maschinenleistung in qualitativer und quantitativer Hinsicht	4	Durchführung von Arbeitsablaufstudien	0
		Alter des Maschinenparks	6		
Kontrolle des Materialeinsatzes mittels Kennzahlen	7	Prinzipien in der Sortimentspolitik	6	Langfristige Rahmenplanung	0
		Organisationsplan	6		
Anwendung von Normen	9	Inanspruchnahme von Beratung in einer der vorgegebenen Formen	6	Finanzplanung	1
Durchführung von Gewinnanalysen im Absatzbereich	10	Bereitschaft zu Kooperation in einer der vorgegebenen Formen	6	Investitionsrechnung	0
6 Maßnahmen[a)]	55 %	9 Maßnahmen	51 %	6 Maßnahmen	4 %

a) Diese Zusammenfassung ist nur unter der Prämisse durchführbar, daß keine Interkorrelation zwischen den einzelnen Indikatoren besteht.

Tabelle 39: **Klassifikation der erhobenen Verhaltensweisen nach ihrer Bedeutung für die Produktivität des Unternehmens in Handelsbetrieben**

Starker Zusammenhang zwischen Verhalten und Produktivität des Unternehmens $r > 0{,}25$		Geringer Zusammenhang zwischen Verhalten und Produktivität des Unternehmens $0{,}19 \leq r \leq 0{,}25$		Kein Zusammenhang zwischen Verhalten und Produktivität des Unternehmens $r \leq 0{,}18$	
Variable	erklärte Varianz in %	Variable	erklärte Varianz in %	Variable	erklärte Varianz in %
Durchführung von Gewinnanalysen im Absatzbereich	10	Prinzipien der Sortimentspolitik	6	Langfristige Rahmenplanung	0
		Organisationsplan	6	Finanzplanung	1
		Inanspruchnahme von Betriebsberatung in einer der vorgegebenen Formen	6	Investitionsrechnung	0
		Bereitschaft zu Kooperation in einer der vorgegebenen Formen	6		
Kontrolle des Lagerumschlages	26	Eigene Werbung	4	Sonderverkaufsveranstaltungen	1
2 Maßnahmen	36 %	5 Maßnahmen	28 %	4 Maßnahmen	2 %

duktionsorientierten Kontrollen wie auch die Rechenhaftigkeit des Absatzbereiches, die einen großen Einfluß auf die Produktivität der untersuchten Unternehmungen haben und die damit auch bedeutsam für das gesamtwirtschaftliche Wachstum sind. Die in der Spalte „starker Zusammenhang zwischen Verhalten und Produktivität des Unternehmens“ aufgeführten sechs Maßnahmen erklären jeweils 7 % bis 11 % und zusammen immerhin 55 % der Unterschiede in der Produktivität der untersuchten Unternehmungen.

Einen geringeren Einfluß auf die Produktivität der Unternehmungen haben neben weiteren Kontrollen im Produktionsprozeß vor allem die externen Hilfen, Beratung und Kooperation wie auch der sogenannte „embodied technical progress“, d. h. der Altersaufbau des Maschinenparks. Die hier aufgeführten neun Maßnahmen erklären aber auch noch überwiegend jeweils 6 %, insgesamt 51 % der Varianz in der Produktivität der Betriebe. Keinerlei Einfluß auf die Produktivität der untersuchten Unternehmen haben dagegen vor allem Arbeitszeit- und -ablaufstudien wie auch ein Großteil des betrieblichen Planungswesens. Die in dieser Spalte aufgeführten sechs Maßnahmen bestimmen insgesamt nur noch 4 % der Unterschiede in der Produktivität der Unternehmungen, während die gleiche Anzahl von Maßnahmen in der ersten Spalte mehr als das Zehnfache, nämlich 55 % erklären. Es zeigt sich also, daß von den hier erhobenen unternehmerischen Verhaltensweisen nur relativ wenige von wirklich gravierender Bedeutung für die Produktivität der Unternehmungen in diesen Betriebsgrößenklassen und damit auch für ihren Beitrag zum gesamtwirtschaftlichen Wachstum sind, während andere zwar nicht unbedeutend, aber doch nur von geringer Relevanz sind.

Insgesamt wurden, wenn man die erklärten Varianzen addiert, 110 % der beobachteten Unterschiede in der Produktivität der Unternehmungen erklärt, ein Ergebnis, das sich im wesentlichen aus folgenden Gründen ergibt:

1. die hohe Interkorrelation verschiedener Indikatoren und
2. die Operationalisierung einer Verhaltensebene durch mehrere Indikatoren.

Diese Fülle von horizontalen Interaktionen[60] herauszuarbeiten, wäre nur mittels einer Faktorenanalyse möglich, die in der Lage wäre, die Zahl der untersuchten Variablen durch Zusammenfassung zu reduzieren[61]. Erst durch ein solches Vorgehen könnten gleiche Variablen, zu Faktorkomplexen komprimiert, in die Analyse der Varianz der Produk-

---

[60] Vgl. *Biervert*, B., *Dierkes*, M., *Walzel*, A.: Automatischer Split zur optimalen Kombination erklärender Faktoren, S. 304 ff.

[61] *Schäffer*, K.-A.: Faktorenanalyse und ihre Anwendungsmöglichkeiten, in: Allgemeines Statistisches Archiv, Bd. 53, 1969, S. 53.

tivität aufgenommen werden, die dann ohne Verzerrung durch Interaktionen die insgesamt erklärte Varianz aufweisen würde. Eine Faktorenanalyse mit der hier untersuchten Fülle von Variablen erfordert jedoch eine Rechnerkapazität, die für diese Untersuchung nicht zur Verfügung stand; als Ergebnis kann jedoch festgehalten werden: Im Bereich der Produktivitätssteigerung als der ersten Komponente des Beitrages der Unternehmungen zur Steigerung des Gesamtangebotes an Sachgütern und Dienstleistungen in einer Volkswirtschaft konnte durch die hier erhobenen Indikatoren eines wachstumsrelevanten Unternehmungshandelns im Bereich der Industrie der überwiegende Teil der Variabilität in der Produktivität der untersuchten Unternehmungen und damit in ihrem Beitrag zum gesamtwirtschaftlichen Wachstum erklärt werden; das zahlenmäßige Ergebnis ist jedoch durch den Einfluß horizontaler Interaktionen verzerrt, der aus rechnertechnischen Gründen hier nicht quantifiziert werden kann.

Betrachtet man die Handelsbetriebe, so sind die Unterschiede zwischen der Relevanz der einzelnen Verhaltensweisen für die tatsächliche Produktivität der Unternehmungen noch weitaus größer als im Bereich der Industrie: Nur zwei Maßnahmen, die Durchführung einer Gewinnanalyse im Absatzbereich und die Beobachtung der Lagerumschlagshäufigkeit, haben einen großen Einfluß auf die Produktivität der Unternehmungen und erklären immerhin zusammen 36 % der Unterschiede in der Produktivität dieser Betriebe. Weitere fünf Maßnahmen konnten noch als die Produktivität des Betriebes in geringerem Umfange bestimmend hervorgehoben werden. Es handelt sich hierbei vor allem wieder um die Inanspruchnahme von Betriebsberatung und die Bereitschaft zur Kooperation wie auch das Vorhandensein eines Organisationsplanes und ein absatzaktives Verhalten gemessen an der Durchführung einer eigenen Werbung. Die hier angeführten fünf Maßnahmen erklären weitere 28 % der beobachteten Varianz in der Produktivität der Unternehmungen. Keinen Einfluß auf die Produktivität der Handelsbetriebe haben dagegen wieder fast das gesamte betriebliche Planungswesen wie auch die Durchführung von Sonderverkaufsveranstaltungen zur gleichmäßigeren Ausnutzung der betrieblichen Kapazität. Die hier erwähnten vier Maßnahmen erklären zusammen lediglich 2 % der Varianz in der Produktivität der Unternehmungen.

Im Gegensatz zur Industrie wurde im Bereich des Handels — addiert man auch hier wieder die erklärten Varianzen — die Gesamtheit der Unterschiede in der Produktivität der untersuchten Unternehmungen nicht erklärt: Nur 66 % der gegebenen Varianz konnten mit den hier erhobenen Indikatoren erfaßt werden — ein Ergebnis, das auf die Notwendigkeit weiterer Untersuchungen mit zusätzlichen Indikatoren in diesem Bereich hindeutet.

Ähnlich wenig erschöpfend bei der Erklärung der abhängigen Variablen zeigen sich auch die Verhaltensweisen, von denen angenommen wird, daß sie expansionsfördernd wirken: Nur 48 % des tatsächlich beobachteten einzelwirtschaftlichen Wachstums konnten — wie Tabelle 40 zeigt — auf die hier erhobenen Indikatoren zurückgeführt werden — ein Ergebnis, das zwar, gemessen an der erklärten Varianz im Bereich der ersten Komponente des Beitrages der Unternehmungen zum gesamtwirtschaftlichen Wachstum, der Produktivität, nur wenig befriedigt, das aber auch in dieser Form schon mehr über diesen Teil der Quellen des volkswirtschaftlichen Wachstums aussagt als viele Hypothesen der bisherigen makroökonomischen Wachstumstheorie[62].

Ein enger Zusammenhang zwischen den hier erhobenen Indikatoren eines expansionsorientierten Unternehmerverhaltens und dem effektiven Wachstum der Unternehmungen konnte nur bei der Durchführung einer eigenen Marktforschung und der Bereitschaft zur Kreditaufnahme festgestellt werden.

Diese beiden Maßnahmen erklären zusammen 24 % der Unterschiede in der Umsatzentwicklung der untersuchten Unternehmungen, während die drei Maßnahmen, die noch in einem etwas loseren Zusammenhang zur zweiten Komponente des Beitrages der Unternehmungen zum gesamtwirtschaftlichen Wachstum, der einzelwirtschaftlichen Expansion, stehen, nämlich kooperative Marktforschung, Exportentwicklung und Bereitschaft zum Kapazitätswachstum, nur noch 13 % der Varianz der abhängigen Variablen bestimmen. Kein Zusammenhang zwischen dem einzelwirtschaftlichen Wachstum und den unternehmerischen Verhaltensweisen ist dagegen im Bereich der selbständigen Produktentwicklung, der Exportorientierung, der Diversifikation und bei der generellen Fähigkeit der Unternehmensleitung, eine Expansion des Unternehmens zu finanzieren, festzustellen. Lediglich 11 % der Unterschiede im tatsächlichen einzelwirtschaftlichen Wachstum der untersuchten Unternehmen können auf ein unterschiedliches Verhalten der Unternehmensleitungen in diesen Bereichen zurückgeführt werden.

Stellt man die beiden Komponenten des Beitrages der Unternehmungen zum gesamtwirtschaftlichen Wachstum: das produktivitäts- und das expansionswirksame Verhalten der Unternehmer, einander gegenüber, so ist festzustellen, daß der Zusammenhang zwischen den als produktivitätsfördernd angesehenen Maßnahmen, Einrichtungen, Kontrollen und Verhaltensweisen der Unternehmungen und der tatsächlichen Produktivität weitaus enger ist als bei den Maßnahmen, von denen angenommen wurde, daß sie expansionswirksam, also das einzelwirtschaftliche Wachs-

[62] Vgl. *Dürr*, E.: Alternativen der Wachstumsplanung in Entwicklungsländern, S. 83.

Tabelle 40: **Klassifikation der erhobenen Verhaltensweisen nach ihrer Bedeutung für die Expansion des Unternehmens**

Starker Zusammenhang zwischen Verhalten und Expansion des Unternehmens $r > 0{,}25$		Geringer Zusammenhang zwischen Verhalten und Expansion des Unternehmens $0{,}19 \leq r \leq 0{,}25$		Kein Zusammenhang zwischen Verhalten und Expansion des Unternehmens $r \leq 0{,}18$	
Variable	erklärte Varianz in %	Variable	erklärte Varianz in %	Variable	erklärte Varianz in %
Eigene Marktforschung	9	Kooperative Marktforschung	4	Ausgaben für Produktentwicklung	2
				Exportorientierung	3
		Exportentwicklung	5	Aufnahme neuer oder besserer Produkte in das Sortiment oder Produktionsprogramm	3
Kreditmentalität	15	Bereitschaft zum Kapazitätswachstum	4	Fähigkeit zur Finanzierung der Expansion	3
2 Maßnahmen	24 %	3 Maßnahmen	13 %	4 Maßnahmen	11 %

tum fördernd sein würden. Zwei Gründe können hierfür maßgebend sein: Zum ersten ist es möglich, daß die Bedeutung der hier untersuchten Klein- und Mittelbetriebe für das wirtschaftliche Wachstum tatsächlich stärker im Bereich der Produktivitätssteigerung liegt, d. h., daß durch Einführung solcher Maßnahmen, von denen nachgewiesen werden konnte, daß sie in engerem Zusammenhang mit der tatsächlich erzielten Produktivität stehen, ein größerer Beitrag zum gesamtwirtschaftlichen Wachstum erzielt werden kann als durch eine einzelwirtschaftliche Expansion dieser Betriebe. Zum zweiten ist es aber auch möglich, daß die hier im Bereich der Expansion erhobenen Variablen noch nicht restlos alle diejenigen sind, die von wesentlicher Bedeutung für das einzelwirtschaftliche Wachstum in mittelständischen Unternehmungen sind. Diese Hypothese könnte dadurch gestützt werden, daß nur knapp die Hälfte der zu erklärenden Varianz in der Umsatzentwicklung der untersuchten Betriebe durch die erhobenen Verhaltensweisen tatsächlich erklärt wird. Es bleibt damit weiteren Untersuchungen, vor allem auf dem Gebiet der Erklärung des einzelwirtschaftlichen Wachstums, vorbehalten zu überprüfen, welcher der beiden hier genannten Gründe diese Unterschiede tatsächlich bewirkt.

IV. Der Versuch einer funktionalen Erfassung — Ansätze zu einer Erweiterung der Produktionsfunktion

Die isolierte Betrachtung der einzelnen unternehmerischen Verhaltensweisen, von denen angenommen wurde, daß sie zu einer hohen Produktivität des Betriebsprozesses und einem starken einzelwirtschaftlichen Wachstum beitragen, ist unter der makroökonomischen Fragestellung, die dieser Arbeit zugrundeliegt, allein ebensowenig voll befriedigend wie die ebenso isolierte Analyse ihrer tatsächlichen Bedeutung für die Produktivität der Unternehmungen und ihre einzelwirtschaftliche Expansion. Zwar bietet diese Darstellung eine Erklärung dafür, warum einige Betriebe in Hinblick auf das gesamtwirtschaftliche Wachstum leistungsfähiger, d. h. produktiver oder expansiver sind als andere Unternehmungen; daraus resultiert auch, daß hier schon Möglichkeiten und Ansatzpunkte für eine wachstumsorientierte Wirtschaftspolitik im Unternehmenssektor aufgezeigt werden können. Um jedoch dem Ziel, letztlich aus dem Verhalten der Unternehmer durch Aggregation eine Wachstumsrate des gesamtwirtschaftlichen Angebotes ableiten zu können und damit auch Unterlagen für eine makroökonomische Prognose bereitzustellen, ein wenig näher zu kommen, ist es erforderlich, aus der Häufigkeitsverteilung der hier getesteten einzelnen Maßnahmen, Einrichtungen, Kontrollen und Aktionen eine Verhaltensfunktion aufzustellen, die das Produktionsverhalten der untersuchten Betriebe — soweit es operational erfaßt wurde — repräsentiert; es geht darum, Ansätze für eine Erweiterung der in den theoretischen Grundlagen dieser Arbeit dargestellten Produktionsfunktion zu zeigen, die

1. in dynamischer Betrachtung die Veränderungen im Zeitablauf berücksichtigt,
2. das technische und organisatorische Wissen nicht mehr als Randbedingung der Produktion sieht, sondern diese Faktoren explizit in die Produktionsfunktion einbezieht und damit dann auch
3. Lernprozesse, d. h. Veränderungen im Grad der Anwendung technischer und organisatorischer Kenntnisse in der Funktion erfaßt.

Nur durch die Zusammenfassung der einzelnen empirisch festgestellten, wachstumsfördernden oder -hemmenden Verhaltensweisen[1] des Unternehmers in einer mikro- oder strukturökonomischen Produktionsfunktion ist ja letztlich die Voraussetzung für eine weitere Aggregation gegeben, ohne die eine Wachstumsrate des gesamtwirtschaftlichen Angebotes nicht bestimmt werden kann.

Von den drei eingangs aufgestellten Postulaten, die an eine empirische und dynamische mikroökonomische Produktionsfunktion gestellt werden müssen, sollen an dieser Stelle zunächst Ansätze zur Erfüllung der zweiten Forderung, der Einbeziehung des organisatorischen und technischen Wissens, d. h. des Produktionsfaktors „org_n", in die Funktion dargestellt werden. Die Beschränkung auf diesen Bereich ist erforderlich, da die Berücksichtigung der ersten beiden Forderungen eine Klärung der Ursachen für ein bestimmtes wachstumsförderndes oder -hemmendes Unternehmerverhalten voraussetzt. Eine Einbeziehung dieser Faktoren wird jedoch erst möglich sein, wenn der zweite Teil der zentralen Hypothese überprüft ist, denn bei den dort aufgestellten Hypothesen handelt es sich ja um solche Faktoren, die als Erklärungsgrößen für ein wachstumshemmendes oder -förderndes Unternehmungshandeln benutzt werden müssen.

Als Einschränkung der hier dargestellten Ergebnisse kommt hinzu, daß im folgenden der Einsatz der klassischen Produktionsfaktoren Arbeit und Kapital unberücksichtigt bleibt, es also zunächst nur darauf ankommt, den Faktor „org_n" operationalisiert in seinem Zusammenhang mit den Ergebnissen des Produktionsprozesses darzustellen. Weiterfüh-

---

[1] Auf eine Darstellung der für die Konstruktion einer empirischen Produktionsfunktion erforderlichen Häufigkeitsverteilung der erhobenen, in der voranstehenden Analyse als wachstumshemmend oder -fördernd klassifizierten Verhaltensweisen in den untersuchten Unternehmungen wird hier verzichtet; sie ist zu finden bei *Dierkes*, M.: Der Beitrag des französischen Mittelstandes zum wirtschaftlichen Wachstum, S. 139—274.

renden Untersuchungen muß es vorbehalten bleiben, die hier dargestellten ersten Ansätze zu einer gesamten Produktionsfunktion zusammenzufassen.

1. Der funktionale Zusammenhang zwischen den produktivitätsfördernden oder -hemmenden Unternehmungshandlungen und der Produktivität der Betriebe

Die Bestimmung des Zusammenhanges zwischen den produktivitätsfördernden oder -hemmenden unternehmerischen Verhaltensweisen und der Produktivität der Betriebe wurde zunächst auf der Basis einer linear multiplen Regressionsrechnung vorgenommen. Die Annahme eines Linearzusammenhanges soll hierbei nur als eine erste Hypothese über die funktionalen Beziehungen zwischen den Verhaltensweisen und der arbeitsbezogenen Produktivität verstanden werden; spätere Stufen der Rechnung müssen selbstverständlich andere Funktionszusammenhänge ebenfalls berücksichtigen.

Da das zur Verfügung stehende Rechnerprogramm eine lineare Mehrfachregression nur mit maximal 20 Variablen erlaubt, wurde aus der Fülle der hier getesteten Hypothesen über produktivitätsfördernde oder -hemmende unternehmerische Verhaltensweisen eine Auswahl von 20 Indikatoren getroffen, die bedingte, daß in den einzelnen Betriebsgrößenklassen der Industrie jeweils 2 bis 5 Indikatoren unberücksichtigt blieben; im Bereich des Handels konnten dagegen sämtliche getesteten Verhaltensweisen auch in die Funktion aufgenommen werden. Tabelle 41 zeigt die sich hier ergebenden funktionalen Zusammenhänge, den jeweiligen multiplen Korrelationskoeffizienten wie auch die Testgröße für die Signifikanz der Ergebnisse. Die hinter den jeweiligen Parametern der Regressionsgleichung in Klammern angegebenen arabischen Zahlen repräsentieren hierbei die Indikatoren, die auf der Indikatorenliste zu dieser Tabelle angeführt sind. Es ist zunächst zu erkennen, daß allein in der Betriebsgrößenklasse III (Industriebetriebe mit 51—200 Beschäftigten) ein bei einem 95 %igen Signifikanzniveau, d. h. bei einer 5 %igen Irrtumswahrscheinlichkeit, statistisch gesichertes Ergebnis erzielt werden konnte. Die übrigen Funktionen erreichen dagegen nur einen F-Wert als Prüfgröße, der einem Signifikanzniveau von 95 % nicht enspricht.

Der Versuch, den Einfluß aller 20 Faktoren simultan in einer linearen Mehrfachregression zu bestimmen, ist also bei diesem Signifikanzniveau nur in der Betriebsgrößenklasse III gelungen. Der multiple Korrelationskoeffizient Ry, x_n ist jedoch aufgerundet in allen Betriebsgrößenklassen der Industrie und des Handels größer als 0,4; das ist das erste positive Ergebnis. Wie wenig jedoch der hier zunächst dargestellte lineare Zusammenhang die tatsächlichen Verhältnisse in der Realität

Tabelle 41

Darstellung des funktionalen Zusammenhanges zwischen den produktivitätsfördernden oder -hemmenden Unternehmungshandlungen und der Arbeitsproduktivität der untersuchten Betriebe mit Hilfe einer multiplen Regressionsrechnung

Betriebsgrößenklasse I (Industriebetriebe mit 1—10 Beschäftigten)

$$\begin{aligned} y = 323{,}4 &- 17{,}9(11) + 69{,}3(17) - 133{,}0(18) - 545{,}4(20) + 245{,}4(21) \\ &- 154{,}5(22) + 156{,}0(23) - 211{,}3(24) + 518{,}8(25) + 574{,}2(26) \\ &- 614{,}3(27) - 106{,}3(28) - 94{,}8(29) + 3143{,}9(30) - 159{,}8(31) \\ &- 33{,}2(32) + 35{,}2(33) - 3214{,}6(35) + 99{,}2(36) \end{aligned}$$

$R_{y,\,xn} = 0{,}565 \qquad R^2 = 0{,}32$

$F_{emp} = 1{,}08608$

$F_{\frac{95}{100}}/19{,}44 = 1{,}8$ (nicht signifikant) $\qquad N = 64$

Betriebsgrößenklasse II (Industriebetriebe mit 11—50 Beschäftigten)

$$\begin{aligned} y = 199{,}8 &- 120{,}8(11) - 55{,}6(12) + 26{,}3(16) + 83{,}3(17) - 48{,}5(18) \\ &- 77{,}4(19) + 197{,}9(20) + 230{,}3(23) + 50{,}0(24) + 122{,}4(25) \\ &- 151{,}5(26) - 208{,}9(27) - 32{,}1(29) - 13{,}9(30) + 56{,}1(31) \\ &- 10{,}0(32) + 33{,}3(34) - 37{,}8(35) - 16{,}0(36) \end{aligned}$$

$R_{y,\,xn} = 0{,}39975 \qquad R^2 = 0{,}16$

$F_{emp} = 0{,}78080$

$F_{\frac{95}{100}}/78{,}19 = 1{,}9$ (nicht signifikant) $\qquad N = 98$

Betriebsgrößenklasse III (Industriebetriebe mit 51—200 Beschäftigten)

$$\begin{aligned} y = 246{,}1 &- 105{,}5(11) - 31{,}6(12) - 377{,}8(16) + 29{,}5(17) - 63{,}8(18) \\ &+ 278{,}6(19) + 113{,}5(20) - 97{,}5(23) + 90{,}3(24) + 181{,}4(25) \\ &+ 21{,}2(26) + 189{,}5(27) + 238{,}2(29) + 77{,}0(30) + 296{,}6(31) \\ &- 379{,}8(32) + 42{,}0(34) - 73{,}9(35) + 49{,}1(36) \end{aligned}$$

$R_{y,\,xn} = 0{,}60680 \qquad R^2 = 0{,}37$

$F_{emp} = 1{,}93243$

$F_{\frac{95}{100}}/19{,}63 = 1{,}7$ (signifikant) $\qquad N = 83$

Betriebsgrößenklasse IV (Handelsbetriebe mit 1—5 Beschäftigten)

$$\begin{aligned} y = 214{,}7 &+ 205{,}8(11) - 331{,}3(13) - 136{,}0(14) + 199{,}9(15) - 26{,}6(17) \\ &+ 8{,}2(18) - 1{,}9(29) - 65{,}2(34) + 221{,}7(35) + 260{,}7(36) \end{aligned}$$

$R_{y,\,xn} = 0{,}42354 \qquad R^2 = 0{,}18$

$F_{emp} = 0{,}78694$

$F_{\frac{95}{100}}/36{,}10 = 2{,}68$ (nicht signifikant) $\qquad N = 47$

Betriebsgrößenklasse V (Handelsbetriebe mit 6—200 Beschäftigten)

$$\begin{aligned} y = 417{,}1 &- 207{,}0(11) - 389{,}1(12) + 70{,}8(13) - 120{,}5(14) + 210{,}3(15) \\ &- 52{,}8(16) + 66{,}8(17) - 163{,}2(18) + 266{,}3(19) - 11{,}8(29) \\ &+ 27{,}6(34) - 195{,}7(35) + 9{,}1(36) \end{aligned}$$

$R_{y,\,xn} = 0{,}48311 \qquad R^2 = 0{,}23$

$F_{emp} = 1{,}12412$

$F_{\frac{95}{100}}/13{,}48 = 1{,}9$ (nicht signifikant) $\qquad N = 62$

Indikatorenliste zu Tabelle 41

11 Prinzipien der Sortimentspolitik
12 Gewinnanalyse im Absatzbereich
13 Durchführung von Sonderverkaufsveranstaltungen in Handelsbetrieben
14 Kontrolle der Lagerumschlagshäufigkeit in Handelsbetrieben
15 Eigene Werbung von Handelsbetrieben
16 Organisationsplan
17 Finanzplan
18 Investitionsrechnung
19 Langfristige Rahmenplanung
20 Kontrolle des Ausschusses in verschiedenen Produktionsstufen
21 Kontrolle des Verbrauchs an Roh-, Hilfs- und Betriebsstoffen
22 Kontrolle des Materialeinsatzes mittels Kennzahlen
23 Kontrolle des durchschnittlichen Lagerbestandes
24 Kontrolle der Sortenzahl im Materiallager
25 Kontrolle des Beschaffungswesens in preislicher und fertigungstechnischer Hinsicht
26 Kontrolle der Nutzungszeit der Maschinen
27 Vergleich von tatsächlicher und potentieller Maschinenleistung in qualitativer und quantitativer Hinsicht
28 Regelmäßige Inspektionen des Maschinenparks
29 Alter des Maschinenparks
30 Durchführung von Arbeitszeitstudien
31 Durchführung von Arbeitsablaufstudien
32 Anwendung von Normen
33 Verwendung von Maschinenkarten
34 Maßnahmen zur Leistungssteigerung der Mitarbeiter
35 Einrichtung der Verwaltung mit maschinellen und organisatorischen Hilfsmitteln
36 Bereitschaft und Inanspruchnahme externer Hilfen

widerspiegelt, zeigt sich auch daran, daß der quadrierte multiple Korrelationskoeffizient — selbst in dem signifikanten Fall der Betriebsgrößenklasse III der Industrie — zwar einen gemessen an der bisherigen Forschung erstaunlich hohen Wert von $r^2 = 0,37$ erhält, aber letztlich doch darauf hinweist, daß durch diese Funktionsgleichung nur 37 % der Variabilität in der Produktivität der Unternehmungen erklärt werden.

Dieses noch nicht vollständig befriedigende Ergebnis der linear multiplen Regression ist in erster Linie auf die hohe Interkorrelation vieler der erhobenen Faktoren und zum zweiten darauf zurückzuführen, daß der Einfluß der einzelnen erhobenen Indikatoren für „org_n" allein genommen relativ gering und aus stochastischen Gründen in der Regressionsrechnung nicht mehr bestimmbar ist. Die Ergebnisse werden also durch eine schon aus der Natur der Indikatoren heraus gegebene Interkorrelation, aber auch durch die Interkorrelationen, die bei 20 erklärenden Variablen vermutlich aus stochastischen Gründen auftreten, verzerrt. Hier taucht der Effekt der Multikollinearität auf, der diese Form der Regressionsrechnung zumindest teilweise wesentlichen Einschränkungen unterwirft. „Bestehen nämlich zwischen zwei oder mehreren erklärenden Variablen eines linearen multiplen Regressionsansatzes lineare funktionale Beziehungen, so ist die Berechnung der Regressionskoeffizienten nicht möglich. Sind die Beziehungen stochastischer Art, so sind die errechneten Koeffizienten nicht unbedingt Schätzwerte der wahren Modellparameter und somit ökonomisch nicht sinnvoll interpretierbar[2]". Einen Einfluß auf die Aussagekraft des multiplen Korrelationskoeffizienten hat die Multikollinearität jedoch nicht.

Die Ergebnisse zeigen also, daß die erhobenen Faktoren wenigstens in Form eines multiplen Linearansatzes noch keine signifikante Funktionsgleichung ergeben, die den Zusammenhang zwischen der arbeitsbezogenen Produktivität der Unternehmungen und den erhobenen unternehmerischen Verhaltensweisen erfaßt.

Zur weiteren Darstellung dieses Teilbereiches einer erweiterten Produktionsfunktion ist es daher erforderlich, die Prämisse des linearen Zusammenhanges zwischen den einzelnen unternehmerischen Verhaltensweisen und der abhängigen Variablen „arbeitsbezogene Produktivität" aufzugeben und auf polynome Funktionszusammenhänge überzugehen. Hier ergaben sich jedoch technische und organisatorische Schwierigkeiten bei der zur Verfügung stehenden Rechnerkapazität; ein Mehrfachregressionsprogramm, das über den linearen Ansatz hinausgeht, existierte in den zur Verfügung stehenden Programmbibliotheken für sozialwissenschaftliche Daten nicht und war auch nicht zu erstellen, da die vorhandenen Rechnerkapazitäten derartig umfangreiche Operationen nicht zuließen. Als Ergebnis bleibt daher bestehen, daß allein für die Betriebsgrößenklasse III (Industriebetriebe mit 51—200 Beschäftigten) der funktionale Zusammenhang zwischen der arbeitsbezogenen Produktivität der untersuchten Unternehmungen und den erhobenen produktivitätsfördernden oder -hemmenden Verhaltensweisen durch eine multiple Linearregression dargestellt werden kann, daß also hier ein erster Ansatz für eine signifikante dynamische Produktionsfunktion gegeben ist. Bei den anderen Betriebsgrößenklassen, bei denen im Rahmen der multiplen Linearregression signifikante Ergebnisse noch nicht festgestellt werden konnten, muß in späteren Untersuchungen mit umfangreicheren Rechnerprogrammen überprüft werden, welches Polynom diese empirisch vorgefundenen Zusammenhänge besser repräsentiert als die hier

[2] *Anderson*, O.: Artikel „Zeitreihenanalyse", in: H.d.S.W., Bd. 12, Stuttgart—Tübingen—Göttingen 1965, S. 408.

vorgenommenen Linearrechnungen, d. h. zu signifikanten Ergebnissen verbunden mit einer geringstmöglichen Streuung führt. Es bleibt daher offen, ob die Nichtsignifikanz der hier errechneten Funktionsgleichungen dadurch bedingt ist, daß die erhobenen Variablen einen ähnlich gleichgerichteten Einfluß auf die abhängige Variable ausüben, daß also eine hohe Interkorrelation in Hinblick auf die erzielte Produktivität besteht, oder ob die mangelnde statistische Sicherheit des hier dargestellten Zusammenhanges zwischen der Produktivität der Unternehmungen und den organisatorischen Einrichtungen, Maßnahmen, Kontrollen und Verhaltensweisen in den Betriebsgrößenklassen I, II, IV und V darauf zurückzuführen ist, daß Linearfunktionen diesen Zusammenhang nicht genügend repräsentieren.

2. Der funktionale Zusammenhang zwischen den expansionsfördernden oder -hemmenden Unternehmungshandlungen und der Expansion der Betriebe

Der gleiche Versuch, durch eine multiple Linearregression Ansätze zu einer erweiterten Produktionsfunktion zu finden, wurde wie im Bereich des Zusammenhanges: organisatorische Einrichtungen, Kontrollen, Maßnahmen und Verhaltensweisen und Produktivität der Unternehmungen, auch im Bereich: expansionsfördernde Maßnahmen und tatsächliches einzelwirtschaftliches Wachstum vorgenommen. Die Ergebnisse sind in der Tabelle 42 dargestellt. Der Versuch führt jedoch zu dem gleichen Ergebnis wie im Bereich der Produktivität; auch hier ist ein ausschließlich linearer Zusammenhang nicht in der Lage, die empirisch gefundenen Phänomene zu repräsentieren. In allen Betriebsgrößenklassen wird kein F-Wert erreicht, der für ein 95 %iges Signifikanzniveau erforderlich wäre. Das Ergebnis bleibt insofern ebenfalls offen, als mit einem umfangreicheren Programm, das eine multiple Regression auf der Basis verschiedenster Polynome ermöglicht, versucht werden muß, festzustellen, welche Funktionsgleichung außerhalb des Linearbereiches in der Lage ist, den Zusammenhang zwischen dem Umsatzwachstum der Unternehmungen und diesen Verhaltensweisen statistisch gesichert darzustellen. Das Ergebnis dieses Tests muß aus den genannten rechentechnischen Gründen zunächst ebenfalls allein in der Negation des Linearzusammenhanges gesehen werden.

Indikatorenliste zu Tabelle 42

11 Bereitschaft zum Ausbau der Betriebsstätten
12 Fähigkeit zur Finanzierung der Expansion
13 Durchführung von Sonderverkaufsveranstaltungen in Handelsbetrieben
14 Aufnahme neuer oder besserer Produkte in das Sortiment oder Produktionsprogramm
15 Exportorientierung

16 Exportentwicklung
17 Durchführung von Sonderverkaufsveranstaltungen in Handelsbetrieben
18 Eigene Werbung in Handelsbetrieben
19 Bereitschaft zur Kreditaufnahme zur Finanzierung der Ausweitung des Betriebes
20 Ausgaben für Produktentwicklung
21 Durchführung einer der Betriebsgröße entsprechenden Marktforschung

Tabelle 42

Darstellung des funktionalen Zusammenhanges zwischen den expansionsfördernden oder -hemmenden Unternehmungshandlungen und dem Wachstum der untersuchten Betriebe mit Hilfe einer multiplen Regressionsrechnung

Betriebsgrößenklasse I (Industriebetriebe mit 1—10 Beschäftigten)

$y = 288{,}4 - 5{,}4(11) + 447{,}1(12) + 86{,}2(13) - 145{,}7(19) + 35{,}9(21)$

$R_{y,\,xn} = 0{,}30343$ $R^2 = 0{,}09$
$F_{emp} = 0{,}7503$
$F_{\frac{95}{100}/37{,}5} = 4{,}5$ (nicht signifikant) $N = 43$

Betriebsgrößenklasse II (Industriebetriebe mit 11—50 Beschäftigten)

$y = 211{,}5 + 5{,}7(11) - 3{,}1(12) - 37{,}7(13) + 38{,}2(14) - 12{,}8(15) - 11{,}3(16) - 33{,}6(19) + 41{,}2(21)$

$R_{y,\,xn} = 0{,}18404$ $R^2 = 0{,}03$
$F_{emp} = 0{,}30238$
$F_{\frac{95}{100}/69{,}8} = 3{,}03$ (nicht signifikant) $N = 78$

Betriebsgrößenklasse III (Industriebetriebe mit 51—200 Beschäftigten)

$y = 253{,}5 - 106{,}4(11) - 4{,}1(12) + 449{,}7(13) - 408{,}9(14) - 111{,}8(15) - 7{,}9(16) - 49{,}7(19) + 122{,}2(21)$

$R_{y,\,xn} = 0{,}35913$ $R^2 = 0{,}13$
$F_{emp} = 0{,}98096$
$F_{\frac{95}{100}/53{,}8} = 3{,}03$ (nicht signifikant) $N = 62$

Betriebsgrößenklasse IV (Handelsbetriebe mit 1—5 Beschäftigten)

$y = 130{,}1 - 5{,}8(11) - 3{,}8(12) - 0{,}7(13) - 0{,}7(17) - 6{,}4(18) - 4{,}3(19) + 6{,}1(21)$

$R_{y,\,xn} = 0{,}44368$ $R^2 = 0{,}19$
$F_{emp} = 0{,}55148$
$F_{\frac{95}{100}/18{,}8} = 3{,}15$ (nicht signifikant) $N = 27$

Betriebsgrößenklasse V (Handelsbetriebe mit 6—200 Beschäftigten)

$y = 169{,}7 - 10{,}9(11) - 3{,}2(12) + 7{,}7(13) - 17{,}1(17) + 0{,}2(18) + + 9{,}4(19) + 45{,}7(21)$

$R_{y,\,xn} = 0{,}40656$ $R^2 = 0{,}18$
$F_{emp} = 0{,}99010$
$F_{\frac{95}{100}/35{,}7} = 3{,}38$ (nicht signifikant) $N = 43$

V. Die Hypothesen über die Determinanten der wachstumsfördernden oder -hemmenden Unternehmungshandlungen und ihre Überprüfung

Der zweite Teil der zentralen Hypothese, die hier einem empirischen Test unterworfen werden soll, ging davon aus, daß Unterschiede in der Produktivität und Expansion von Unternehmungen und damit in ihrem Beitrag zum gesamtwirtschaftlichen Wachstum nur auf einer ersten Stufe durch ein komplexes System von Hypothesen über produktivitätswirksame oder expansionsfördernde Verhaltensweisen erklärt werden, denn es zeigte sich, daß das wachstumsrelevante Verhalten der Unternehmer selbst — wie das Handeln der übrigen Wirtschaftssubjekte auch — durch eine Fülle von vorgelagerten, fortschrittlichen oder hemmenden Einstellungen und Motiven bestimmt wird, die selbst wiederum von den in der Gesellschaft herrschenden Normen und Werten ebenso wie von demographischen Faktoren und den Erfahrungen der Träger wirtschaftlichen Handelns in der Vergangenheit beeinflußt sind. Dieser zweite Teil der zentralen Hypothese, der die Determiniertheit des wachstumsfördernden oder -hemmenden Handelns der Unternehmungen in der Persönlichkeitsstruktur der Unternehmer beinhaltet, soll im folgenden überprüft werden.

Im Gegensatz zu der Darstellung des Zusammenhanges zwischen den produktivitäts- und expansionsfördernden Verhaltensweisen und der tatsächlich wachstumswirksamen Produktivitätssteigerung bzw. einzelwirtschaftlichen Expansion der Unternehmungen werden hier zunächst die einzelnen im Bereich des Persönlichkeitsbildes des Unternehmers erhobenen Indikatoren kurz erläutert und dann zwei Indizes gegenübergestellt, die die Gesamtheit der im Unternehmen vorhandenen produktivitäts- bzw. expansionsfördernden Verhaltensweisen umfassen[1]. Hierbei wird gemäß dem in den theoretischen Grundlagen dargelegten Schema zur Erklärung wachstumsrelevanter Verhaltensweisen vorgegangen, d. h., es werden zunächst die auf der Einstellungs- und Motivationsebene erhobenen Indikatoren und daran anschließend die einzelnen Variablen der Erklärungsebene erläutert. Wie die Darstellung und Überprüfung der Hypothesen auf der Verhaltensebene beschränkt sich auch die folgende Analyse allein auf die empirische Überprüfung der Bedeutung der einzelnen Indikatoren aus dem Persönlichkeitsbild der

[1] Diese Indizes wurden durch Zusammenfassung der produktivitäts- bzw. expansionsfördernden Maßnahmen und Verhaltensweisen in den einzelnen Betriebsgrößenklassen gebildet, wobei jede Maßnahme und Verhaltensweise mit einem Punkt bewertet wurde. Die untersuchten Unternehmungen erhielten für die Erfüllung einer produktivitäts- bzw. expansionsfördernden Maßnahme oder Verhaltensweise jeweils einen Punkt, für die Nichterfüllung null Punkte. Die Gesamtpunktzahl des Betriebes ergab sich dann aus der Addition der Einzelpunkte.

Unternehmer für die Erklärung der wachstumsfördernden oder -hemmenden Unternehmungshandlungen; auf die Besonderheiten der französischen Wirtschaft als Quelle der Daten, vor allem die Häufigkeitsverteilung der hier erhobenen wachstumsrelevanten Einstellungen und Motive in der französischen Unternehmerschaft, wird hierbei nicht eingegangen. Diese Ergebnisse sind ebenso wie die genaue Formulierung der Fragen vom Verfasser an anderer Stelle ausführlich dargestellt worden[2].

1. Die erhobenen Indikatoren

a) *Auf der Einstellungs- und Motivationsebene*

aa) Einstellung zur Unternehmeraufgabe

Ein erstes kennzeichnendes Bündel von Persönlichkeitszügen des Unternehmers, von denen vermutet wird, daß sie für das wirtschaftliche Wachstum von Bedeutung sind, ist die Einstellung des Unternehmers zu seiner Unternehmeraufgabe. Sie soll wesentlich Richtung, Ausmaß und Intensität seines beruflichen Bemühens bestimmen und damit auch aufgrund der großen Personenbezogenheit der Klein- und Mittelbetriebe den Beitrag dieser Unternehmen zum gesamtwirtschaftlichen Wachstum beeinflussen.

Die Einstellung des Unternehmers zu seiner Unternehmeraufgabe wird in den hier untersuchten Betriebsgrößenklassen einmal durch den Umfang bestimmt, in dem er typisch mittelständische Wertvorstellungen in sein Denken und Handeln aufgenommen hat, und zum anderen durch die Motive, von denen er bei seiner beruflichen Tätigkeit geleitet wird, und durch die Zufriedenheit, die ihm diese Tätigkeit vermittelt. Sie hat damit eine wesentliche „mittelständische" Komponente, in der die Vorstellungen und Werte dieser spezifischen Gruppe von Wirtschaftssubjekten ihren Niederschlag finden, sowie eine „unternehmerische" Komponente, die im wesentlichen durch die beruflichen Motive und die Berufszufriedenheit des Unternehmers gekennzeichnet ist.

Bedeutung der Selbständigkeit

Als Indikator für das Ausmaß, in dem die befragten Unternehmensleiter durch typisch mittelständische Wertvorstellungen geleitet werden, wurde die Bedeutung der Selbständigkeit herausgegriffen, denn die wirtschaftliche und soziale Autonomie des Klein- und Mittelbetriebes, d. h. die Selbständigkeit seines Unternehmers[3], gilt als einer der bedeu-

---

[2] Vgl. *Dierkes*, M.: Der Beitrag des französischen Mittelstandes zum wirtschaftlichen Wachstum, S. 57—137.

[3] Vgl. *Boetticher*, K.: Die Aussichten des Mittelstandes in einer industriel-

tendsten Werte im mittelständischen Bereich[4]. Sie gilt allerdings zugleich als Antrieb und als Beharrungsfaktor der mittelständischen Unternehmertätigkeit. Als Antriebsfaktor ruft der Wille zur Selbständigkeit die Bereitschaft hervor, das Risiko einer freien Unternehmertätigkeit zu tragen[5], sich gegenüber den Konkurrenten zu behaupten und so das Unternehmen als unabhängige Wirtschaftseinheit zu erhalten. Dieses Erhaltungsstreben grenzt jedoch gleichzeitig schon an das Beharrungsmoment, das der Wille zur Selbständigkeit in die mittelständische Unternehmung bringen kann: Er beeinträchtigt nämlich die Erfüllung der Wendigkeitsfunktion durch dieses Unternehmen[6], indem er den Unternehmer motiviert, seinen Betrieb oder Betriebsstelle ohne Rücksicht auf einen geringen einzelwirtschaftlichen Erfolg oder eine niedrige volkswirtschaftliche Effizienz aufrechtzuerhalten. Darüber hinaus kann der Wille zur Selbständigkeit auch als Hemmschuh gegenüber einer einzel- wie gesamtwirtschaftlich erforderlichen Zusammenarbeit mit anderen Unternehmungen wirken[7].

Berufsziele

Die Einstellung des Unternehmers zu seiner Unternehmeraufgabe wird jedoch nicht nur durch das Ausmaß bestimmt, in dem er schichttypische Werte übernommen hat, sondern in ebenso großem Umfang auch durch die Antriebe und Motive, die ihn zu seiner beruflichen Tätigkeit veranlassen. Die Berufsmotivation ist damit einer der Schlüsselfaktoren, die die Einstellung des Unternehmers zu seiner Unternehmeraufgabe charakterisieren[8]. Der Einfluß der persönlichen Berufsmotivation des Unternehmers auf das Leben seines Betriebes findet seinen Niederschlag in erster Linie im Bereich der langfristigen Zielsetzung der Unternehmung[9]. Ob der einzelne Betrieb das Ziel „Maximierung des Gewinnes, Umsatzes oder Marktanteils" zu realisieren versucht, ob und welche

len Gesellschaft, in: *Utz*, A. F. (ed.): Der Mittelstand in der Wirtschaftsordnung heute, S. 47.

[4] Vgl. *Andreae*, C. A. und *Seidenfus*, H. St.: Mittelständische Industrie und Kartellfrage, in *Andreae*, C. A., *Seidenfus*, H. St., *Passern*, W., *Maier*, J. (ed.): Der industrielle Mittelstand in der Wettbewerbsordnung, S. 26.

[5] Vgl. *Andreae*, C. A. und *Seidenfus*, H. St.: Mittelständische Industrie und Kartellfrage, S. 26.

[6] Vgl. *Bayer*, H.: Das mittlere personengeprägte Unternehmen . . ., S. 19.

[7] Vgl. *Kremp*, H.: Zur Größe gezwungen, in Die Zeit Nr. 10 vom 4. 3. 1966, S. 39, ebenso Bericht *Woitrin-Stampa:* a. a. O., S. 142.

[8] Vgl. Bericht *Woitrin-Stampa*: S. 136.

[9] Es soll hier — wie im theoretischen Teil schon dargelegt wurde — streng zwischen den Zielen der Unternehmung und den Motiven des Unternehmens unterschieden werden. Allein durch eine solche Unterscheidung wird es möglich, über vordergründige Erklärungsbereiche hinaus einen Teil der eigentlichen Einflußfaktoren auf die Leistungsfähigkeit der mittelständischen Unternehmen zu erfassen; vgl. *Scheuing*, E.: Der Unternehmer als Entscheidungszentrum, S. 655.

Nebenbedingungen in diese Zielsetzung mit eingehen, oder ob ihm zur Aufgabe gemacht wird, nur eine an bestimmten habituellen Normen gemessene „befriedigende" Erreichung dieser Ziele zu verfolgen, hängt im wesentlichen von den Motiven ab, die den Unternehmer, der ja dem Unternehmen die Zielsetzung vorschreibt, in seiner eigenen beruflichen Tätigkeit leiten. Beeinflußt aber die Berufsmotivation des Unternehmers das langfristige Unternehmungsziel, so nimmt sie indirekt dadurch auch Einfluß auf das tägliche Leben des Betriebes, in dem ja Ziel-Mittel-Entscheidungen jeweils im Hinblick auf das Unternehmungsziel getroffen werden.

Empirische Analysen über die Motivationsstruktur der Unternehmer sind in Frankreich bisher noch nicht durchgeführt worden; soweit Aussagen hierüber gemacht werden, fußen sie weitgehend auf unsystematischen Einzelbeobachtungen oder auf der Analyse historischer Quellen. Diese Studien vermitteln ein Bild des französischen Unternehmers, der motiviert ist „toward caution, thrift, security, tradition, avoidance of risk — toward running the business as an annuity, maximizing security rather than profits, growth, output or any combination thereof"[10]. Dieses Verlangen nach allseitiger Sicherheit[11], die Scheu vor dem Risiko[12] sowie andererseits die Auffassung des Unternehmers, daß es Aufgabe seines Betriebes ist, „soviel und so schnell wie möglich Profit abzuwerfen"[13], wird von vielen dieser Abhandlungen als einer der wesentlichen Gründe für die Stagnation der französischen Wirtschaft in den vergangenen Jahren angesehen[14].

Berufszufriedenheit

Nicht nur das Ausmaß seiner Identifikation mit schichttypischen Werten und die Motive, die den Unternehmer zu seiner Tätigkeit veranlassen, bestimmen die Einstellung des Unternehmers zu seiner Unternehmeraufgabe. Sie wird vielmehr in ebenso großem Umfang von der Zufriedenheit getragen, mit der ihn seine berufliche Tätigkeit erfüllt: Je größer die Berufszufriedenheit des Unternehmers ist, desto positiver wird er auch seiner unternehmerischen Aufgabe gegenüberstehen. Damit ist gleichzeitig die hypothetische Verknüpfung mit dem Beitrag seiner Unternehmung zum gesamtwirtschaftlichen Wachstum gegeben,

---

[10] *Sawyer*, J. E.: The Entrepreneur and the Social Order in France and the United States, in: Men in Business — Studies in the History of Entrepreneurship, Cambridge 1951, S. 19.

[11] Vgl. *Wunderlich*, E.: Frankreich, Stuttgart 1930, S. 35.

[12] Vgl. *Coulmas*, P.: Frankreich deutet sich selbst, Hamburg 1961, S. 53.

[13] *Kremp*, H.: Zur Größe gezwungen, in: Die Zeit, Nr. 10 vom 4. 3. 1966, S. 39.

[14] Vgl. *Kemp*, T.: Strucutral Factors in the Retardition of French Economic Growth, in: Kyklos, Vol. XV (1962), S. 331.

denn es ist anzunehmen, daß bei stärkerer Identifikation des Unternehmers mit seiner Unternehmeraufgabe auch seine Bereitschaft größer ist, solche Maßnahmen und Einrichtungen zu schaffen, welche die Leistungsfähigkeit seines Betriebes erhöhen.

Die Berufszufriedenheit der untersuchten Unternehmensleiter wurde auf verschiedenen Wegen erhoben. Zunächst wurden die Befragten gebeten, auf einer vorgegebenen Skala das Wort anzugeben, das nach ihrer Meinung die unternehmerische Tätigkeit in der heutigen Zeit am besten charakterisieren könne.

Gewählt werden konnte zwischen

Last
sozialer Aufgabe
Befriedigung
Stolz
Chance,

sodann wurde ihnen die hypothetische Situation vor Augen geführt, in ihrem Berufsleben noch einmal von neuem beginnen zu können, um damit eine weitere Information über ihre Berufszufriedenheit zu erhalten.

bb) Dynamik und Zukunftsbezogenheit des Denkens

Neben der Einstellung des Unternehmers zu seiner Unternehmeraufgabe soll als weiterer Bereich die Betrachtung der Dynamik und Zukunftsbezogenheit seines Denkens helfen, Hypothesen für die Erklärung eines wachstumsfördernden oder -hemmenden Unternehmungshandelns zu finden, denn wachstumsfördernde Eigenschaften der Erklärungsebene sowie eine positive Einstellung zur Unternehmeraufgabe allein reichen auch im hypothetischen Bereich nicht aus, „den Erfolg des Unternehmers und die Expansion seines Betriebes (zu erklären). Diesbezüglich sind vielmehr der Geist und das Temperament des Betriebsleiters ausschlaggebend“[15]. Unternehmer, die „sich durch ihren Dynamismus auszeichnen, bringen es gewöhnlich fertig“[16], die Produktivität ihres Betriebes zu erhöhen und daneben noch „den Betrieb zu vergrößern, trotz aller Schwierigkeiten, denen sie dabei begegnen mögen“[17].

Die Dynamik des Denkens ist jedoch nur ein Teilbereich dieser Gruppe von wachstumsrelevanten Einstellungen des Unternehmers. Hand in Hand mit ihr muß — so lauten die Hypothesen — die Bereitschaft und Fähigkeit gehen, kommende Ereignisse in alternativen Denkmodellen

---

[15] Bericht *Woitrin-Stampa*: a. a. O., S. 136.
[16] Bericht *Woitrin-Stampa*: ebenda.
[17] Bericht *Woitrin-Stampa*: ebenda.

zu erfassen und somit die Zukunft seines Unternehmens aktiv zu planen. Die Zukunftsbezogenheit des unternehmerischen Denkens ist damit neben seiner Dynamik der zweite Bereich der noch zu behandelnden wachstumsrelevanten Einstellungen.

Die Dynamik des unternehmerischen Denkens wurde für diese Untersuchung an der Bereitschaft des Unternehmers zur Übernahme des technischen Fortschritts und zur Lösung von Nicht-Routine-Aufgaben gemessen, ferner an seiner Einstellung zum Leistungswettbewerb, wie auch seiner Bereitschaft, im Interesse des Unternehmens mehr als bisher zu arbeiten. Als Indikatoren für die Zukunftsbezogenheit wurden der persönliche Planungshorizont des Unternehmers, sein Pensionierungsstreben sowie die Lösung der Nachfolgefrage in seinem Unternehmen ausgewählt.

Bereitschaft zur Übernahme des technischen Fortschritts

Soll der Betrieb des einzelnen Unternehmers nicht zu den ewig gestrigen Institutionen der Wirtschaft gehören, dürfte auch seine Bereitschaft, „immer neue Wege zu gehen und im Bewußtsein der Verantwortung Neues zu wagen, eine große Rolle“[18] für die weitere Entwicklung des Unternehmens spielen, denn die einzelnen Betriebe stehen heute „unter dem zwingenden Gebot der Anpassung an den technischen wie auch an den wirtschaftlichen Fortschritt, an die Wandlungen in der Struktur, in der Warenherstellung und ihrer Verwendung“[19] — Aufgaben, die sie nur mit einem umfassenden „esprit d'innovation“ lösen können. Die Dynamik des unternehmerischen Denkens und Handelns findet daher ihren ersten Ausdruck in seiner Bereitschaft, technischen und ökonomischen Neuerungen, d. h. dem technischen Fortschritt, in seinem Betrieb zum Durchbruch zu verhelfen.

Diese Bedeutung der Einstellung des Unternehmers zum technischen Fortschritt für den Leistungsstand seines Betriebes wird in der wirtschaftswissenschaftlichen Literatur immer wieder hervorgehoben[20]. In vielen Abhandlungen zur Situation des kleinen und mittleren Unternehmens und seines Unternehmers ist immer wieder davon die Rede, daß gerade in dem Traditionalismus des Mittelständlers[21], seinem großen Beharrungsvermögen in alten Denkgewohnheiten[22] und seiner „Ablehnung oder zumindest unbegründeten Zurückhaltung gegenüber modernen

[18] *Bayer*, H.: Das mittlere personengeprägte Unternehmen . . ., S. 18.

[19] Deutscher Industrie- und Handelstag, Schriftenreihe, Heft 53, Stärkung der Mittelschichten — Gründe, Möglichkeiten und Grenzen, Bonn 1958, S. 26.

[20] Vgl. S. 88.

[21] Vgl. *Humblet*, E. J.: Industrie und Mittelstand, in: *Utz*, A. F. (ed.): Der Mittelstand in der Wirtschaftsordnung heute, Heidelberg—Löwen 1959, S. 25.

[22] Vgl. *Albrecht*, K.: Dem Mittelstand eine Chance, Frankfurt 1959, S. 70.

Methoden“[23] *das* wesentliche Hindernis für die Entwicklung dieser Unternehmungen liege. Wie in vielen anderen Bereichen wird auch hier vor allem auf den französischen Unternehmer hingewiesen, der kaum bereit sei, nach neuen Produktionsmethoden und Austauschverfahren zu suchen[24], und der deshalb mehr als Unternehmer in anderen Ländern an überholten Produktionsmethoden und überalterten technischen Einrichtungen festhalte[25]: „Malheureusement les méthodes industrielles qui rendraient possibles les hauts niveaux de productivité ... ne sont généralement pas connues ... ou bien, si elles sont connues, elles ne sont généralement pas appliquées“[26]. Nur wenige Autoren glauben, in der Entwicklung der letzten Jahre einen Wandel in der traditionsstarren Haltung des französischen Unternehmers sehen zu können[27].

Bereitschaft zur Lösung von Nicht-Routine-Aufgaben

Die Tätigkeit des Unternehmers bringt es mit sich, daß er oft vor Aufgaben gestellt wird, die er nicht immer auf Anhieb lösen kann. Weicht er diesen Aufgaben aus und bevorzugt die Erledigung der bekannten täglichen Routinearbeit, so fehlt seinem Unternehmen auf lange Sicht eine wesentliche Komponente der dynamischen Entwicklung des Betriebes, die ständige Bereitschaft nämlich, sich durch Veränderungen in der Organisation von Produktion und Absatz und im Angebot der Produkte den Wandlungen der Wirtschaftsstruktur anzupassen[28]. Das Unternehmen wird dann in der Traditionserstarrung verharren, die als typisch für viele Klein- und Mittelbetriebe angesehen wird[29]. Neben der Aufgeschlossenheit des Unternehmers gegenüber dem technischen und ökonomischen Fortschritt ist daher auch seine Bereitschaft, sich von liebgewonnenen Routinearbeiten zu lösen und schwierigen, problemgeladenen Aufgaben zuzuwenden, ein wesentlicher Indikator für die Beurteilung der Dynamik seines Denkens und Handelns.

Einstellung zum Wettbewerb

Die Aufgabe der Klein- und Mittelbetriebe, in der Marktwirtschaft liegt im wesentlichen darin, durch ihre große Zahl für einen funktions-

[23] *Bayer*, H.: Das mittlere personengeprägte Unternehmen ..., S. 116 f.

[24] Vgl. Gesellschaft für übernationale Zusammenarbeit (ed.): Frankreichs Wirtschaft, S. 23.

[25] Vgl. *Peikert*, H.: Frankreichs Wirtschaft heute, Struktur und Tendenzen, Wiesbaden 1968, S. 17; ebenso *Müller-Ohlsen*, L.: Wirtschaftsplanung und Wirtschaftswachstum Frankreichs, Tübingen 1967, S. 159.

[26] Syndicat Général des Fondeurs de France (ed.): La Faiblesse de la Productivité Française vue par les Américains, Paris 1950.

[27] Vgl. *Gélinier*, O.: Morale de l'entreprise ..., S. 345; ebenso Syndicat Général des Fondeurs de France (ed.): La Faiblesse ..., Abschnitt G.

[28] Vgl. *Sieber*, E. H.: Führungsprobleme mittlerer Betriebe, S. 78.

[29] Vgl. *Bayer*, H.: Das mittlere personengeprägte Unternehmen ..., S. 116.

fähigen Wettbewerb zu sorgen und damit zu bewirken, daß die Volkswirtschaft optimal mit Gütern versorgt wird[30].

Diese Funktionsfähigkeit des Wettbewerbs unterliegt jedoch zwei Einschränkungstendenzen: Zum einen verringert sich die Zahl der Anbieter auf den Märkten durch den Konzentrationsprozeß, der in einzelnen Volkswirtschaften beobachtet werden kann, zum anderen bestehen in der Wirtschaft aber auch bewußte Bestrebungen, den Wettbewerb auszuschalten[31]. Vor allem viele Angehörige des gewerblichen Mittelstandes denken auch heute noch in den Kategorien einer ständischen Wirtschaftsordnung[32] und versuchen aus diesem Denken heraus, den Wettbewerb durch Berufsordnungen, staatliche oder verbandliche Preisfestsetzung zu verringern[33]. Die Bereitschaft des Unternehmers, sich der Herausforderung eines Leistungswettbewerbs zu stellen und nicht in staatliche oder kartellartige Wettbewerbsbehinderungen zu flüchten, ist damit ein weiterer Indikator dafür, inwieweit sich dieser Unternehmer von den traditionellen mittelständischen Vorstellungen gelöst hat und auch in seiner Einstellungssphäre die Voraussetzungen zur Erfüllung der Aufgaben seiner Unternehmung in einer dynamischen Wirtschaft mitbringt. Gerade dem französischen Unternehmer wurde in der Vergangenheit oft nachgesagt, daß er wettbewerbsfeindlich sei und seine Vorstellungen von der Organisation des Wirtschaftsprozesses weitgehend an der ständischen Wirtschaftsordnung mit ihren Berufsprivilegien und Konkurrenzbehinderungen anlehne: „The french businessman has been more comfortable with 'live and let live' arrangements assuring the survival of firms than with the opportunities and risks of vigorous competition“[34].

Eine spezielle Variante der Einstellung zum Wettbewerb als Indikator des unternehmerischen Denkens ist die Einstellung zu den ausländischen Investitionen in der eigenen Volkswirtschaft, d. h. die Bereitschaft, einerseits mit ausländischen Unternehmungen um Produktivkräfte und Absatzmärkte zu konkurrieren, andererseits aber auch der nationalen Wirtschaft das „know how“ dieser Unternehmungen zugute kommen zu lassen[35]. Gerade dem französischen Unternehmer wurde lange Zeit nachgesagt, daß er ausländischen Unternehmungen in Frankreich mit großer Skepsis gegenüberstehe, weil sie seine traditionellen Vorstellungen von

---

[30] Vgl. *Messner*, J.: L'entrepreneur propriétaire, in: *Bloch-Lainé*, F. et *Perroux*, F. (ed.): L'entreprise et l'économie du XXe siècle, Paris 1966, S. 245.

[31] Vgl. *Albrecht*, K.: Dem Mittelstand eine Chance, S. 126.

[32] Vgl. *Boetticher*, K. W.: Die Aussichten des Mittelstandes in einer industriellen Gesellschaft, S. 47.

[33] Vgl. *Aengenendt-Papesch*, R.: Die Funktionen der Klein- und Mittelbetriebe in der wettbewerblichen Wirtschaft, S. 74.

[34] *Denison*, E. F.: Why Growth Rates Differ, S. 167; vgl. auch *Peikert*, H.: Frankreichs Wirtschaft heute, S. 17.

[35] Vgl. *Gélinier*, O.: Morale de l'entreprise . . ., S. 345.

Produktion und Absatz wie auch liebgewonnene Marktbindungen erschütterten. Diese Feindlichkeit der französischen Wirtschaft gegenüber dem Wettbewerber, der als ausländisches Unternehmen in Frankreich eine Produktionsstätte aufbaut, wurde aus der — vor allem gegen die amerikanischen Unternehmungen gerichteten — Restriktionspolitik gegenüber ausländischen Investitionen in den Jahren 1963 bis 1966 geschlossen[36].

Bereitschaft zur Mehrarbeit

Sieht man das Sozialprodukt einer Volkswirtschaft — wie es z. B. die statistische Wachstumsforschung tut — als Produkt aus der arbeitsbezogenen Produktivität und der gesamtwirtschaftlichen Arbeitszeit an, dann kann eine Erhöhung des Sozialproduktes sowohl durch eine Vergrößerung der arbeitsbezogenen Produktivität bei konstanter Arbeitszeit als auch durch eine Erhöhung der gesamtwirtschaftlichen Arbeitszeit bei konstanter arbeitsbezogener Produktivität zustandekommen. Während die bisher behandelten Einstellungen und Motive im wesentlichen Hypothesen darüber waren, welche Faktoren im persönlichen Bereich des Unternehmers eine Erhöhung der Leistungsfähigkeit, d. h. vor allem der arbeitsbezogenen Produktivität, seines Unternehmens fördern, so soll durch die Frage nach seiner Bereitschaft zur Mehrarbeit festgestellt werden, in welchem Umfange in seiner Einstellungssphäre die Voraussetzungen dafür vorliegen, die zweite Komponente des gesamtwirtschaftlichen Wachstums, die Erhöhung der Arbeitszeit, in seinem persönlichen Bereich zu begünstigen. Die Frage ist also: Ist der Beitrag, den die einzelne Unternehmung zur Erhöhung des gesamtwirtschaftlichen Angebotes an Gütern und Dienstleistungen leistet, dann höher, wenn der Unternehmer stets bereit ist, mehr zu arbeiten, um dadurch auch mehr zu verdienen, oder wenn er eher von dem traditionellen Gedanken der „gesicherten Nahrung“[37] ausgeht und sich mit seinem bisherigen Einkommen und seiner bisherigen Arbeitszeit zufrieden gibt?

Planungshorizont

Zu den wesentlichen Aufgaben des Unternehmers gehört es, zukünftige Ereignisse im Leben seiner Unternehmung in alternativen Denkmodellen zu erfassen. Mit der steigenden Ausreifezeit für neue Produkte, der stärkeren Verflechtung der nationalen Märkte und der immer größeren Bedeutung des Absatzbereiches nehmen die Anforderungen an den Planungshorizont der Unternehmungen zu. Die starke Personenbezogenheit des Klein- und Mittelbetriebes erfordert damit aber auch beim

[36] Vgl. *Servan-Schreiber*, J.-J.: Le defi américain, Paris 1967, S. 31.

[37] Vgl. *Boetticher*, K. W.: Die Aussichten des Mittelstandes in einer industriellen Gesellschaft, S. 43.

Unternehmer selbst einen weiteren Planungshorizont, dessen Aufgabe es immer mehr wird, sich von den Entscheidungen für den nächsten Tag zu lösen und in Entscheidungen für die nächsten Jahre zu denken[38].

Pensionierungsstreben und Altersversorgung

Da angenommen wird, daß das Alter des Unternehmers seine grundsätzliche Bereitschaft, im Unternehmen neuen Verfahren gegenüber alten bewährten Methoden den Vorzug zu geben, in größerem Umfang beeinflußt, liegt es im Interesse der Anpassungsfähigkeit des Betriebes und damit auch des Wachstums der Volkswirtschaft, daß der Unternehmer sich zu einem nicht zu späten Zeitpunkt von der aktiven Leitung der Unternehmung zurückzieht und nicht so lange im Betrieb tätig ist, wie es ihm aufgrund seiner gesundheitlichen Verfassung möglich wäre.

Ein frühzeitiger Rücktritt des Unternehmers von der Führung seines Betriebes ist jedoch nur dann möglich, wenn auch seine Altersversorgung als gesichert angesehen werden kann. Besteht keine ausreichende Altersversorgung für ihn, so unterliegt er weitgehend dem ökonomischen Zwang, länger oder so lange zu arbeiten, wie es seine Gesundheit erlaubt.

Die Bereitschaft des Unternehmers, den Platz in der Betriebsleitung durch ein frühzeitiges Ausscheiden jüngeren Kräften freizumachen, modifiziert um die ökonomischen Voraussetzungen in Gestalt der Altersversorgung, gilt damit als weitere Komponente des Bildes der unternehmerischen Persönlichkeit, von der angenommen wird, daß sie den Beitrag des Betriebes zum gesamtwirtschaftlichen Wachstum wesentlich beeinflußt.

Das Problem der Nachfolge

Große Bedeutung für das Denken und Handeln des Unternehmers hat auch die Frage, was mit seinem Unternehmen geschehen soll, wenn er sich aus der aktiven Leitung des Betriebes zurückzieht. Vor allem bei älteren Unternehmern ist oft zu erkennen, daß die Dynamik ihres Denkens und Handelns nachzulassen beginnt, wenn sie nach ihrem Ausscheiden aus der Unternehmensleitung ihren Betrieb verkaufen, verpachten oder gar liquidieren müssen. Auf der anderen Seite „kann die Anwesenheit eines Sohnes oder sonstigen Familienangehörigen, der ihnen hinsichtlich einer späteren Nachfolge helfen wird, einen Ansporn bedeuten, der zur Entwicklung des Betriebes beitragen kann“[39].

---

[38] Zur Bedeutung des unternehmerischen Planungshorizontes für den Prozeß der wirtschaftlichen Entwicklung, vgl. *McClelland*, D. C.: Die Leistungsgesellschaft, S. 229 f.

[39] Bericht *Woitrin-Stampa*: a. a. O., S. 137.

Gerade in Frankreich soll das Problem der Unternehmernachfolge von besonderer Bedeutung sein, da viele Unternehmerkinder nur wenig Interesse an der Tätigkeit ihrer Eltern haben und es vorziehen, in freie Berufe oder staatliche Dienste abzuwandern[40]. Auch hieraus wird oft die mangelnde Dynamik und Zukunftsbezogenheit des Denkens französischer Unternehmer erklärt. Auf der anderen Seite muß jedoch — falls die Hypothese bei der empirischen Überprüfung nicht falsifiziert wird — berücksichtigt werden, daß diese ungeklärte Nachfolgefrage auch eine wirkliche Chance für die französische Wirtschaft in ihrer Gesamtheit bedeutet. Ist nämlich festzustellen, daß die Unternehmernachfolge vornehmlich in solchen Betrieben ungewiß ist, die nur wenig leistungsfähig sind, würde eine Abwanderung der potentiellen Nachfolger, also der Unternehmerkinder, die Bereitschaft zur Anpassung durch Aufgabe des Betriebes wesentlich fördern und damit der Volkswirtschaft dann Produktionskräfte zur Verfügung stellen, die in diesen Bereichen fehlgeleitet waren.

b) *Auf der Ebene der Erklärungsfaktoren*

Wachstumsfördernde oder -hemmende Einstellungen und Motive allein sind noch nicht in der Lage, das wachstumsrelevante Verhalten der Unternehmer umfassend zu erklären, denn diese Größen selbst sind z. T. wiederum erklärungsbedürftig; werden sie doch erst im Sozialisierungsprozeß, dem der Unternehmer wie jedes andere Mitglied der Gesellschaft in jeder anderen Rolle auch unterliegt, herausgebildet. Auf der Ebene dieser mit zeitlichen oder logischen Prioriäten ausgestatteten Erklärungsfaktoren[41] wurden in der vorliegenden Untersuchung das Alter, das Geschlecht, die Aus- und Fortbildung sowie die soziale Herkunft der Unternehmensleiter erhoben.

Alter

Die große Bedeutung des Alters der am Wirtschaftsprozeß teilnehmenden Gruppen[42] wird immer wieder vor allem am Beispiel der französischen Wirtschaft demonstriert. Man nimmt an, daß die Überalterung der Bevölkerung, besonders der Unternehmerschaft, ein wesentliches Hindernis für die Entwicklung Frankreichs war[43]. Sie sollte die vielfach

---

[40] Vgl. *Habakkuk*, H.: Die grundlegenden Bedingungen des wirtschaftlichen Fortschritts, in: Zeitschrift für Nationalökonomie, Bd. XV, 1956, S. 52.

[41] Vgl. *Biervert*, B., *Dierkes*, M., *Walzel*, A.: Automatischer Split zur optimalen Kombination erklärender Faktoren, S. 305.

[42] Zur Bedeutung des Alters des Unternehmensleiters für die Dynamik seines Betriebes vgl. auch *Mansfield*, S.: The Speed of Response of Firmes to New Techniques, in: Quarterly Journal of Economics, 1963, S. 302.

[43] Vgl. *Boissonat*, J.: Eine neue französische Wirtschaft, in: Gesellschaft für übernationale Zusammenarbeit (ed.): Frankreichs Wirtschaft, S. 23.

festgestellte Abneigung gegenüber dem technischen Fortschritt und der wirtschaftlichen Expansion[44] sowie die Risikoscheu und das Festhalten der Unternehmer an den „Situations acquises“, alt erworbenen Rechten wie Konkurrenzbeschränkungen und Berufsprivilegien[45] verursachen.

Geschlecht

Neben dem Alter gehört auch das Geschlecht zu den charakteristischen Grundlagen des Bildes einer Gruppe von Wirtschaftssubjekten[46]. Es differenziert nämlich aufgrund des schon in frühester Jugend einsetzenden, in geschlechtsspezifischer Weise ablaufenden Sozialisierungsprozesses ebenso wie das Alter wesentlich das Denken und Handeln der am Wirtschaftsprozeß Beteiligten[47].

Aus- und Fortbildung

Überblickt man die Literatur über die Probleme kleiner und mittlerer Unternehmen, so wird diesen Faktoren eine überragende Rolle für die weitere Entwicklung der Betriebe zugesprochen und gleichzeitig beklagt, daß „die mangelhafte Bildung vieler Mittelständler“[48] eine wesentliche Ursache für die Anpassungsschwierigkeiten der Klein- und Mittelbetriebe ist[49]. Neben der oft geringen fachlichen Ausbildung wird hier gerade das Fehlen einer umfassenden Allgemeinbildung, wie sie der Besuch weiterführender Schulen vermittelt, hervorgehoben[50]. Daher soll untersucht werden, welchen Einfluß die Schulbildung der Unternehmer auf den Beitrag ihrer Betriebe zum gesamtwirtschaftlichen Wachstum hat.

Die einmal genossene formale Ausbildung in Grund- und weiterführenden Schulen ist jedoch nur eine Komponente des „Bildungsstatus“ der Unternehmer. Die ständig steigenden „Anforderungen an die kaufmännischen, technischen, organisatorischen und dispositiven Fähigkei-

---

[44] Vgl. *Boissonat*, J., ebenda.

[45] Vgl. *Peikert*, H.: Frankreichs Wirtschaft heute, S. 17.

[46] Vgl. *Lorenz*, Ch.: Bevölkerungslehre, in: *Ziegenfuß*, W. (ed.): Handbuch der Soziologie, Stuttgart 1956, S. 432.

[47] Vgl. *Hofstätter*, P. R. (ed.): Das Fischer Lexikon „Psychologie“, Frankfurt 1957, S. 132 ff.

[48] *Jansen*, H. L.: Die Selbsthilfe des mittelständischen Unternehmers, in: *Utz*, A. F. (ed.): Der Mittelstand in der Wirtschaftsordnung heute, S. 90.

[49] Vgl. *Aengenendt-Papesch*, R.: Die Funktion der Klein- und Mittelbetriebe in der wettbewerblichen Marktwirtschaft, S. 45; ebenso *Fournier le Ray*, G.: Voraussetzungen für die Anpassung der mittelständigen Betriebe an die wirtschaftliche und technische Entwicklung, in: *Utz*, A. F. (ed.): Der Mittelstand in der Wirtschaftsordnung heute, S. 275.

[50] Vgl. *Jansen*, H. L.: Die Selbsthilfe des mittelständischen Unternehmers, S. 90.

ten"[51] des Unternehmensleiters erfordern über dieses Fundament hinaus auch in Klein- und Mittelbetrieben eine permanente Fortbildung der Führungskräfte[52]. Als Mittel hierzu werden angesehen: die Lektüre von Fachzeitschriften und neuerer Literatur technischer oder ökonomischer Ausrichtung, der Besuch von Unternehmerseminaren, Ausstellungen oder Messen und ein enger Kontakt zu den Industrie- und Handelskammern. Alle diese Möglichkeiten sind in der französischen Wirtschaft in großem Umfange gegeben[53]. Die Ausnutzung dieser Fortbildungsmöglichkeiten durch den Unternehmer soll daher als ein weiterer Indikator aus dem Bereich der Erklärungsfaktoren auf seine Wachstumsrelevanz überprüft werden.

Selbstgründung versus Familientradition

Als letzte Komponente dieser grundlegenden Charakteristika soll dann festgestellt werden, inwieweit die Tatsache, daß ein Teil der untersuchten Unternehmer „Unternehmer durch Aufstieg"[54] ist, also seinen Betrieb selbst gegründet hat, und ein anderer Teil als „Unternehmer nach Herkunft"[55] die Tradition eines Familienunternehmens fortsetzt, den Beitrag der Unternehmungen zum gesamtwirtschaftlichen Wachstum modifiziert. Hinter dieser typologischen Unterscheidung zwischen dem „Gründer" und dem „Erhalter des Familienbetriebes" steht nämlich die Vermutung, daß sich beide Gruppen von mittelständischen Unternehmern auch durch bestimmte wachstumsfördernde oder -hemmende Verhaltensweisen differenzieren[56]: Die wirtschaftswissenschaftliche Literatur über das Unternehmerverhalten sieht in dem „Gründer" eine Variante des Schumpeterschen dynamischen Unternehmers, der mit der Gründung seines Betriebes neuen Produkten oder Verfahrensweisen in der Volkswirtschaft zum Durchbruch verhilft. Im Gegensatz dazu wird der Unternehmer, der den Betrieb von seinen Vorfahren übernommen hat, oft als rein stationär denkender Erhalter und Verwalter des Familienvermögens angesehen[57].

---

[51] *Albrecht*, K.: Dem Mittelstand eine Chance, S. 86.

[52] Vgl. *Fournier le Ray*, G.: Voraussetzungen für die Anpassung ..., S. 274, und *Raynal*, A.-J.: L'Entreprise Familiale, Psychologie-Gestion-Fiscalité, Paris 1963, S. 30 f.

[53] Vgl. z. B. den Katalog der Fortbildungsmöglichkeiten bei *Gardelini*, R.: Produktivität und französische Wirtschaft, Arbeitsgemeinschaft für Forschung des Landes Nordrhein-Westfalen, Heft 145, Köln und Opladen 1965, S. 20 f.

[54] *Redlich*, F.: Der Unternehmer, S. 163.

[55] *Redlich*, F.: ebenda.

[56] Vgl. *Scheuing*, E.: Der Unternehmer als Entscheidungszentrum, S. 655.

[57] Vgl. *Boonen*, J.: Les conditions de survie de l'entreprise familiale, in: C.E.P.I. (ed.): Forces et faiblesses des entreprises familiales, Lille 1960, S. 125.

2. Die für das gesamtwirtschaftliche Wachstum bedeutenden Faktoren

Der Zusammenhang zwischen den hier kurz dargestellten Einflußfaktoren aus dem persönlichen Bereich des Unternehmers und dem Beitrag zum gesamtwirtschaftlichen Wachstum, den er durch eine produktivitäts- und expansionsfördernde Unternehmenspolitik[58] leistet, wurde auf zwei verschiedenen Wegen analysiert. Zunächst wurden solche Variable der Erklärungsebene sowie Einstellungen und Motive aus dem persönlichen Bereich des Unternehmers ermittelt, die durchgehend in allen Betriebsgrößenklassen den Wachstumsbeitrag der untersuchten Unternehmen positiv beeinflussen. Mittels einer Korrelationsanalyse[59] konnte eine Rangfolge dieser Faktoren aufgestellt werden, die es ermöglicht, Haupteinflußfaktoren hervorzuheben und daneben solche Faktoren der Erklärungsebene, Einstellungen und Motive des Unternehmers aufzuzeigen, die zwar ebenfalls den Beitrag der Unternehmungen zum Wirtschaftswachstum in den meisten Betriebsgrößenklassen fördern, aber in weniger starkem Ausmaß als die Haupteinflußfaktoren.

Der Einfluß dieser beiden Gruppen von Determinanten aus dem persönlichen Bereich des Unternehmers darf jedoch nicht isoliert von dem Wirken der übrigen Einflußfaktoren gesehen werden, die nur in einzelnen Betriebsgrößenklassen oder Untergruppen der Haupteinflußfaktoren das Produktivitäts- und Expansionsstreben der Unternehmungen bestimmen. Vielmehr ist auch das Wirken der Haupteinflußgrößen interdependent in den fördernden und/oder hemmenden Einfluß eingebettet, den die übrigen Faktoren auf das Produktivitäts- und Expansionsstreben der Unternehmungen ausüben. Auf der zweiten Stufe der Analyse wurde daher versucht, diese Interdependenz des Wirkens aller Einflußfaktoren auf die beiden Komponenten des Wachstumsbeitrages der Unternehmungen darzustellen. Mit Hilfe eines aus der Varianzanalyse abgeleiteten Verfahrens der AUSPIK-Analyse[60] gelang es, die Bedeutung eines jeden im persönlichen Bereich des Unternehmers erhobenen Einflußfaktors auf den Beitrag der Unternehmungen zum wirtschaftlichen Wachstum herauszuarbeiten, dadurch das Wirken der zunächst herausgestellten Hauptbestimmungsgrößen verknüpft mit dem Einfluß der übrigen Faktoren darzustellen und darüber hinaus aufzuzeigen,

---

58 Das Produktivitäts- und Expansionsstreben der Unternehmungen in den einzelnen Betriebsgrößenklassen wurde hierbei mittels der eingangs beschriebenen Indizes gemessen.

59 Als Testgröße wurde der Korrelationskoeffizient g (gamma) gewählt. Er ist beschrieben bei *Zelditch*, M.: A basis course in Sociological Statistics, New York—Chicago—San Francisco—Toronto—London 1966, S. 180—187.

60 Vgl. hierzu die kurzgefaßte Darstellung dieses Verfahrens im Anhang II; eine ausführliche Beschreibung ist zu finden bei: *Biervert*, B., *Dierkes*, M., *Walzel*, A.: Automatischer Split zur optimalen Kombination erklärender Faktoren — AUSPIK, ein Vorschlag zur Analyse sozialwissenschaftlicher Daten.

welche Konstellation von demographischen Daten, Einstellungen und Motiven bei den Unternehmern der einzelnen Betriebsgrößenklassen vorliegen müssen, damit ihre Unternehmen einen maximalen Beitrag zum gesamtwirtschaftlichen Wachstum leisten.

a) Die Grundlegenden Faktoren: Ausbildung, Fortbildung Aufgeschlossenheit gegenüber dem technischen Fortschritt

Der Beitrag der Unternehmungen zum gesamtwirtschaftlichen Wachstum, d. h. die langfristige Steigerung der Produktivität des Betriebsprozesses und die Expansion des Leistungsvolumens ist — wie die Korrelationsmatrizen in Tabelle 43 und 44 zeigen — in erster Linie abhängig von der Fortbildung des Unternehmers, seiner Ausbildung wie auch seiner Aufgeschlossenheit gegenüber technischen oder ökonomischen Neuerungen. Wesentliche Voraussetzungen für einen hohen Wachstumsbeitrag des einzelnen Betriebes sind damit: eine gute formale Ausbildung des Unternehmers, sein ständiges Bemühen, eine Fülle von Informationen über neuere Entwicklungen im Bereich der Technik wie auch auf dem Sektor der Unternehmensführung zu sammeln, und die Bereitschaft, diese neuen Erkenntnisse schließlich auch im Betrieb zur Anwendung zu bringen.

Die unterschiedlich hohen Korrelationskoeffizienten zwischen den beiden Komponenten des Beitrages der Unternehmungen zur wirtschaftlichen Entwicklung und diesen drei Haupteinflußfaktoren lassen erkennen, welche dieser Faktoren in den einzelnen Größenklassen der untersuchten Unternehmungen von hervorragender Bedeutung sind (Tabelle 43): In der Gruppe der industriellen Kleinstbetriebe wie auch im gesamten Handel sind es in erster Linie Aus- und Fortbildung des Unternehmers, die in stärkerem Maße ein hohes Produktivitäts- und Expansionsstreben der Betriebe determinieren, während unter den mittleren und größeren untersuchten Betrieben der Industrie, bei denen die Ausbildung des Unternehmers und sein Fortbildungsstreben allgemein sehr hoch sind[61] der Wachstumsbeitrag der Unternehmungen vornehmlich durch die Bereitschaft des Unternehmers bestimmt wird, technologische und organisatorische Neuerungen in seinem Betrieb anzuwenden.

Obwohl nicht alle der untersuchten Unternehmungen, die ein hohes Produktivitätsstreben aufwiesen, auch gleichzeitig als sehr expansiv angesehen werden können et vice versa, sind es erstaunlicherweise in allen Betriebsgrößenklassen die gleichen Faktoren aus dem persönlichen Bereich des Unternehmers, die beide Komponenten des Beitrages der Unternehmungen zum gesamtwirtschaftlichen Wachstum grundlegend be-

---

[61] Vgl. *Dierkes*, M.: Der Beitrag des französischen Mittelstandes zum wirtschaftlichen Wachstum, S. 66—68.

Tabelle 43: **Korrelationsmatrix: Tabelle der Korrelationskoeffizienten zwischen den Haupteinflußfaktoren aus dem persönlichen Bereich des Unternehmers und dem Produktivitäts- und Expansionsstreben des Betriebes in den einzelnen Größenklassen**

	Betriebsgrößenklassen[a)]									
	I		II		III		IV		V	
	Produktivitätsstreben	Expansionsstreben	Produktivitätsstreben	Expansionsstreben	Produktivitätsstreben	Expansionsstreben	Produktivitätsstreben	Expansionsstreben	Produktivitätsstreben	Expansionsstreben
Aufgeschlossenheit gegenüber dem technischen Fortschritt	0,27	0,10	0,50	0,31	0,46	0,46	0,19	0,35	0,36	0,05
Ausbildung	0,26	0,41	0,18	0,19	0,23	0,19	0,27	0,71	0,47	0,18
Fortbildung	0,18	0,31	0,04	0,04	0,13	0,19	0,34	0,23	0,39	0,13
Fachlektüre	0,54	0,40	0,44	0,23	0,30	0,05	0,35	0,23	0,36	0,24
Alter	—0,45	—0,35	—0,20	—0,25	—0,05	—0,10	—0,27	—0,17	—0,05	—0,34

a) Betriebsgrößenklassen: I: Industriebetriebe mit bis zu 10 Beschäftigten.
II: Industriebetriebe mit 11—50 Beschäftigten.
III: Industriebetriebe mit 51—200 Beschäftigten.
IV: Handelsbetriebe mit 1—5 Beschäftigten.
V: Handelsbetriebe mit 6—200 Beschäftigten.

Tabelle 44: **Korrelationsmatrix: Tabelle der Korrelationskoeffizienten zwischen Einflußfaktoren aus dem persönlichen Bereich des Unternehmers und dem Produktivitäts- und Expansionsstreben des Betriebes in den einzelnen Größenklassen**

	Betriebsgrößenklassen									
	I		II		III		IV		V	
	Produktivitätsstreben	Expansionsstreben	Produktivitätsstreben	Expansionsstreben	Produktivitätsstreben	Expansionsstreben	Produktivitätsstreben	Expansionsstreben	Produktivitätsstreben	Expansionsstreben
Bedeutung der Selbständigkeit	—0,19	—0,53	—0,04	0,14	0,45	—0,47	—0,38	—0,54	—0,06	—0,58
Berufsziele	0,04	0,07	0,20	0,03	0,24	—0,03	—0,18	0,12	0,09	0,06
Berufszufriedenheit	0,07	—0,16	0,18	0,03	0,09	0,05	0,01	0,16	0,30	—0,11
Bereitschaft zur Lösung von Nicht-Routine-Aufgaben	—0,36	—0,03	0,01	0,28	0,58	0,26	—0,08	0,22	—0,04	0,08
Einstellung zum Wettbewerb I	0,19	—0,18	0,10	0,21	0,13	0,35	0,03	—0,02	—0,10	—0,24
Einstellung zum Wettbewerb II (ausl. Invest.)	0,05	0,01	—0,14	—0,45	—0,23	0,37	0,23	0,13	—0,13	0,01
Bereitschaft zur Mehrarbeit	0,16	—0,06	0,13	—0,03	0,01	—0,05	0,34	0,05	0,06	0,28
Planungshorizont	—0,34	—0,20	—0,28	0,06	0,48	—0,37	—0,08	0,14	0,06	—0,22
Pensionierungsstreben	—0,20	—0,24	—0,11	—0,03	0,26	0,23	0,33	0,15	0,22	—0,22
Altersversorgung	0,15	0,21	—0,33	—0,16	—0,55	—0,24	—0,20	—0,31	—0,66	—0,27
Geschlecht	—0,56	—0,55	—0,15	—0,35	—0,14	—0,30	0,18	0,03	—0,55	—0,11
Selbstgründung versus Familientradition	0,01	—0,24	—0,11	0,12	—0,04	—0,05	—0,13	0,02	0,21	0,28

stimmen. Bei den Unternehmern, die über eine hohe formale Ausbildung, ein hohes Fortbildungsstreben und eine große Offenheit gegenüber dem technischen Fortschritt verfügen, deren Unternehmung aber nur eine Wachstumskomponente in größerem Umfang erfüllt, müssen somit Hindernisse in Gestalt der übrigen Einflußfaktoren vorliegen, die bewirken, daß die andere Wachstumskomponente, obwohl sie grundsätzlich durch die gleichen Haupteinflußfaktoren aus dem persönlichen Bereich des Unternehmers bestimmt wird, nicht in ähnlich hohem Maße verfolgt wird.

Mit dieser umfassenden Bedeutung des Bildungssektors für den Wachstumsbeitrag der Unternehmungen[62] erweist sich aber ein Bereich als eminent wichtig, der in größerem Umfang durch wirtschaftliche Maßnahmen beeinflußbar ist: Eine weitere Erhöhung des Angebotes an Fortbildungsmöglichkeiten für die Unternehmer, eine Vermehrung der Informationsquellen und eine Verkürzung der Informationswege würden es ermöglichen, technische und ökonomische Neuerungen im Unternehmenssektor noch mehr und noch schneller als bisher bekanntzumachen und zur Anwendung zu bringen. Die Ausbildungsabhängigkeit der Bereitschaft zur Einführung technischer und organisatorischer Neuerungen in den Betrieben[63] weist darauf hin, daß auch dieser wichtige Faktor letztlich durch eine umfangreichere Schulung der heutigen Unternehmer und eine umfassendere Ausbildung ihrer Nachfolger, also eine systematische Politik der Unternehmerbildung, stark gefördert werden kann. Alle „Maßnahmen, die Fortbildung und Umschulung anregen, erleichtern und begünstigen, werden deshalb in Zukunft für ein angemessenes Wirtschaftswachstum kaum entbehrlich sein“[64].

b) Der modifizierende Haupteinflußfaktor: Alter des Unternehmers

Neben den dominierenden Einflüssen, die von der Aus- und Fortbildung des Unternehmers wie auch seiner Aufgeschlossenheit gegenüber dem technischen Fortschritt ausgehen, haben die übrigen Faktoren aus dem persönlichen Bereich des Unternehmers nur noch modifizierende Bedeutung für den Wachstumsbeitrag der Unternehmen: Sie bestimmen entweder das Produktivitäts- und Expansionsstreben der Betriebe aller Betriebsgrößenklassen in weitaus geringerem Umfang als diese oder

---

[62] Vgl. *Denison*, E. F.: Why Growth Rates Differ, S. 280, der als Ergebnis seiner makro-statistischen Analyse im Umfang des „managerial knowledge“ ebenfalls eine wesentliche Quelle des Wachstums sah.

[63] *Dierkes*, M.: Sind französische Unternehmer rückständig? in: Blick durch die Wirtschaft der Frankfurter Allgemeinen Zeitung vom 14. 12. 1968, S. 5.

[64] Sachverständigenrat zur Begutachtung der gesamtwirtschaftlichen Entwicklung, Stabilisierung ohne Stagnation, Jahresgutachten 1965/66, S. 178.

üben ihren Einfluß nur in Untergruppen der Haupteinflußfaktoren oder auf einzelne Betriebsgrößenklassen beschränkt aus[65].

Als einziger in allen Betriebsgrößenklassen wirkender Faktor kann nur noch das Alter des Unternehmers hervorgehoben werden. Da es in keinem ursächlichen Zusammenhang mit den bisher betrachteten Fragen des unternehmerischen Bildungswesens steht, ist es als ein weiterer selbständiger Haupteinflußfaktor anzusehen, dem jedoch aufgrund seines geringen Einflusses keineswegs eine so große Bedeutung beigemessen werden darf wie dem zuerst behandelten Sektor der Aus- und Fortbildung des Unternehmers.

Betriebe, die von jüngeren Unternehmern geleitet werden, weisen tendenziell ein höheres Produktivitäts- und Expansionsstreben auf als solche Unternehmen, in denen ein älterer Unternehmensleiter die Betriebspolitik bestimmt. Recht deutlich wird dieser Zusammenhang vor allem im Bereich der kleinsten untersuchten Betriebe der Industrie wie auch des Handels, bei denen ein hoher Anteil der Extremgruppen, also sehr junger und relativ alter Unternehmer festgestellt werden konnte[66].

Die Bedeutung des Alters des Unternehmers für den Wachstumsbeitrag der Unternehmungen geht jedoch mit der Betriebsgröße stark zurück: Während in den kleinsten und mittleren untersuchten Betrieben das Alter des Unternehmensleiters noch eine wesentliche Bedeutung für das Produktivitäts- und Expansionsstreben der Unternehmungen hat, ist dieser Zusammenhang bei den größeren Betrieben vor allem der Industrie nur noch schwach zu erkennen (Tabelle 44).

Wie der Bildungssektor entzieht sich auch die Altersstruktur der Unternehmerschaft nicht ganz der wirtschaftspolitischen Beeinflussungsmöglichkeit. Eine zielgerichtete Aufklärung sowie die Förderung eines frühzeitigen Rücktritts der Unternehmer aus der aktiven Unternehmensleitung würden die Möglichkeit bieten, hier langfristig Änderungen herbeizuführen, d. h. eine größere Zahl jüngerer Unternehmer schon frühzeitig in verantwortliche Stellen der mittelständischen Betriebe zu bringen. Da jedoch die Bedeutung des Alters der Unternehmensleiter für den Wachstumsbeitrag der Unternehmungen weitaus geringer ist als die der Unternehmerausbildung und darüber hinaus auch die wirtschafts- und sozialpolitischen Möglichkeiten, die Altersstruktur der Unternehmerschaft zu beeinflussen, relativ unzulänglich sind, kann jedoch nicht damit gerechnet werden, hier ähnlich weitreichende wachstumspolitische Erfolge zu erzielen wie durch eine weitere Steigerung des Ausbildungsniveaus der Unternehmer.

---

65 Vgl. Tabelle 43 und 44.

66 *Dierkes*, M.: Der Beitrag des französischen Mittelstandes zum wirtschaftlichen Wachstum, S. 62.

c) *Die Interdependenz aller Einflußfaktoren*

Die Herausstellung der grundlegenden Bedeutung von Ausbildung und Fortbildung der Unternehmer sowie ihrer Aufgeschlossenheit gegenüber dem technischen Fortschritt wie auch des umfassenden modifizierenden Einflusses, den das Alter der Unternehmer auf den Wachstumsbeitrag ihrer Betriebe ausübt, soll jedoch nicht bedeuten, daß die übrigen eingangs aufgeführten Einflußfaktoren aus dem persönlichen Bereich des Unternehmers ohne jede Bedeutung für den Beitrag der Unternehmungen zum gesamtwirtschaftlichen Wachstum sind, denn schon die Korrelationsmatrix in Tabelle 44 zeigt ja, daß ein Teil dieser Größen in einigen Betriebsgrößenklassen in engem Zusammenhang zu einer oder auch zu beiden abhängigen Variablen steht, allein ein gleichgerichteter Zusammenhang durchgängig in allen Betriebsgrößenklassen besteht nicht. Daher ist auch in der Gesamtdarstellung der AUSPIK-Analyse festzustellen, daß alle diese Faktoren neben den Haupteinflußfaktoren mit zur Erklärung des unterschiedlichen Produktivitäts- und Expansionsstrebens der untersuchten Betriebe herangezogen werden[67]. Jedoch kann auch hier noch zwischen mehr oder weniger bedeutenden Faktoren unterschieden werden[68]. So haben das Geschlecht des Unternehmers, sein persönlicher Planungshorizont, seine Identifikation mit mittelständischen Werten, seine Bereitschaft zur Lösung von Nicht-Routine-Aufgaben wie auch die Art der Lösung des Nachfolgeproblems nur einen relativ geringen Einfluß auf das Produktivitäts- und Expansionsstreben der Unternehmungen, während die übrigen Faktoren, vor allem die Berufsmotivation und die Wettbewerbsorientierung des Unternehmers häufiger zur Erklärung des Wachstumsbeitrages der Unternehmungen in Untergruppen der Haupteinflußfaktoren herangezogen werden. Sieht man von der Abspaltung extremer Gruppen mit nicht signifikanten Ergebnissen ab, so läßt die AUSPIK-Analyse erkennen, daß die hypothetische Verknüpfung dieser Faktoren mit dem Beitrag der Unternehmungen zum wirtschaftlichen Wachstum — wie sie gleichfalls im ersten Teil dieses Kapitels dargestellt wurde — weitgehend bestätigt wurde:

Wettbewerbsorientierung, Berufszufriedenheit, Ausrichtung auf konkrete Berufsziele (Einkommens-, Sicherheits-, Unabhängigkeitsorientierung) und Selbstgründung des Betriebes sind als charakteristische Merkmale des Unternehmers in der Regel mit einem *hohen* Produktivitäts- und Expansionsstreben der untersuchten Unternehmung verbunden, während Wettbewerbsfeindlichkeit, berufliche Unzufriedenheit, Orien-

---

[67] Vgl. die Schaubilder 1—20, S. 201 ff. und die Erläuterungen hierzu S. 200.

[68] Die Bedeutung der einzelnen Faktoren wurde hier an der Häufigkeit, mit der sie zur Erklärung des unterschiedlichen Produktivitäts- und Expansionsstreben der mittelständischen Unternehmungen herangezogen wurden, unter Berücksichtigung der jeweiligen Ebene der AUSPIK-Analyse gemessen.

tierung an vagen immateriellen Berufszielen (vor allem: die Arbeit muß interessant sein) wie auch die Fortführung der Familientradition einen Unternehmer kennzeichnen, dessen Betrieb nur einen *geringen* Beitrag zur gesamtwirtschaftlichen Entwicklung leistet.

Sieht man diese wachstumsfördernden oder -hemmenden demographischen Faktoren, Einstellungen und Motive des Unternehmers in ihrer Gesamtheit und verknüpft mit den Haupteinflußfaktoren, so sind Unternehmer, die Betriebe mit einem *hohen* Beitrag zum gesamtwirtschaftlichen wachstum leiten, im einzelnen charakterisiert durch:

Betriebsgrößenklasse I

(Industriebetriebe mit 1—10 Beschäftigten)

Produktivitätsstreben:	Nutzung mehrerer Möglichkeiten der beruflichen Fortbildung
	positive Einstellung zu ausländischen Investitionen
Expansionsstreben:	Alter: bis 44 Jahre
	Nutzung einer oder mehrerer Möglichkeiten der Fortbildung
	Assoziation zur Unternehmeraufgabe: Last bis Befriedigung
	gehobene Schulbildung (Kleines Abitur bis Hochschule mit Abschluß)

Betriebsgrößenklasse II

(Industriebetriebe mit 11—50 Beschäftigten)

Produktivitätsstreben:	Aufgeschlossenheit gegenüber dem technischen Fortschritt
	Ausnutzung mehrerer Fortbildungsmöglichkeiten
	Assoziation zur Unternehmeraufgabe: Last, soziale Aufgabe, konkrete Berufsmotive
Expansionsstreben:	Ausnutzung mehrerer Fortbildungsmöglichkeiten
	positive Einstellung zu ausländischen Investitionen
	Geschlecht: männlich
	Alter: bis 44 Jahre
	Übernahme des Betriebes von Verwandten

Betriebsgrößenklasse III

(Industriebetriebe mit 51—200 Beschäftigten)

Produktivitätsstreben:	Aufgeschlossenheit gegenüber dem technischen Fortschritt
	Ausnutzung mehrerer Fortbildungsmöglichkeiten
	Berufszufriedenheit
	Bereitschaft zur Mehrarbeit

Expansionsstreben:	Aufgeschlossenheit gegenüber dem technischen Fortschritt
	Wettbewerbsorientierung (Preisfestsetzung durch das einzelne Unternehmen)
	Bereitschaft zur Mehrarbeit
	Ablehnung ausländischer Investitionen

Betriebsgrößenklasse IV

(Handelsbetriebe mit 1—5 Beschäftigen)

Produktivitätsstreben:	Assoziation zur Unternehmeraufgabe: Chance
	Fachlektüre: regelmäßig
Expansionsstreben:	Gehobene Schulbildung (Mittlere Reife bis Hochschule mit Abschluß)
	Alter: 30—44 Jahre
	Ausnutzung mehrerer Möglichkeiten zur beruflichen Fortbildung

Betriebsgrößenklasse V

(Handelsbetriebe mit 6—200 Beschäftigten)

Produktivitätsstreben:	Gehobene Schulbildung (Kleines Abitur bis Hochschule mit Abschluß)
	Aufgeschlossenheit gegenüber dem technischen Fortschritt
	Bevorzugung von Nicht-Routine-Tätigkeiten
	Assoziation zur Unternehmeraufgabe: soziale Aufgabe bis Chance
Expansionsstreben:	Gehobene Schulbildung (Kleines Abitur bis Hochschule mit Abschluß)
	konkreter Pensionierungszeitpunkt
	Berufszufriedenheit

Unternehmungen mit einem *geringen* Beitrag zur gesamtwirtschaftlichen Entwicklung werden dagegen von Unternehmern geleitet, die folgende Eigenschaften aufweisen:

Betriebsgrößenklasse I

(Industriebetriebe mit 1—10 Beschäftigten)

Produktivitätsstreben:	Fortbildung: keine bzw. nur eine Möglichkeit
	Alter: über 45 Jahre
	enger Planungshorizont
Expansionsstreben:	Alter: 45 Jahre und älter
	keine Bereitschaft zur Mehrarbeit
	Alter: 60 Jahre und älter
	Berufsunzufriedenheit

Betriebsgrößenklasse II

(Industriebetriebe mit 11—50 Beschäftigten)

Produktivitätsstreben:	Konservative Einstellung zum technischen Fortschritt keinerlei berufliche Fortbildung
Expansionsstreben:	Fortbildung: keine bzw. nur eine Möglichkeit Unternehmensfortführung durch andere oder Auflösung des Betriebes

Betriebsgrößenklasse III

(Industriebetriebe mit 51—200 Beschäftigten)

Produktivitätsstreben:	Konservative Einstellung zum technischen Fortschritt niedrige bis mittlere Schulbildung
Expansionsstreben:	Konservative Einstellung zum technischen Fortschritt Betrieb übernommen oder gekauft Fachlektüre: selten oder nie

Betriebsgrößenklasse IV

(Handelsbetriebe mit 1—5 Beschäftigten)

Produktivitätsstreben:	Assoziation zur Unternehmeraufgabe: Last bis Stolz Alter: über 50 Jahre Bevorzugung von Nicht-Routine-Tätigkeiten niedrige Schulbildung (Grundschule)
Expansionsstreben:	niedrige Schulbildung (bis Grundschule mit Abschluß) Alter: 45 Jahre und älter Fortbildung: keine bzw. nur eine Möglichkeit

Betriebsgrößenklasse V

(Handelsbetriebe mit 6—200 Beschäftigten)

Produktivitätsstreben:	Niedrige Schulbildung (bis mittlere Reife) Fachlektüre: selten oder nie Bevorzugung von Nicht-Routine-Tätigkeiten
Expansionsstreben:	Niedrige Schulbildung (bis mittlere Reife) Wettbewerbsorientierung Alter: 50 Jahre und älter Konservative Einstellung zum technischen Fortschritt

Selbstverständlich kann diese Typenbildung von wachstumsfördernden und -hemmenden Faktoren im persönlichen Bereich der Unternehmer jedoch keinen Ausschließlichkeitsanspruch erheben. Es werden in der Realität immer Unternehmer zu finden sein, deren Persönlichkeitsbild eine oder auch mehrere der hier aufgeführten wachstumsfördernden Komponenten nicht aufweist und die trotzdem sehr expansionsfreudige und hochproduktive Unternehmungen leiten. Die Typologie liefert nur Anhaltspunkte dafür, mit welchen Eigenschaften die Unternehmer *in der Regel* ausgestattet sein müssen, wenn ihr Betrieb einen hohen Beitrag zur Steigerung des Gesamtangebotes an Gütern und Dienstleistungen in einer Volkswirtschaft leisten soll[69].

---

[69] Erläuterung der Bezeichnungen in den folgenden graphischen Darstellungen.

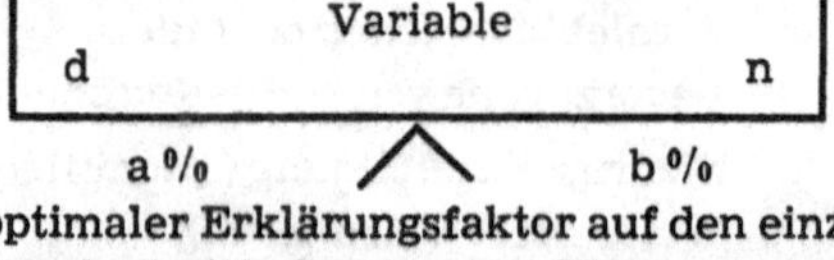

Variable	=	optimaler Erklärungsfaktor auf den einzelnen Stufen.
d	=	Durchschnitt der in den Unternehmungen der einzelnen Gruppen vorhandenen Zahl produktivitäts- bzw. expansionsfördernder Maßnahmen, Einrichtungen, Kontrollen und Aktionen.
n	=	Zahl der Betriebe in den einzelnen Gruppen.
a % bzw. b %	=	relativer Anteil an der Gesamtheit der Betriebe einer Betriebsgrößenklasse.

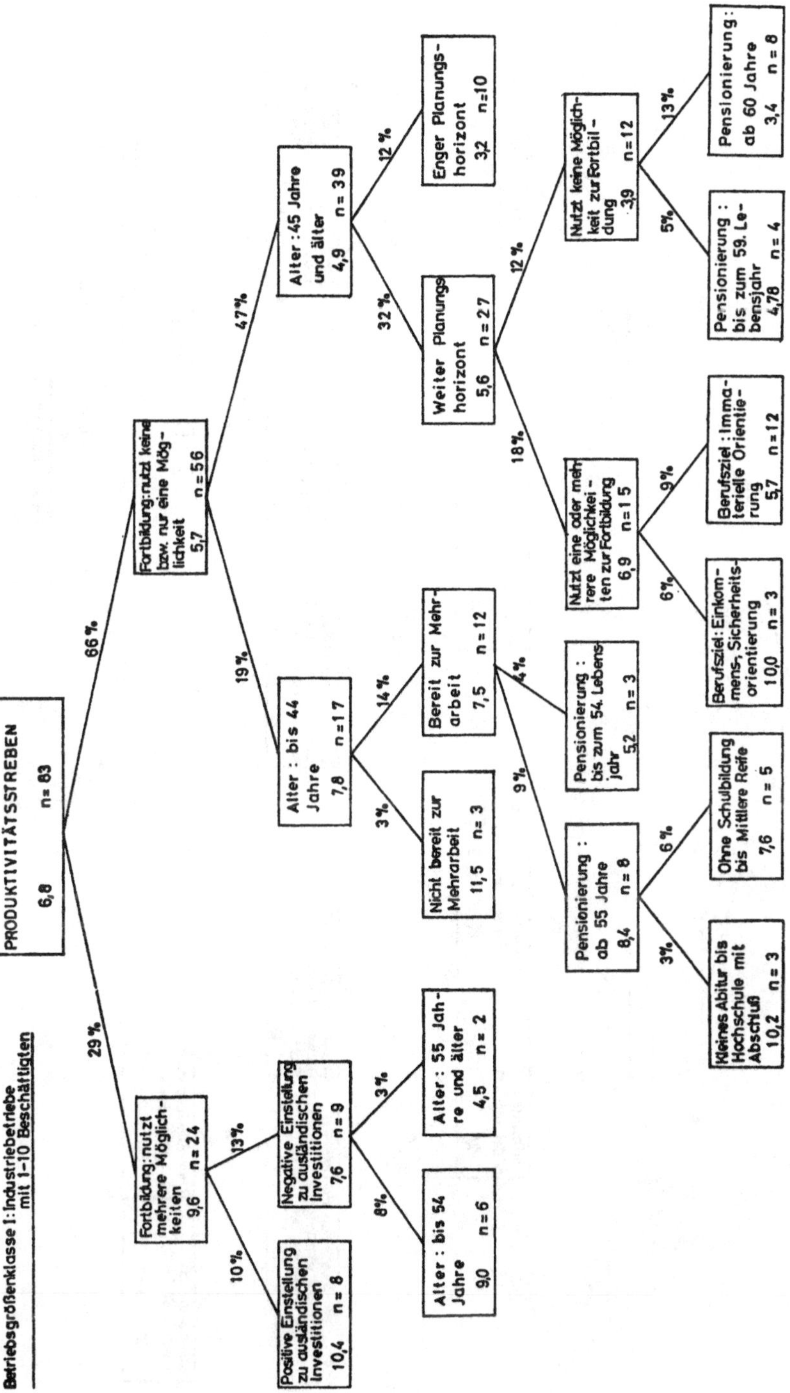
Betriebsgrößenklasse I: Industriebetriebe mit 1–10 Beschäftigten
PRODUKTIVITÄTSSTREBEN 6,8 n= 83
29 %
66 %
Fortbildung: nutzt mehrere Möglichkeiten 9,6 n= 24
Fortbildung: nutzt keine bzw. nur eine Möglichkeit 5,7 n= 56
10 %
13 %
19 %
47 %
Positive Einstellung zu ausländischen Investitionen 10,4 n= 8
Negative Einstellung zu ausländischen Investitionen 7,6 n= 9
8 %
3 %
Alter : bis 54 Jahre 9,0 n= 6
Alter : 55 Jahre und älter 4,5 n= 2
Alter : bis 44 Jahre 7,8 n= 17
Alter : 45 Jahre und älter 4,9 n= 39
3 %
14 %
32 %
12 %
Nicht bereit zur Mehrarbeit 11,5 n= 3
Bereit zur Mehrarbeit 7,5 n= 12
Weiter Planungshorizont 5,6 n= 27
Enger Planungshorizont 3,2 n= 10
9 %
4 %
18 %
12 %
Pensionierung : ab 55 Jahre 8,4 n= 8
Pensionierung : bis zum 54. Lebensjahr 5,2 n= 3
Nutzt eine oder mehrere Möglichkeiten zur Fortbildung 6,9 n= 15
Nutzt keine Möglichkeit zur Fortbildung 3,9 n= 12
3 %
6 %
6 %
9 %
5 %
13 %
Kleines Abitur bis Hochschule mit Abschluß 10,2 n= 3
Ohne Schulbildung bis Mittlere Reife 7,6 n= 5
Berufsziel: Einkommens-, Sicherheitsorientierung 10,0 n= 3
Berufsziel: Immaterielle Orientierung 5,7 n= 12
Pensionierung : bis zum 59. Lebensjahr 4,78 n= 4
Pensionierung : ab 60 Jahre 3,4 n= 8

Schaubild 1

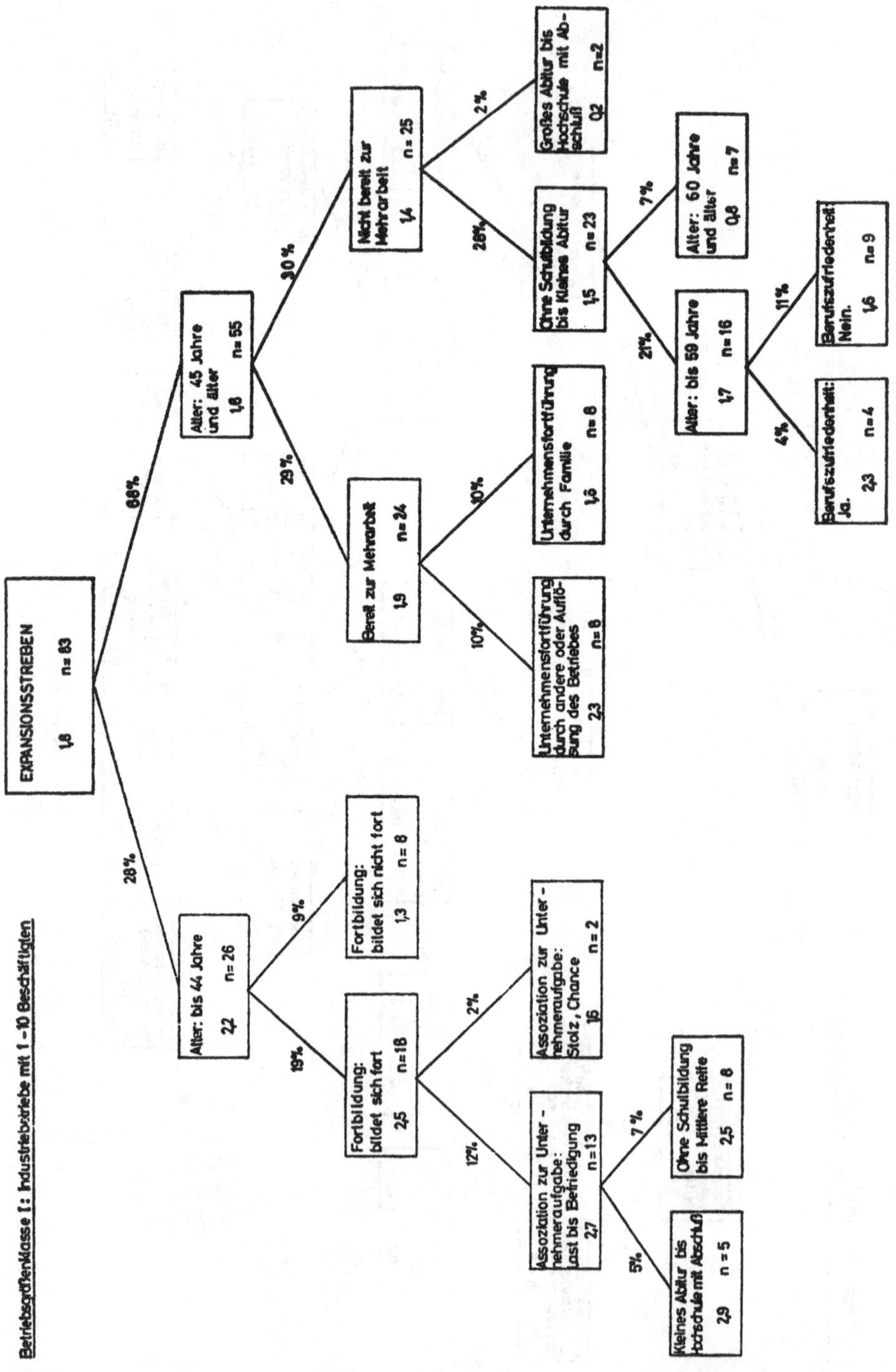

Betriebsgrößenklasse I: Industriebetriebe mit 1-10 Beschäftigten
EXPANSIONSSTREBEN 1,8 n=83
28%
66%
Alter: bis 44 Jahre 2,2 n=26
Alter: 45 Jahre und älter 1,8 n=55
19%
9%
29%
30%
Fortbildung: bildet sich fort 2,5 n=18
Fortbildung: bildet sich nicht fort 1,3 n=8
Bereit zur Mehrarbeit 1,9 n=24
Nicht bereit zur Mehrarbeit 1,4 n=25
12%
2%
10%
10%
28%
2%
Assoziation zur Unternehmeraufgabe: Last bis Befriedigung 2,7 n=13
Assoziation zur Unternehmeraufgabe: Stolz, Chance 1,6 n=2
Unternehmensfortführung durch andere oder Auflösung des Betriebes 2,3 n=8
Unternehmensfortführung durch Familie 1,6 n=8
Ohne Schulbildung bis Kleines Abitur 1,5 n=23
Großes Abitur bis Hochschule mit Abschluß 0,2 n=2
5%
7%
21%
7%
Kleines Abitur bis Hochschule mit Abschluß 2,9 n=5
Ohne Schulbildung bis Mittlere Reife 2,5 n=8
Alter: bis 59 Jahre 1,7 n=16
Alter: 60 Jahre und älter 0,8 n=7
4%
11%
Berufszufriedenheit: Ja. 2,3 n=4
Berufszufriedenheit: Nein. 1,6 n=9

Schaubild 2

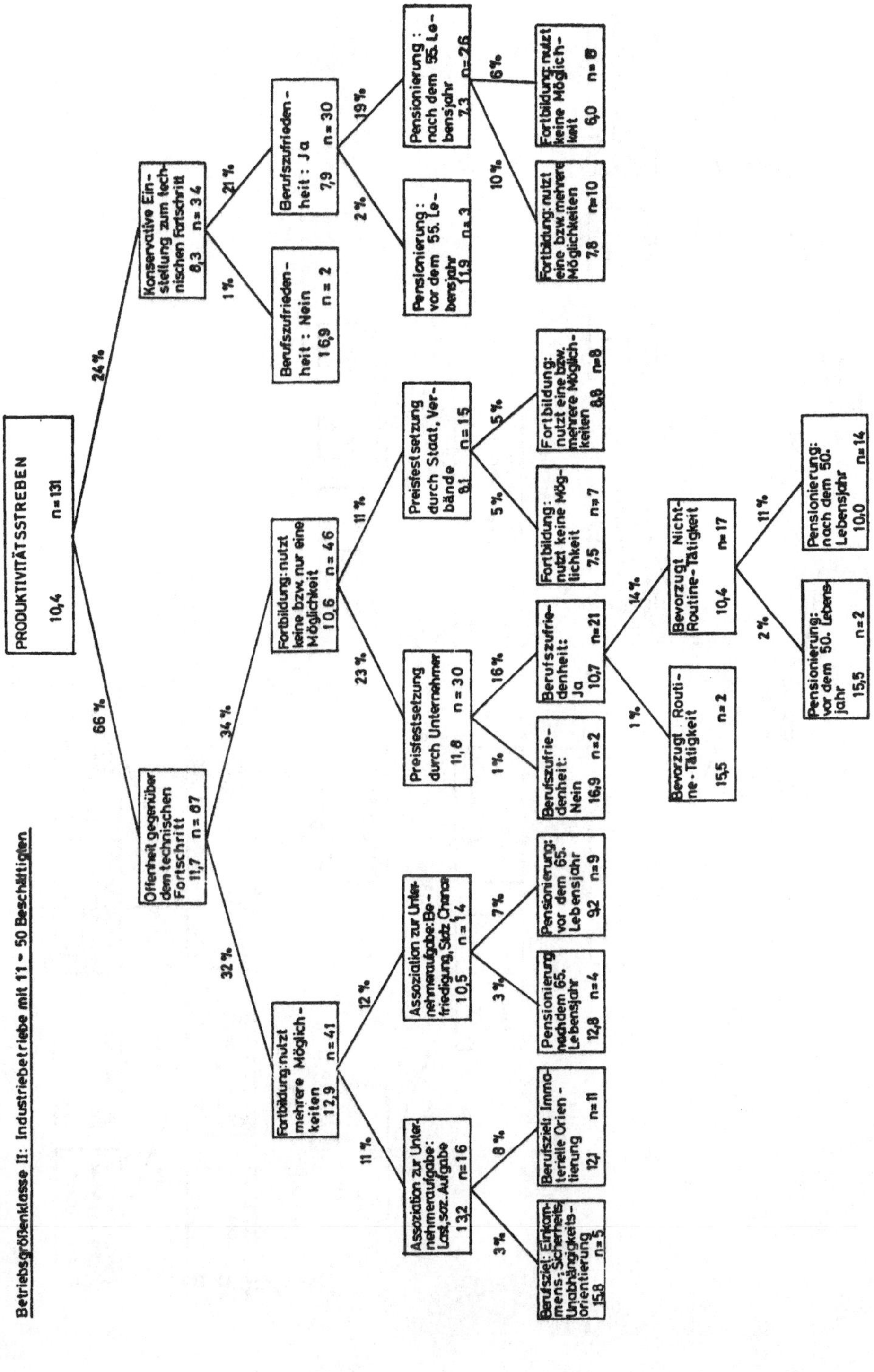
Betriebsgrößenklasse II: Industriebetriebe mit 11 - 50 Beschäftigten
PRODUKTIVITÄTSSTREBEN 10,4 n=131
66 %
24 %
Offenheit gegenüber dem technischen Fortschritt 11,7 n=87
Konservative Einstellung zum technischen Fortschritt 8,3 n=34
32 %
34 %
1 %
21 %
Fortbildung: nutzt mehrere Möglichkeiten 12,9 n=41
Fortbildung: nutzt keine bzw. nur eine Möglichkeit 10,6 n=46
Berufszufriedenheit: Nein 16,9 n=2
Berufszufriedenheit: Ja 7,9 n=30
11 %
12 %
23 %
11 %
2 %
19 %
Assoziation zur Unternehmeraufgabe: Last, soz. Aufgabe 13,2 n=16
Assoziation zur Unternehmeraufgabe: Befriedigung, Stolz, Chance 10,5 n=14
Preisfestsetzung durch Unternehmer 11,8 n=30
Preisfestsetzung durch Staat, Verbände 8,1 n=15
Pensionierung: vor dem 55. Lebensjahr 11,9 n=3
Pensionierung: nach dem 55. Lebensjahr 7,3 n=26
3 %
8 %
3 %
7 %
1 %
16 %
5 %
5 %
10 %
6 %
Berufsziel: Einkommens-, Sicherheits-, Unabhängigkeitsorientierung 15,8 n=5
Berufsziel: Immaterielle Orientierung 12,1 n=11
Pensionierung nach dem 65. Lebensjahr 12,8 n=4
Pensionierung: vor dem 65. Lebensjahr 9,2 n=9
Berufszufriedenheit: Nein 16,9 n=2
Berufszufriedenheit: Ja 10,7 n=21
Fortbildung: nutzt keine Möglichkeit 7,5 n=7
Fortbildung: nutzt eine bzw. mehrere Möglichkeiten 8,8 n=8
Fortbildung: nutzt eine bzw. mehrere Möglichkeiten 7,8 n=10
Fortbildung: nutzt keine Möglichkeit 6,0 n=8
1 %
14 %
Bevorzugt Routine-Tätigkeit 15,5 n=2
Bevorzugt Nicht-Routine-Tätigkeit 10,4 n=17
2 %
11 %
Pensionierung: vor dem 50. Lebensjahr 15,5 n=2
Pensionierung: nach dem 50. Lebensjahr 10,0 n=14

Schaubild 3

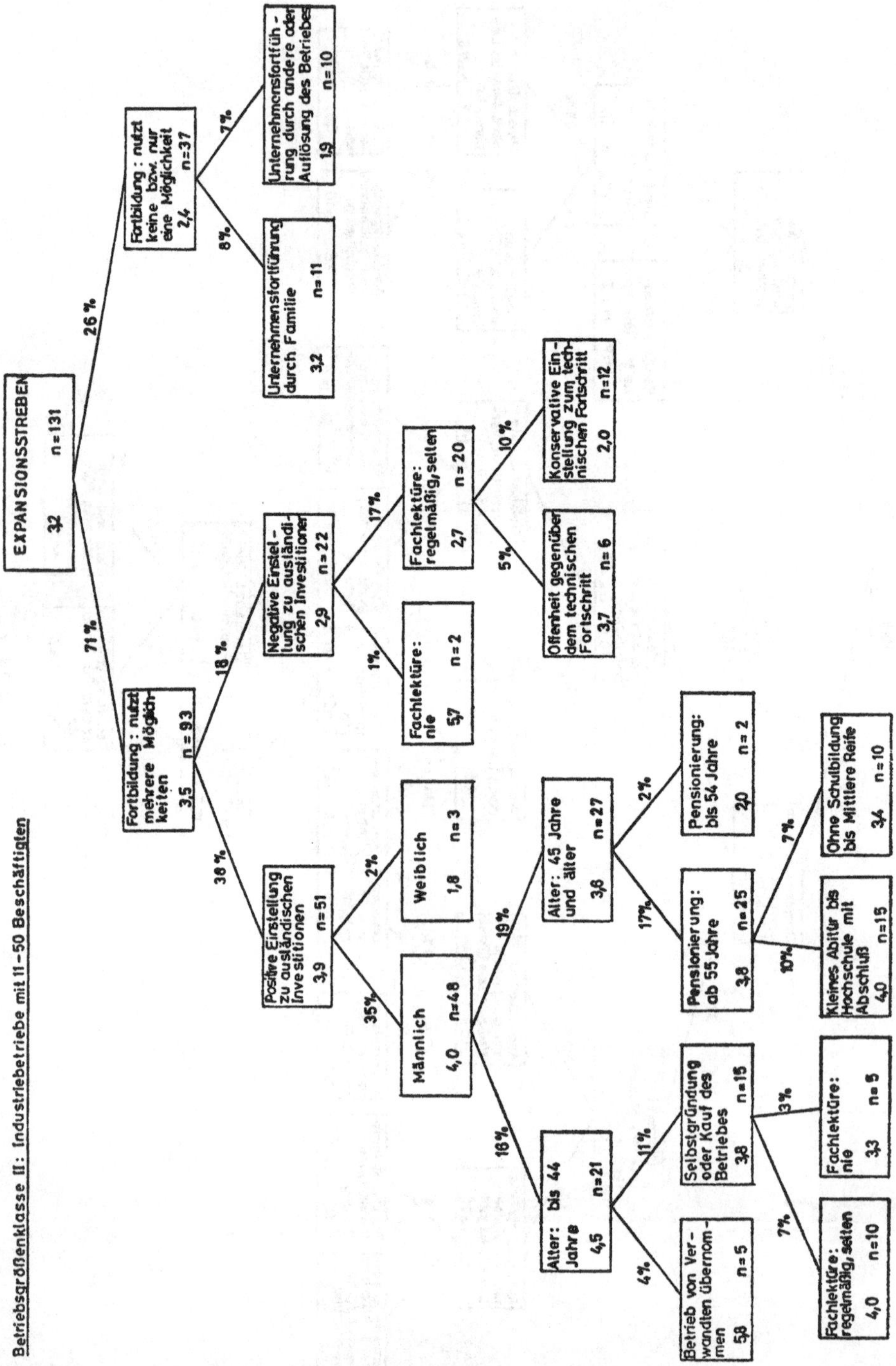
Betriebsgrößenklasse II: Industriebetriebe mit 11–50 Beschäftigten
EXPANSIONSSTREBEN 3,2 n=131
71 %
26 %
Fortbildung: nutzt mehrere Möglichkeiten 3,5 n=93
Fortbildung: nutzt keine bzw. nur eine Möglichkeit 2,4 n=37
8%
7%
Unternehmensfortführung durch Familie 3,2 n=11
Unternehmensfortführung durch andere oder Auflösung des Betriebes 1,9 n=10
38 %
18 %
Positive Einstellung zu ausländischen Investitionen 3,9 n=51
Negative Einstellung zu ausländischen Investitionen 2,9 n=22
1%
17%
Fachlektüre: nie 5,7 n=2
Fachlektüre: regelmäßig, selten 2,7 n=20
5%
10%
Offenheit gegenüber dem technischen Fortschritt 3,7 n=6
Konservative Einstellung zum technischen Fortschritt 2,0 n=12
35%
2%
Männlich 4,0 n=48
Weiblich 1,8 n=3
18%
19%
Alter: bis 44 Jahre 4,5 n=21
Alter: 45 Jahre und älter 3,6 n=27
4%
11%
Betrieb von Verwandten übernommen 5,8 n=5
Selbstgründung oder Kauf des Betriebes 3,8 n=15
7%
3%
Fachlektüre: regelmäßig, selten 4,0 n=10
Fachlektüre: nie 3,3 n=5
17%
2%
Pensionierung: ab 55 Jahre 3,8 n=25
Pensionierung: bis 54 Jahre 2,0 n=2
10%
7%
Kleines Abitur bis Hochschule mit Abschluß 4,0 n=15
Ohne Schulbildung bis Mittlere Reife 3,4 n=10

Schaubild 4

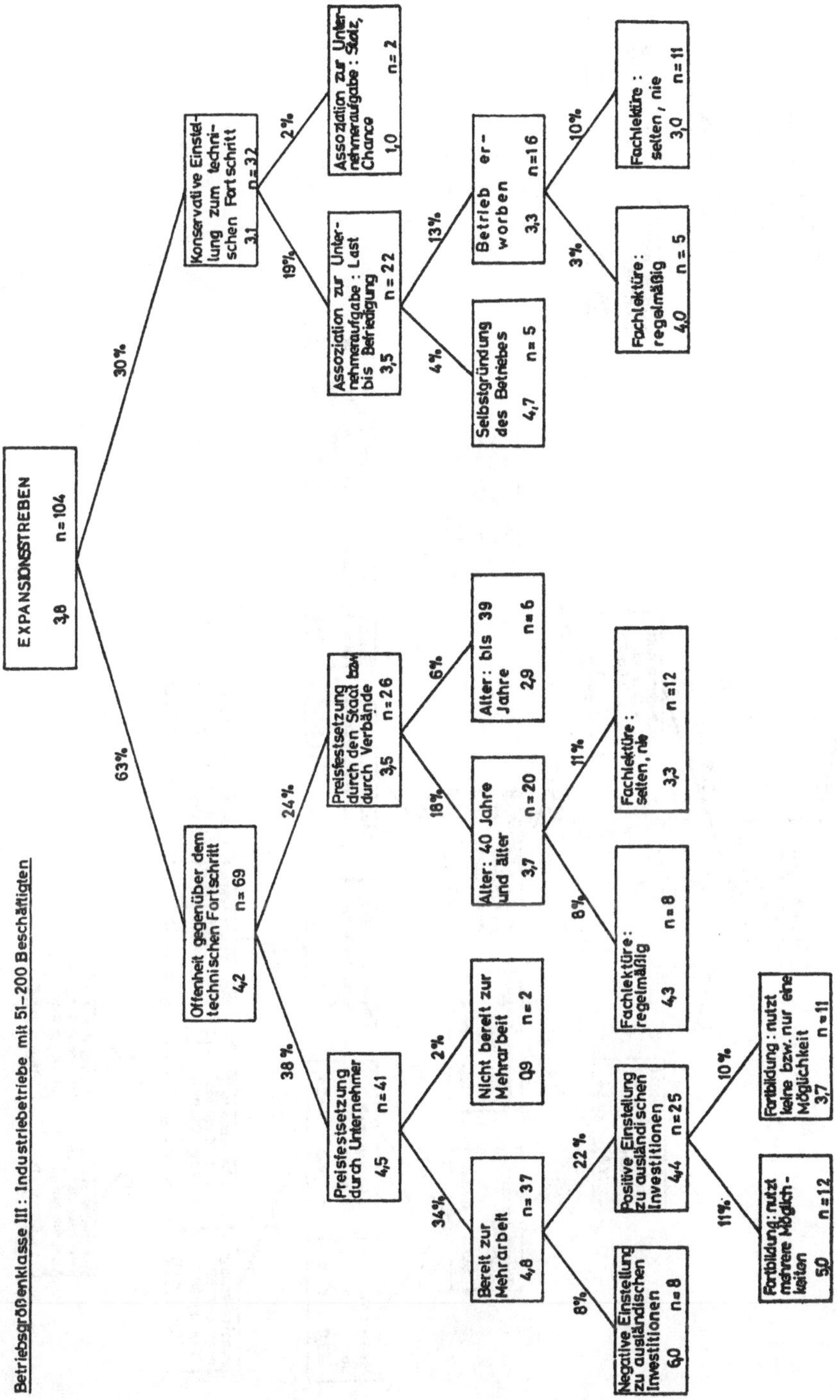
Betriebsgrößenklasse III : Industriebetriebe mit 51–200 Beschäftigten
EXPANSIONSSTREBEN 3,8 n=104
63%
30%
Offenheit gegenüber dem technischen Fortschritt 4,2 n=69
Konservative Einstellung zum technischen Fortschritt 3,1 n=32
38%
24%
19%
2%
Preisfestsetzung durch Unternehmer 4,5 n=41
Preisfestsetzung durch den Staat bzw. durch Verbände 3,5 n=26
Assoziation zur Unternehmeraufgabe : Last bis Befriedigung 3,5 n=22
Assoziation zur Unternehmeraufgabe : Stolz, Chance 1,0 n=2
34%
2%
18%
6%
4%
13%
Bereit zur Mehrarbeit 4,8 n=37
Nicht bereit zur Mehrarbeit 0,9 n=2
Alter: 40 Jahre und älter 3,7 n=20
Alter: bis 39 Jahre 2,9 n=6
Selbstgründung des Betriebes 4,7 n=5
Betrieb erworben 3,3 n=16
8%
22%
8%
11%
3%
10%
Negative Einstellung zu ausländischen Investitionen 6,0 n=8
Positive Einstellung zu ausländischen Investitionen 4,4 n=25
Fachlektüre: regelmäßig 4,3 n=8
Fachlektüre: selten, nie 3,3 n=12
Fachlektüre: regelmäßig 4,0 n=5
Fachlektüre: selten, nie 3,0 n=11
11%
10%
Fortbildung: nutzt mehrere Möglichkeiten 5,0 n=12
Fortbildung: nutzt keine bzw. nur eine Möglichkeit 3,7 n=11

Schaubild 5

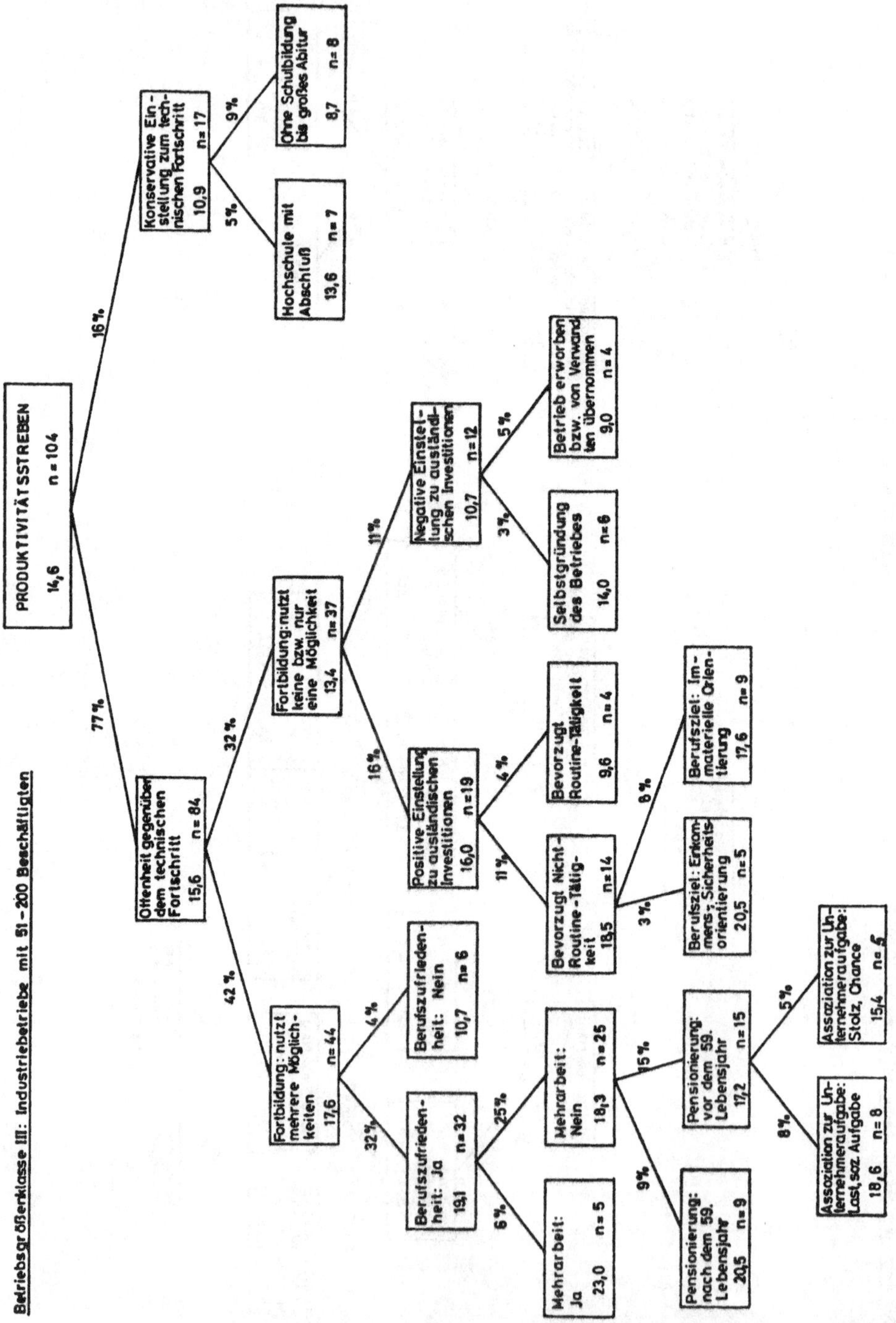
Betriebsgrößenklasse III: Industriebetriebe mit 51 - 200 Beschäftigten
PRODUKTIVITÄTSSTREBEN 14,6 n = 104
77 %
16 %
Offenheit gegenüber dem technischen Fortschritt 15,6 n = 84
Konservative Einstellung zum technischen Fortschritt 10,9 n = 17
42 %
32 %
5 %
9 %
Hochschule mit Abschluß 13,6 n = 7
Ohne Schulbildung bis großes Abitur 8,7 n = 8
Fortbildung: nutzt mehrere Möglichkeiten 17,6 n = 44
Fortbildung: nutzt keine bzw. nur eine Möglichkeit 13,4 n = 37
32 %
4 %
16 %
11 %
Berufszufriedenheit: Ja 19,1 n = 32
Berufszufriedenheit: Nein 10,7 n = 6
Positive Einstellung zu ausländischen Investitionen 16,0 n = 19
Negative Einstellung zu ausländischen Investitionen 10,7 n = 12
6 %
25 %
11 %
4 %
3 %
5 %
Mehrarbeit: Ja 23,0 n = 5
Mehrarbeit: Nein 18,3 n = 25
Bevorzugt Nicht-Routine-Tätigkeit 18,5 n = 14
Bevorzugt Routine-Tätigkeit 9,6 n = 4
Selbstgründung des Betriebes 14,0 n = 6
Betrieb erworben bzw. von Verwandten übernommen 9,0 n = 4
9 %
15 %
3 %
8 %
Pensionierung: nach dem 59. Lebensjahr 20,5 n = 9
Pensionierung: vor dem 59. Lebensjahr 17,2 n = 15
Berufsziel: Einkommens-, Sicherheitsorientierung 20,5 n = 5
Berufsziel: Immaterielle Orientierung 17,6 n = 9
8 %
5 %
Assoziation zur Unternehmeraufgabe: Last, soz. Aufgabe 18,6 n = 8
Assoziation zur Unternehmeraufgabe: Stolz, Chance 15,4 n = 6

Schaubild 6

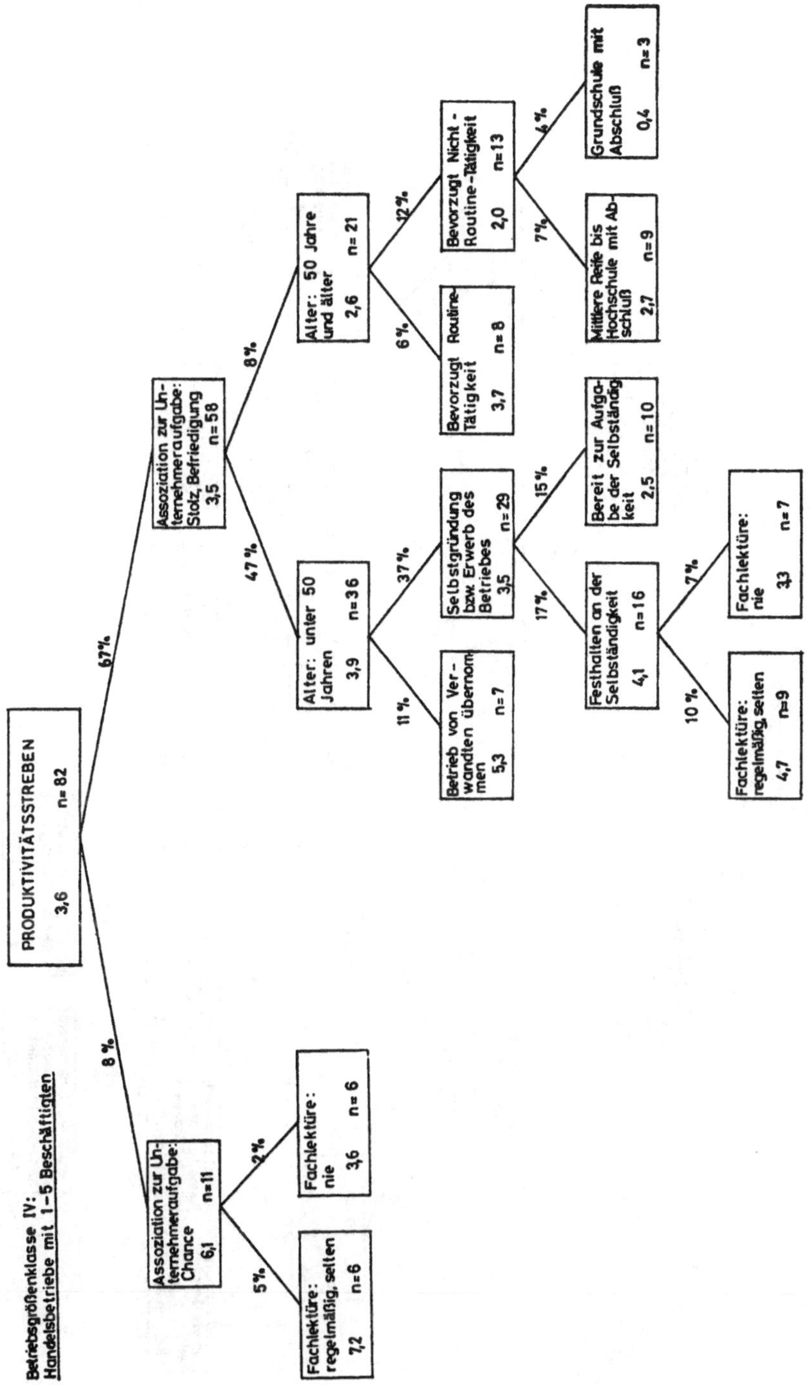
Betriebsgrößenklasse IV:
Handelsbetriebe mit 1–5 Beschäftigten
PRODUKTIVITÄTSSTREBEN 3,6 n=82
8 %
67 %
Assoziation zur Unternehmeraufgabe: Chance 6,1 n=11
5 %
2 %
Fachlektüre: regelmäßig, selten 7,2 n=6
Fachlektüre: nie 3,6 n=6
Assoziation zur Unternehmeraufgabe: Stolz, Befriedigung 3,5 n=58
47 %
8 %
Alter: unter 50 Jahren 3,9 n=36
Alter: 50 Jahre und älter 2,6 n=21
11 %
37 %
6 %
12 %
Betrieb von Verwandten übernommen 5,3 n=7
Selbstgründung bzw. Erwerb des Betriebes 3,5 n=29
Bevorzugt Routine-Tätigkeit 3,7 n=8
Bevorzugt Nicht-Routine-Tätigkeit 2,0 n=13
17 %
15 %
7 %
6 %
Festhalten an der Selbständigkeit 4,1 n=16
Bereit zur Aufgabe der Selbständigkeit 2,5 n=10
Mittlere Reife bis Hochschule mit Abschluß 2,7 n=9
Grundschule mit Abschluß 0,4 n=3
10 %
7 %
Fachlektüre: regelmäßig, selten 4,7 n=9
Fachlektüre: nie 3,3 n=7

Schaubild 7

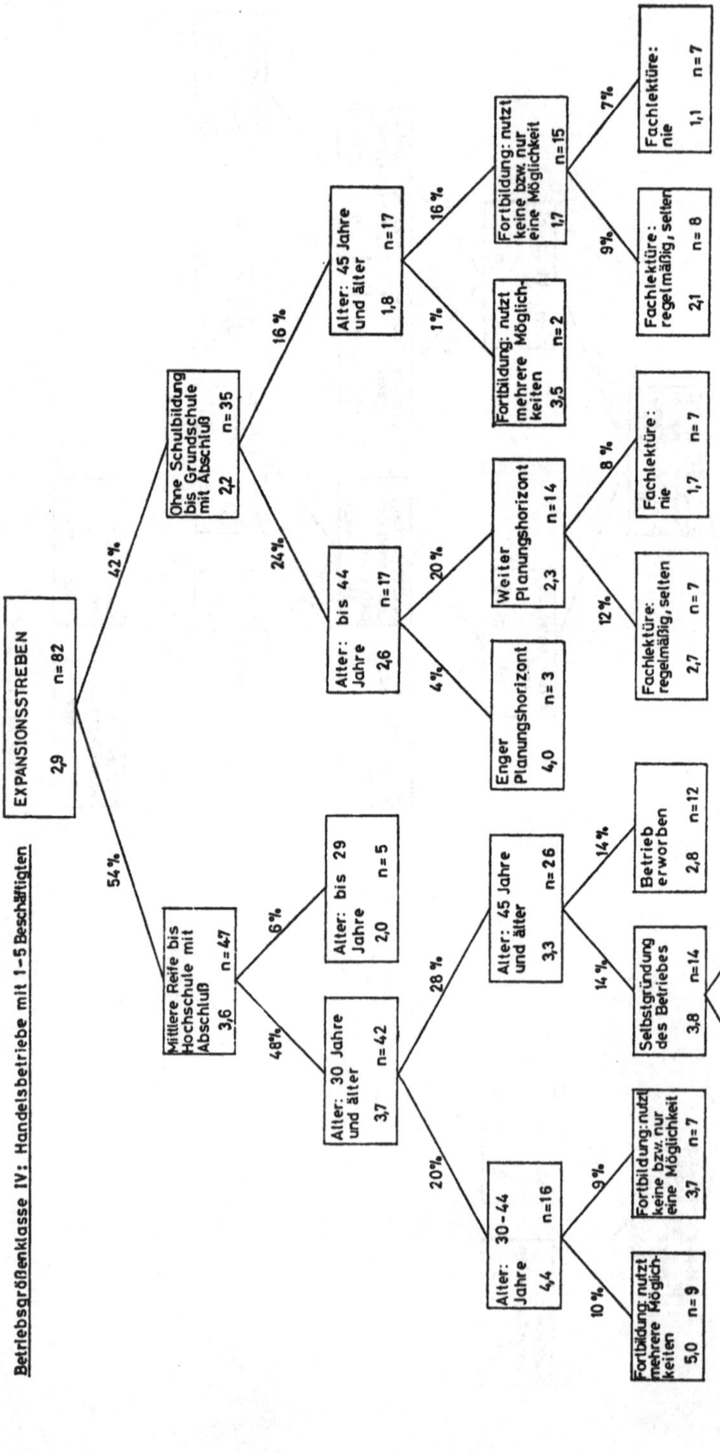
Betriebsgrößenklasse IV: Handelsbetriebe mit 1-5 Beschäftigten
EXPANSIONSSTREBEN 2,9 n=82
54%
42%
Mittlere Reife bis Hochschule mit Abschluß 3,6 n=47
Ohne Schulbildung bis Grundschule mit Abschluß 2,2 n=35
48%
6%
24%
16%
Alter: 30 Jahre und älter 3,7 n=42
Alter: bis 29 Jahre 2,0 n=5
Alter: bis 44 Jahre 2,6 n=17
Alter: 45 Jahre und älter 1,8 n=17
20%
28%
4%
20%
1%
16%
Alter: 30-44 Jahre 4,4 n=16
Alter: 45 Jahre und älter 3,3 n=26
Enger Planungshorizont 4,0 n=3
Weiter Planungshorizont 2,3 n=14
Fortbildung: nutzt mehrere Möglichkeiten 3,5 n=2
Fortbildung: nutzt keine bzw. nur eine Möglichkeit 1,7 n=15
10%
9%
14%
14%
12%
8%
9%
7%
Fortbildung: nutzt mehrere Möglichkeiten 5,0 n=9
Fortbildung: nutzt keine bzw. nur eine Möglichkeit 3,7 n=7
Selbstgründung des Betriebes 3,8 n=14
Betrieb erworben 2,8 n=12
Fachlektüre: regelmäßig, selten 2,7 n=7
Fachlektüre: nie 1,7 n=7
Fachlektüre: regelmäßig, selten 2,1 n=8
Fachlektüre: nie 1,1 n=7
10%
4%
Berufsziel: Einkommens-, Sicherheits-, Unabhängigkeitsorientierung 4,4 n=8
Berufsziel: Immaterielle Orientierung 2,3 n=6

Schaubild 8

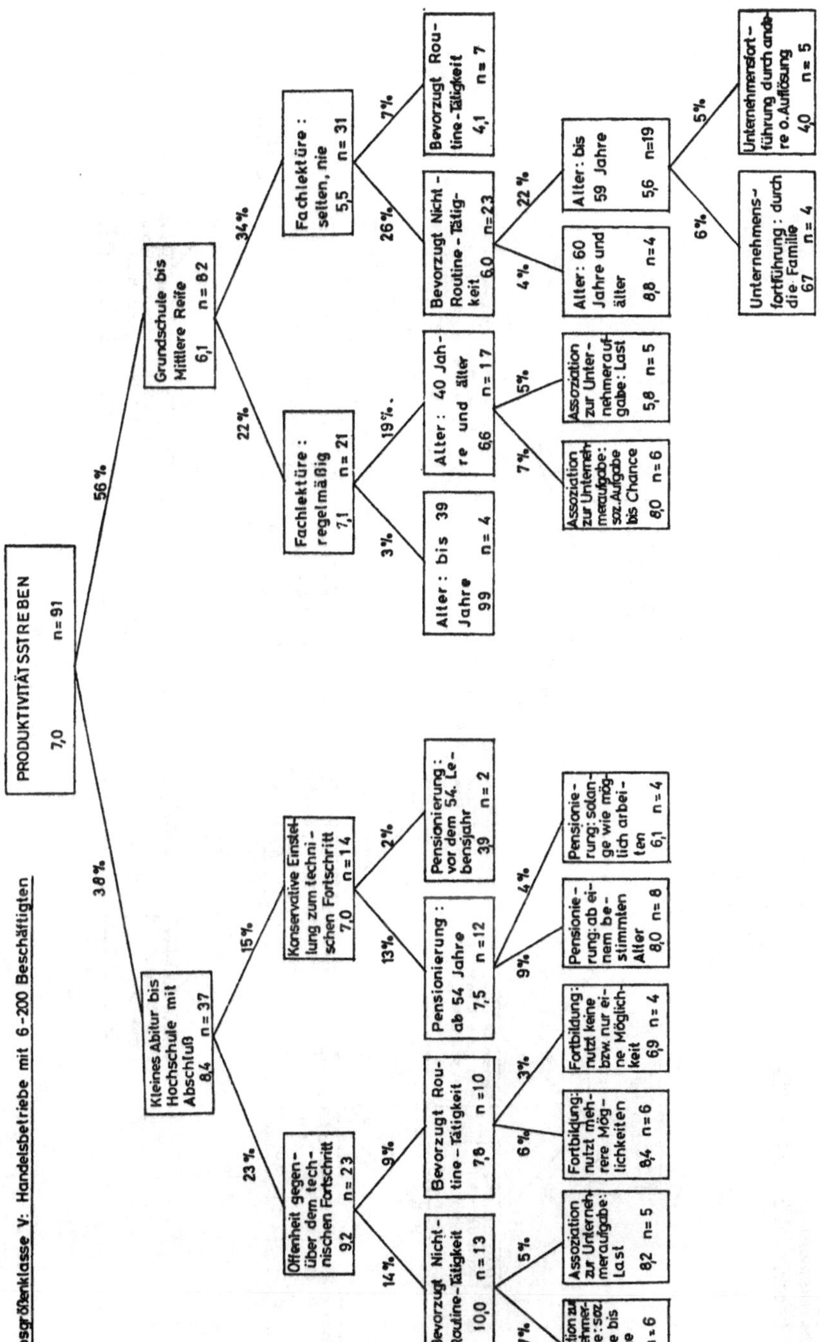
Betriebsgrößenklasse V: Handelsbetriebe mit 6-200 Beschäftigten
PRODUKTIVITÄTSSTREBEN 7,0 n=91
38%
56%
Kleines Abitur bis Hochschule mit Abschluß 8,4 n=37
Grundschule bis Mittlere Reife 6,1 n=82
23%
15%
22%
34%
Offenheit gegenüber dem technischen Fortschritt 9,2 n=23
Konservative Einstellung zum technischen Fortschritt 7,0 n=14
Fachlektüre: regelmäßig 7,1 n=21
Fachlektüre: selten, nie 5,5 n=31
14%
9%
13%
2%
3%
19%
26%
7%
Bevorzugt Nicht-Routine-Tätigkeit 10,0 n=13
Bevorzugt Routine-Tätigkeit 7,8 n=10
Pensionierung: ab 54 Jahre 7,5 n=12
Pensionierung: vor dem 54. Lebensjahr 39 n=2
Alter: bis 39 Jahre 99 n=4
Alter: 40 Jahre und älter 6,6 n=17
Bevorzugt Nicht-Routine-Tätigkeit 6,0 n=23
Bevorzugt Routine-Tätigkeit 4,1 n=7
7%
5%
6%
3%
9%
4%
7%
5%
4%
22%
Assoziation zur Unternehmeraufgabe: soz. Aufgabe bis Chance 117 n=6
Assoziation zur Unternehmeraufgabe: Last 8,2 n=5
Fortbildung: nutzt mehrere Möglichkeiten 8,4 n=6
Fortbildung: nutzt keine bzw. nur eine Möglichkeit 6,9 n=4
Pensionierung: ab einem bestimmten Alter 8,0 n=8
Pensionierung: solange wie möglich arbeiten 6,1 n=4
Assoziation zur Unternehmeraufgabe: soz. Aufgabe bis Chance 8,0 n=6
Assoziation zur Unternehmeraufgabe: Last 5,8 n=5
Alter: 60 Jahre und älter 8,8 n=4
Alter: bis 59 Jahre 5,6 n=19
6%
5%
Unternehmensfortführung: durch die Familie 67 n=4
Unternehmensfortführung durch andere o. Auflösung 4,0 n=5

Schaubild 9

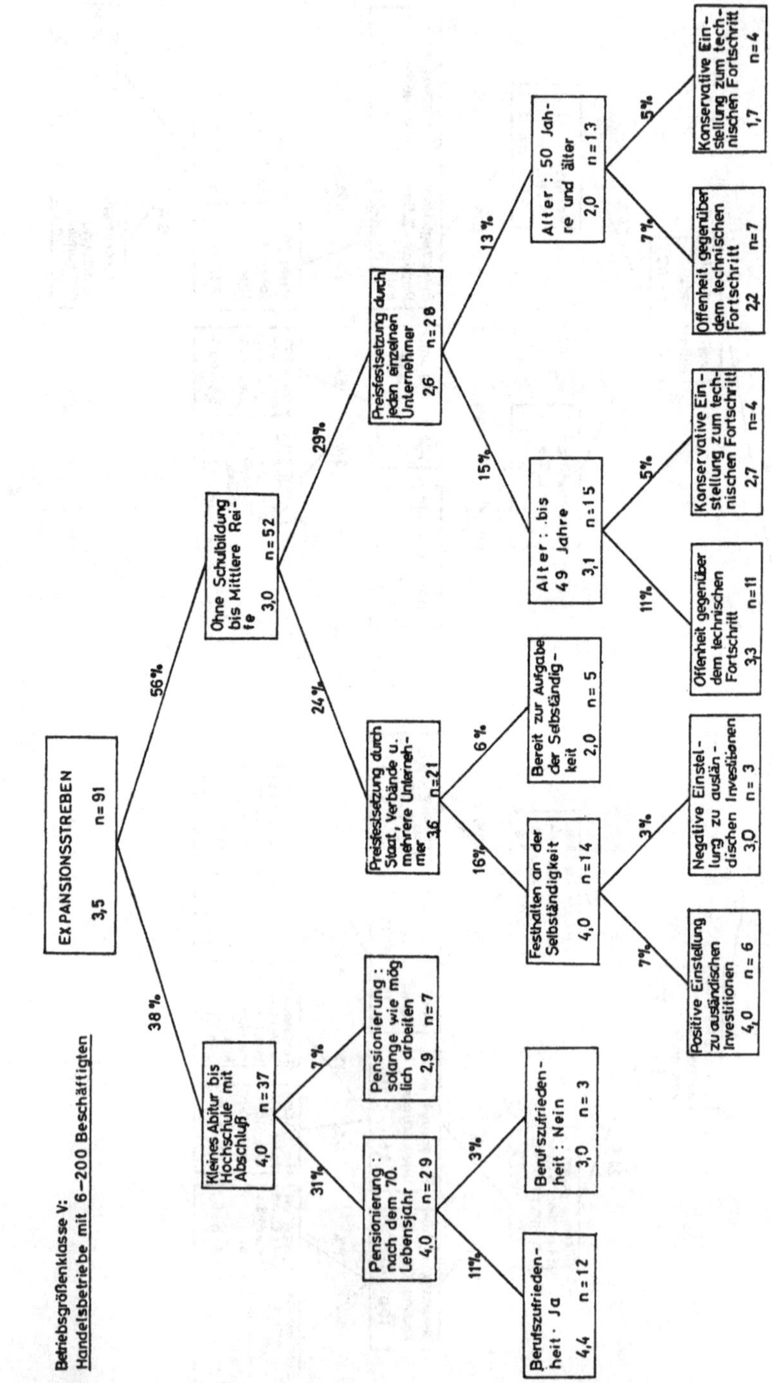

Schaubild 10

C. Schlußbetrachtung

Hinter dem Begriff „Wirtschaftswachstum" verbergen sich zahlreiche Aktivitäten der Wirtschaftssubjekte, die es in dieser Arbeit unter der Zielsetzung, Ansätze einer empirischen Theorie zur Erklärung des Phänomens „wirtschaftliche Entwicklung" zu finden, zusammenzufassen galt. Das Schwergewicht der theoretischen wie auch der empirischen Bemühungen lag hierbei im Bereich der produzierenden Wirtschaftseinheiten, der Unternehmungen; das zentrale Ziel war es, diejenigen Verhaltensweisen auf dem Gebiet der Produktion von Sachgütern und Dienstleistungen zu finden, die zu einer Steigerung des gesamtwirtschaftlichen Angebotes führen, und darüber hinaus solche Faktoren zu eruieren, auf die die wachstumsfördernden Unternehmungshandlungen letztlich zurückgeführt werden können.

Der hier skizzierte Ansatz eines Teilbereiches einer allgemeinen sozialökonomischen Theorie der wirtschaftlichen Entwicklung, der die Steigerungen des gesamtwirtschaftlichen Angebotes aus dem unternehmerischen Verhalten und den dieses determinierenden Einstellungen und Motiven der Träger betrieblicher Entscheidungen zu erklären versucht, will damit bewußt als Antithese zur herrschenden Wachstumsauffassung mit ihren „heroic simplifications" verstanden werden, die dem komplexen Charakter der Variablen, die einer empirischen Theorie der wirtschaftlichen Entwicklung zugrundegelegt werden müssen, in keiner Weise gerecht wird, sondern die Wachstumsforschung zu einem „Ritual logischer Exerzitien im Sprachgewand der Ökonomie" denaturiert hat. Im Gegensatz zur postkeynesianischen und neoklassischen Wachstumstheorie kann jedoch die hier dargestellte sozialökonomische Theorie Ansatzpunkte zu einer wirklichkeitsnahen Erklärung der mit dem Prozeß der volkswirtschaftlichen Entwicklung verbundenen Phänomene liefern, denn sie bietet den herrschenden Strategien gegenüber zwei Vorteile, die untrennbar miteinander verknüpft sind:

— sie ermöglicht die Erfassung und Berücksichtigung aller wachstumsrelevanten Aspekte, angefangen mit den ökonomischen bis hin zu sozialpsychologischen Komponenten, und

— sie ist in jedem ihrer Teilbereiche der Überprüfung an der Realität zugänglich.

Ziel der empirischen Untersuchungen war es, am Beispiel der französischen Wirtschaft Wege zu zeigen, wie der im theoretischen Teil aufgestellte umfassende Bezugsrahmen getestet werden kann. Es gelang hierbei, die angenommenen Beziehungen zwischen einer Reihe von Handlungen der Unternehmen und ihrem Beitrag zum gesamtwirtschaftlichen Wachstum inhaltlich zu bestimmen und ihre tatsächliche Relevanz für die Steigerung des Gesamtangebotes an Sachgütern und Dienstleistungen in einer Volkswirtschaft empirisch nachzuweisen. Ebenso war es möglich, zu zeigen, wie die wachstumsfördernden und hemmenden Unternehmungshandlungen auf ein System von fortschrittlichen oder hemmenden Einstellungen, Motiven und demographischen Charakteristika der Träger betrieblicher Entscheidungen zurückgeführt werden können. Das Ergebnis dieser Analyse der Erklärungsebene des wachstumsrelevanten Unternehmungshandelns führte zu einer Typologie, die die charakteristischen Merkmale solcher Unternehmensleiter aufweist, die Betriebe mit einem hohen Beitrag zur gesamtwirtschaftlichen Entwicklung leiten, und von den Eigenschaften derjenigen Unternehmer-abgrenzt, deren Betriebe nur einen geringen Beitrag zum wirtschaftlichen Wachstum leisten.

Selbstverständlich ist der hier dargestellte und überprüfte Ansatz nur ein kleiner Schritt in Richtung auf eine empirische Wachstumstheorie, da er nur den Bereich der produzierenden Wirtschaftseinheiten umfaßt. Er bedarf daher zunächst ergänzender Untersuchungen des wachstumsrelevanten Verhaltens in den übrigen Sektoren, der Haushalte*, des Staates und der Außenwirtschaft. Darüber hinaus gilt es aber auch, die hier dargestellten Hypothesen aus dem Unternehmensbereich an weiteren Beispielen zu überprüfen, vor allem auch das wachstumsrelevante Verhalten der Großunternehmungen zu durchleuchten und damit zugleich die Frage zu beantworten, inwieweit die bei der Untersuchung kleinerer Wirtschaftseinheiten zu vernachlässigenden gruppendynamischen Faktoren im Entscheidungsprozeß die wachstumsrelevanten Aktionen der Unternehmungen modifizieren. Nur so wird es möglich sein, einen weiteren Schritt auf dem Wege zu einer realitätsnäheren Wachstumstheorie zu gehen — einer Wachstumstheorie, die Ansatzpunkte für eine realistische Prognose der wirtschaftlichen Entwicklung und für eine auf ihre Förderung gerichtete Wirtschaftspolitik bieten könnte.

---

* Vgl. hierzu die Untersuchungen von *Biervert*, B.: Der Beitrag der Haushalte zum wirtschaftlichen Wachstum.

ANHANG I

Die untersuchten Unternehmen

Die Ergebnisse, die dem empirischen Teil dieser Untersuchung zugrundeliegen, entstammen einer Studie, die die Forschungsstelle für empirische Sozialökonomik (Prof. Dr. G. Schmölders) mit Unterstützung des Ministers für Wirtschaft, Mittelstand und Verkehr des Landes Nordrhein-Westfalen durchgeführt hat*. Untersucht wurden hierbei insgesamt 491 Klein- und Mittelbetriebe Frankreichs, und zwar:

— 83 Kleinstbetriebe der Industrie (bis 10 Beschäftigte)

— 131 mittlere mittelständische Industriebetriebe (11—50 Beschäftigte)

— 104 große mittelständische Industriebetriebe (51—200 Beschäftigte)

— 82 kleine mittelständische Handelsbetriebe (bis zu 5 Beschäftigte)

— 91 große mittelständische Handelsbetriebe (6—200 Beschäftigte)

in vier Städten und deren Randzonen. Ausgewählt wurden die Stadtbereiche Paris, Lyon, Nantes und Rouen nach ihrer regionalen Streuung, dem sozioökonomischen Status, gemessen am Einkommen pro Kopf der Bevölkerung, und dem Ausmaß ihrer industriellen Entwicklung. Die Agglomeration Paris wurde gewählt, weil hier sämtliche Industrie- und Handelszweige vertreten sind und das Pro-Kopf-Einkommen der Pariser Bevölkerung das höchste von ganz Frankreich ist. Nantes hat gegenüber den anderen Städten ein relativ niedriges Pro-Kopf-Einkommen; diese Agglomeration wurde außerdem ausgewählt, weil sie ein Gebiet starker industrieller und kommerzieller Entwicklung ist, das im Zuge der Dezentralisierungsmaßnahmen des französischen Staates besonders begünstigt wird. Lyon und Rouen haben einen ungefähr gleichen, mittleren sozio-ökonomischen Status. Sie wurden ausgewählt nach dem Gesichtspunkt der regionalen Streuung, d. h. Lyon als typische Stadt mit schon südfranzösischem Charakter, die zudem als alte Industrie- und Handelsmetropole anzusehen ist, und Rouen als neues aufstrebendes Industriegebiet im Nordwesten des Landes.

Die Auswahl der zu untersuchenden Betriebe erfolgte in zwei Stufen: Für die einzelnen Betriebsgrößenklassen der mittelständischen Unternehmen wie auch ihre regionale Verteilung wurden Quoten vorgegeben, die die Stichprobe in zweifacher Hinsicht disproportional gestalteten: Zum ersten waren hierin — gemessen an ihrem Anteil an der Gesamtzahl der mittelständischen Betriebe —

---

* Vgl. *Dierkes*, M.: Der Beitrag des französischen Mittelstandes zum wirtschaftlichen Wachstum.

die größeren mittelständischen Unternehmungen überproportional vertreten, zum zweiten wurde der Anteil der Pariser Unternehmungen in der Stichprobe gegenüber der Gesamtregionalverteilung zugunsten der mittelständischen Betriebe in der Provinz ermäßigt. Im wesentlichen sprachen für diese bewußte Disproportionalität und die Quotenvorgaben bei den beiden Merkmalen zwei Gründe: Die überaus große Zahl der Kleinstbetriebe in der französischen Wirtschaft hätte bei einer Zufallsauswahl aus der Gesamtheit aller mittelständischen Betriebe dazu geführt, daß die Zahl der in den größeren Betriebsgrößenklassen untersuchten Unternehmungen mit großer Wahrscheinlichkeit so klein gewesen wäre, daß sie nicht ausgereicht hätte, gesicherte Aussagen über die Produktivität und Expansion speziell dieser Betriebe zu machen. Der relativ große Anteil der Pariser Betriebe an der Grundgesamtheit „mittelständische Unternehmen" hätte ebenso dazu geführt, daß die Zahl der in der Provinz liegenden Betriebe zu klein gewesen wäre, um Aussagen über die zunächst vermuteten regionalen Unterschiede machen zu können.

Die durch diese Vorgehensweise bewirkte Disproportionalität der Stichprobe in regionaler Hinsicht und in bezug auf die Größenstruktur der mittelständischen Betriebe wurde bei der Auswertung durch entsprechende Gewichtungskoeffizienten beseitigt. Hierbei wurden die regionalen Disproportionalitäten durch Gewichtskoeffizienten auf der Basis der regionalen Streuung der Zahl der mittelständischen Betriebe aufgehoben; die Ungleichgewichtigkeit in bezug auf die Größenstruktur wurde dagegen durch Gewichte beseitigt, die die wirtschaftliche Bedeutung der Unternehmungen der einzelnen Betriebsgrößenklassen berücksichtigen, um so zu verhindern, daß die Globalaussagen über den gesamten französischen Mittelstand allein durch die zwar zahlenmäßig überwiegenden, aber in ihrer wirtschaftlichen Bedeutung — gemessen an der Zahl der Beschäftigten in den einzelnen Größenklassen — weniger wichtigen Kleinstbetriebe bestimmt werden. Eine genaue Darstellung der Berechnung beider Gewichtskoeffizienten ist im Tabellenband zu der Untersuchung „Der Beitrag des französischen Mittelstandes zum wirtschaftlichen Wachstum" im Archiv der Forschungsstelle für empirische Sozialökonomik (Prof. Dr. G. Schmölders) zu finden.

Innerhalb der vorgegebenen Quoten für die einzelnen Betriebsgrößenklassen und die regionale Verteilung wurden die untersuchten Unternehmungen aus der Zentralkartei des Institut National de la Statistique et des Etudes Economiques (INSEE) und den Unterlagen der örtlichen Industrie- und Handelskammern nach dem Zufallsprinzip (random) ausgewählt.

Die Branchengliederung der untersuchten Unternehmungen erfolgte nach einem detaillierten Klassifikationsschema des Institut National de la Statistique et des Etudes Economiques (INSEE). Zur Auswertung der Ergebnisse wurden folgende Wirtschaftsbereiche zusammengefaßt:

- Bereich I = Grundstoff-, Glas-, Papierindustrie, chemische, keramische, Holz und Kunststoff verarbeitende Industrie
- Bereich II = Gießereien, Schmieden, allgemein mechanische Industrie, Maschinen- und Fahrzeugbau, feinmechanische und elektrische Industrie
- Bereich III = Nahrungs-, Genußmittel-, Textil- und Lederindustrie (Konsumgüterindustrie)
- Bereich IV = Bau- und sonstiges verarbeitendes Gewerbe
- Bereich V = Nahrungs-, Genußmittel- und Getränkehandel (Lebensmittelhandel)

— Bereich VI = Textilhandel, Gemischtwarenhandel, Warenhäuser
— Bereich VII = Sonstiger, vor allem produktionsverbindender Handel

Neben den Leitern mittelständischer Unternehmungen wurden auch Angehörige von Freien Berufen befragt, die den nichtgewerblichen Teil des selbständigen Mittelstandes in Frankreich repräsentieren, und 198 Arbeitnehmer als Angehörige des nichtselbständigen Mittelstandes und anderer Bevölkerungsschichten. Beide Befragtenkreise fungieren als Kontrollgruppen, mit deren Hilfe festgestellt wurde, ob die Einstellungen und Motive der Angehörigen des Mittelstandes als nationale oder Gruppenphänomene angesehen werden müssen.

Die Feldarbeit der Untersuchung lag in den Händen der Compagnie d'Etudes Industrielles et d'Aménagement du Territoire (CINAM), 4, rue d'Aboukir, Paris 2e, die nach sorgfältiger Abwägung aller qualitativen und preislichen Aspekte unter den französischen Meinungsforschungsinstituten ausgewählt wurde. Die Umfrage wurde in der Zeit von Mitte Mai bis Mitte Juni 1966 gleichzeitig in den oben erwähnten Städten durchgeführt.

ANHANG II

Das AUSPIK-Verfahren[1]

Bei dem zur Analyse des Datenmaterials benutzten AUSPIK-Verfahren (vgl. Schaubilder I—X) handelt es sich um eine Methode zur Bestimmung von Einflußfaktoren, die die Variabilität einer abhängigen Variablen und deren Untergruppen optimal erklärt. Das zugrunde liegende statistische Modell lehnt sich weitgehend an einen der Aufgabenkomplexe der Varianzanalyse an[2], in einem System von Beziehungen zwischen einer abhängigen Variablen und einer Vielzahl von Einflußfaktoren die einzelnen Faktoren hierarchisch nach ihrem Erklärungswert für die abhängige Variable zu ordnen. Die Varianzanalyse bietet grundsätzlich zwei Möglichkeiten zur Lösung dieser Aufgabe: Die Ordnung der Einflußfaktoren nach der Höhe der Varianzen zwischen den Gruppen der abhängigen Variablen, die durch die Klassifikationsmerkmale des jeweiligen Einflußfaktors gebildet werden:

$$V_z = \sum_{i=1}^{2} n_i (\bar{x}_i - \bar{x})^2$$ V_z = Varianz zwischen den Gruppen

$$x_1 = [x_{11}, x_{12} \dots x_{1n_1}]$$

$$x_2 = [x_{21}, x_{22} \dots x_{2n_2}]$$

$$X = x_1 + x_2$$

---

[1] Vgl. *Biervert*, B., *Dierkes*, M., *Walzel*, A.: Automatischer Split zur optimalen Kombination erklärender Faktoren.

[2] Vgl. *Pfanzagl*, J.: Allgemeine Methodenlehre der Statistik, Bd. 2, Berlin 1966, S. 248, und *Linder*, A.: Statistische Methoden, Stuttgart 1960, S. 100, 138.

oder den entsprechenden Q-Werten, i. e. die Relationen zwischen den Varianzen zwischen den Gruppen und den Variationen innerhalb der Gruppen:

$$Q = \frac{\sum_{i=1}^{2} n_i (\bar{x}_i - \bar{x})^2}{\frac{1}{n-2} \sum_{i=1}^{2} \sum_{j=1}^{n_i} (x_{ij} - \bar{x}_i)^2}$$

Das AUSPIK-Verfahren läßt beide Wege offen, in der Regel erscheinen die Q-Werte jedoch als geeigneter, da sie als relatives Maß die Homogenität der Gruppen berücksichtigen und darüber hinaus auch nicht — wie die Zwischengruppenvarianzen — gleiche Besetzungszahlen für den Vergleich aller Einflußfaktoren voraussetzen.

Die AUSPIK-Analyse bedient sich somit zwar des Modells der einfachen Varianzanalyse, ihre Zielsetzung erschöpft sich jedoch nicht in einer schlichten hierarchischen Ordnung der Erklärungsfaktoren (x_i) für die Variabilität einer anhängigen Variablen (y), sie geht vielmehr darüber hinaus und will bei einer großen Anzahl von x_i y sukzessiv nach den einzelnen x_i gruppieren, hierbei eine Maximierung der Varianz zwischen den Gruppen oder des Q-Wertes anstreben und durch den Vergleich der Zwischengruppenvarianzen oder der Q-Werte die Bedeutung einer jeden erklärenden Variablen x_{ij} für y auch in den sich ergebenden Untergruppen bestimmen.

Zu diesem Zweck wird zunächst eine Dichotomisierung der Klassifikationsmerkmale aller Einflußfaktoren x_i vorgenommen. Diese Dichotomisierung ist aus zwei Gründen erforderlich: zum ersten, um denjenigen Variablen x_i die eine Vielzahl von Klassifikationen aufweisen, nicht einen vom Ziel der Analyse gesehenen ungerechtfertigten Vorteil gegenüber solchen Variablen zu verschaffen, die von ihrer Natur her nur eine dichotome Aufteilung vorweisen können (dummy variables)[3]. Zum zweiten kommt hinzu, daß die geometrisch mit der Zahl der zugelassenen Klassifikationen steigende Rechenzeit eine solche Beschränkung erforderlich macht. Jede der möglichen Dichotomisierungen der Klassifikationsmerkmale einer jeden Variablen x_{ij} wird dann auf die Höhe ihres Erklärungswertes für die abhängige Variable y überprüft, es wird also der jeweilige Q-Wert bzw. die Varianz zwischen den dichotomen Gruppen bestimmt. In die weitere Analyse wird dann diejenige Dichotomie der Klassifikationen aufgenommen, die den optimal möglichen Erklärungswert erreicht, die also den höchsten Q-Wert oder die größte Zwischengruppenvarianz aufweist.

Im weiteren Schritt der Analyse werden die Q-Werte bzw. Zwischengruppenvarianzen der einzelnen Variablen x_{ij} gegenübergestellt und hierarchisch geordnet. Bei der in dieser Hinsicht als erste erscheinenden Variablen handelt es sich dann um den Einflußfaktor, dem bei Dichotomisierung seiner Klassifikationen der höchste Erklärungswert für die Variation von y zukommt.

Dieser so beschriebene Vorgang wird anschließend in den beiden Untergruppen der optimal erklärenden Variablen wiederholt. Als Ergebnis erhält man eine Dichotomie derjenigen Variablen, die die Variation von y in den jeweiligen Untergruppen optimal erklärt, die also bezogen auf y den höchsten

[3] Vgl. *Sonquist*, J. A., *Morgan*, J. N.: The Detection of Interaction Effects, Ann Arbor/Mich. 1964.

Q-Wert oder die größte Zwischengruppenvarianz in dieser Untergruppe aufweist. Hierbei muß hervorgehoben werden, daß auch die Variable, die als höchsterklärende die Untergruppen determiniert, mit in die weitere Analyse aufgenommen wird. Voraussetzung ist jedoch, daß die jeweiligen Untergruppen noch mindestens zwei Klassifikationen der ursprünglichen Einteilung enthalten. Der Informationsverlust durch die Dichotomisierung wird also weitgehend durch die Chance der Variablen, in späteren Ebenen der Analyse noch mit weiteren Klassifikationen zu erscheinen, aufgehoben.

Dieses Verfahren wird nun weiter fortgesetzt, bis eine vom Forscher festgelegte Endbesetzungszahl in den Untergruppen erreicht wird bzw. bis eine Dichotomisierung der verbleibenden Variablen keinen von 1 wesentlich verschiedenen Q-Wert oder keine bedeutende Zwischengruppenvarianz ergibt[4] oder bis in einzelnen Untergruppen keine Varianz von y mehr vorhanden ist, also alle Werte in der Gruppe mit $\bar{y}$ identisch sind.

Als Ergebnis der so beschriebenen automatisch von der Datenverarbeitungsanlage durchgeführten Analyse erhält man demnach dichotome Gruppen und Untergruppen, die einen maximalen Erklärungswert für die abhängige Variable haben. In der graphischen Darstellung ergibt sich eine verzweigte Aufteilung von y, aus der sich die englische Bezeichnung dieses Verfahrens „tree-analysis“ ableitet.

[4] Vgl. zu diesen Grenzen *Sonquist*, J. A., *Morgan*, J. N.: The Detection of Interaction Effects, S. 114—121.

Literaturverzeichnis

Abb, F.: Die Außenwirtschaft in der Modellanalyse des ökonomischen Wachstums, in: Zeitschrift für die gesamte Staatswissenschaft, Bd. 114, 1958

— Der Einfluß der Außenwirtschaft auf das ökonomische Wachstum unter Berücksichtigung empirisch gewonnener Werte, in: Zeitschrift für die gesamte Staatswissenschaft, Bd. 114, 1958

Adelman, J.: Theories of Economic Growth and Development, London-New York 1962

Aengenendt-Papesch, R.: Die Funktionen der Klein- und Mittelbetriebe in der wettbewerblichen Marktwirtschaft, Abhandlungen zur Mittelstandsforschung Nr. 2, Köln und Opladen 1962

Åkerman, J.: Une théorie générale du développement économique est-elle concevable?, in: Economie appliquée, n° 12, 1959

Albach, H.: Zur Theorie des wachsenden Unternehmens, in: Krelle, W. (ed.), Theorien des einzelwirtschaftlichen und gesamtwirtschaftlichen Wachstums, Schriften des Vereins für Socialpolitik N. F. Bd. 34, Berlin 1965

— Anforderungen an eine langfristige Unternehmensplanung, in: Zeitschrift für Betriebswirtschaft, 38. Jg., 1968/2. Ergänzungsheft

Albert, H.: Theorie und Prognose in den Sozialwissenschaften, in: Topitsch, E. (ed.), Logik der Sozialwissenschaften, 2. Aufl., Köln-Berlin 1965

— Modellplatonismus, in: Topitsch, E. (ed.), Logik der Sozialwissenschaften, 2. Aufl., Köln-Berlin 1965

— Probleme der Theoriebildung, in: Albert, H. (ed.), Theorie und Realität, Tübingen 1964

Albrecht, K.: Dem Mittelstand eine Chance, Frankfurt 1959

Allen, R. G. D.: Mathematical Economics, New York 1959

Anderson, O.: Artikel „Zeitreihenanalyse", in: Handwörterbuch der Sozialwissenschaften, Bd. 12, Stuttgart—Tübingen—Göttingen 1965

Andreae, C. A., und H. St. *Seidenfus:* Mittelständische Industrie und Kartellfrage, in: Andreae, C. A., Seidenfus, H. St., Passern, W., Maier, J. (ed.), Der industrielle Mittelstand in der Wettbewerbsordnung, FIW-Schriftenreihe H. 2, Köln—Berlin—Bonn—München 1962

Arrow, K.: The Economic Consequence of Learning by Doing, Review of Economic Studies 29 (1962)

Aukrust, O.: Investment and Economic Growth, in: Productivity Measurement Review, Nr. 16 (Februar 1959)

Balassa, B.: The Theory of Economic Integration, Homewood/Ill. 1961

Bartels, G.: Diversifizierung, die gezielte Ausweitung des Leistungsprogramms der Unternehmung, Stuttgart 1966

Barth, H. J.: Zum Einfluß der schleichenden Inflation auf das Wirtschaftswachstum, Tübingen 1969

Bayer, H.: Das mittlere personengeprägte Unternehmen als Wirtschaftsstabilisator, Köln und Opladen 1963

Bernholz, P.: Einige Bemerkungen zur Theorie des Einflusses der Verbände auf die politische Willensbildung in der Demokratie, in: Kyklos, Vol. XXII, 1969

Bickel, W.: Finanzpolitische Bedingungen stetigen Wirtschaftswachstums, in: Finanz- und währungspolitische Bedingungen stetigen Wirtschaftswachstums, Schriften des Vereins für Socialpolitik N. F., Bd. 15, Berlin 1955

Bidlingmaier, J.: Unternehmensziele und Unternehmerstrategien, Wiesbaden 1964

— Unternehmerische Zielkonflikte und Ansätze zu ihrer Lösung, in: Zeitschrift für Betriebswirtschaft, 38. Jg., 1968

Biervert, B.: Der Beitrag der Haushalte zum wirtschaftlichen Wachstum, Berlin 1969

— und M. *Dierkes*: Ein Modellentwurf für Empiriker — Antithesen zur neoklassischen Theorie, in: Der Volkswirt, 22. Jg., Nr. 23 vom 7. Juni 1968

— — und A. *Walzel*: Automatischer Split zur optimalen Kombination erklärender Faktoren, in: Kölner Zeitschrift für Soziologie und Sozialpsychologie, Heft 2, 1969

Bloch-Lainé, F.: Une économie de l'inquiétude: l'entreprise toujours en question, in: Bloch-Lainé, F., et Perroux, F. (ed.), L'entreprise et l'économie du XXe siècle, Paris 1966

Boetticher, K.: Die Aussichten des Mittelstandes in einer industriellen Gesellschaft, in: Utz, A. F. (ed.), Der Mittelstand in der Wirtschaftsordnung heute, Heidelberg-Löwen 1959

Boissonat, J.: Eine neue französische Wirtschaft, in: Gesellschaft für übernationale Zusammenarbeit (ed.), Frankreichs Wirtschaft, Köln 1961

Bombach, G.: Quantitative und monetäre Aspekte des Wirtschaftswachstums, in: Finanz- und währungspolitische Bedingungen stetigen Wirtschaftswachstum, Schriften des Vereins für Socialpolitik N. F., Bd. 15, Berlin 1959

— Artikel „Wirtschaftswachstum", in: Handwörterbuch der Sozialwissenschaften, Bd. 12, Stuttgart—Tübingen—Göttingen 1965

— Von der Neoklassik zur modernen Wachstums- und Verteilungstheorie, in: Schweizerische Zeitschrift für Nationalökonomik und Statistik, 100. Jg. (1964)

Boonen, J.: Les conditions de survie de l'entreprise familiale, in: C. E. P. I. (ed.), Forces et faiblesses des entreprises familiales, Lille 1960

Boot, J. C. G., und G. M. *de Witt*: Investment Demand: an empirical contribution to the aggression problem, in: International Economic Review 1 (1960)

Bourlet, C.: Le Financement des Entreprises Familiales, in: C. E. P. I. (ed.), Forces et faiblesses des entreprises familiales, Lille 1960

Bouska, J.: Strukturmodelle und ihre Anwendung, in: Beirat für ökonomische Forschung bei der staatlichen Plankommision der Deutschen Demokratischen Republik (ed.), Ökonomische Modelle, Berlin 1967

Braibanti, R. and J. *Spengler*: (ed.), Traditions, Values and Socio-economic Development, Durham 1961

Brandt, K.: Zur Theorie des Wirtschaftswachstums, in: Zeitschrift für Nationalökonomie, Bd. 17 (1957)

— Konkurrenzprobleme im wirtschaftlichen Wachstum, in: Zeitschrift für die gesamte Staatswissenschaft, Bd. 119 (1963)

Brinkmann, G.: Der Beitrag der sozialökonomischen Verhaltensforschung zur Vorausschätzung des Bedarfs an hochqualifizierten Führungskräften, in: Wirtschaftstheorie als Verhaltenstheorie. Ein Symposion der Forschungsstelle für empirische Sozialökonomik, Berlin 1969

Brockhoff, K.: Unternehmenswachstum und Sortimentsänderungen, Köln und Opladen 1966

Busse von Colbe, W.: Entwicklungstendenzen in der Theorie der Unternehmung, in: Zeitschrift für Betriebswirtschaft 1964

Cambien, S.: La formation des futurs chefs dans les entreprises familiales, in: C. E. P. I. (ed.), Forces et faiblesses des entreprises familiales, Lille 1960

Carell, E.: Artikel „Produktionsfaktoren", in: Handwörterbuch der Sozialwissenschaften, Bd. 8, Stuttgart—Tübingen—Göttingen 1964

Chamberlain, N. W.: General Theorie of Economic Process, New York 1955

Cochran, T. C.: The Entrepreneur in Economic Change, in: Behavioral Science, Vol. 9, 1964

Colm, G.: Fiscal Policy. Innovations in Relation to Economic Growth, in: Kyklos, Vol. XIX, 1966

Coulmas, P.: Frankreich deutet sich selbst, Hamburg 1961

Cyert, R. M., *Simon*, H. A., *Trow*, D. B.: Oberservation of Business decision, in: Hubenstein, A. H. and Haberstroh, Ch. J. (ed.), Some Theories of Organization, Homewood, Ill. 1960

Denison, E. F.: Why Growth Rates differ—Post-war Experience in Nine Western Countries, Washington 1967

Derichs, H.: Die Problematik der Produktivitätsmessung von Wirtschaftssektoren, Bd. 15 der Schriftenreihe des Energiewissenschaftlichen Instituts an der Universität zu Köln, München 1969

Deutscher Industrie- und Handelstag, Schriftenreihe, Heft 53, Stärkung der Mittelschichten — Gründe, Möglichkeiten und Grenzen, Bonn 1958

Dewett, K. K.: Modern Economic Theory—Micro and Macro Analysis, New Delhi 1967

Dierkes, M.: Kapitalbedarf und Finanzierungsquellen mittlerer Kaufhausunternehmungen, unveröff. Diplomarbeit, Köln 1965

— Sind französische Unternehmer rückständig?, in: Blick durch die Wirtschaft der Frankfurter Allgemeinen Zeitung vom 14. 12. 1968

— Der Beitrag des französischen Mittelstandes zum wirtschaftlichen Wachstum, Köln und Opladen 1969

— Unternehmensverhalten und wirtschaftliches Wachstum, in: Blätter für Genossenschaftswesen, Nr. 19/20, 1969

Domar, E. D.: Economic Growth—An Econometric Approach, in: American Economic Review, Bd. 42, 1952

Dorner, K.: Strukturverschiebungen in modernen Industriewirtschaften, Diss. Köln 1964

Dürr, E.: Wachstumstheorie und Wachstumspolitik, in: Jahrbücher für Nationalökonomie und Statistik, Bd. 176 (1964)

— Wachstumspolitisch relevante Ergebnisse der Wachstumstheorie, München—Solln 1968

— Alternativen der Wachstumsplanung in Entwicklungsländern, in: Wirtschaftspolitische Chronik, Heft 1, 1969

Egner, E.: Artikel „Haushalt", in: Handwörterbuch der Sozialwissenschaften, Bd. 5, Stuttgart—Tübingen—Göttingen 1956

Eisermann, G.: Wirtschaftssystem und Gesellschaftsform, in: Bernsdorf, W. und Eisermann, G., Die Einheit der Sozialwissenschaften, Stuttgart 1955

— Joseph Schumpeter als Soziologe, in: Kyklos, Vol. XVIII Fasc. 2

Elsner, K.: Wachstums- und Konjunkturtheorie, in: Ehrlicher, W.; Esenwein-Rothe, I.; Jürgensen, H.; Rose, K. (ed.), Kompendium der Volkswirtschaftslehre, Bd. 1, Göttingen 1967

L'Entreprise: La place, le rôle et l'avenir des petites et moyennes entreprises, N° 580 vom 20. Oktober 1966

Eucken, W.: Die Grundlagen der Sozialökonomie, 6. Aufl., Berlin—Göttingen—Heidelberg 1950

Finger, G.: Das Wachstum von Unternehmen mit einem Beispiel aus der Automobilindustrie, Tübingen 1968

Fisher, W. D.: Optimal Aggregation in Multiequation Prediction Models, in: Econometrica 30 (1962)

Fortbildungsinstitut für Unternehmungsführung, Katholische Universität Leuwen, Bericht: Woitrin Stampa, Untersuchung über die Lage der industriellen Klein- und Mittelbetriebe in den EWG-Ländern, Leuwen 1964

Föhl, C.: Wieweit ist Wirtschaftswachstum machbar? Sonderschrift des Ifo-Institutes für Wirtschaftsforschung, Nr. 37, Berlin—München 1968

Förstner, K.: Betriebs- und volkswirtschaftliche Produktionsfunktion, in: Zeitschrift für Betriebswirtschaft, 1963

Fourastié, J.: Die große Hoffnung des 20. Jahrhunderts, Köln 1954

Fournier le Ray, G.: Voraussetzungen für die Anpassung der mittelständischen Betriebe an die wirtschaftliche und technische Entwicklung, in: Utz, A. F. (ed.), Der Mittelstand in der Wirtschaftsordnung heute, Heidelberg-Löwen 1959

Fricke, R.: Die Grundlagen der Produktivitätstheorie, Frankfurt 1961

Frisch, R.: Theory of Production, Dordrecht 1955

Fürstenberg, F.: Wirtschaftssoziologie, Berlin 1961

Gäfgen, G.: Theorie der wirtschaftlichen Entscheidung, Tübingen 1963

Gahlen, B.: Die Überprüfung produktionstheoretischer Hypothesen für Deutschland (1850 bis 1913), Tübingen 1968

Galbraith, J. H.: Die moderne Industriegesellschaft, München—Zürich 1968

Gardelini, R.: Produktivität und französische Wirtschaft, Arbeitsgemeinschaft für Forschung des Landes Nordrhein-Westfalen, Heft 145, Köln und Opladen 1965

Gehrig, G.: Neue Möglichkeiten für die Wirtschaftsforschung durch Benutzung von Datenverarbeitungsanlagen, in: Jahrbücher für Nationalökonomie und Statistik, Bd. 178

Gélinier, O.: Morale de l'entreprise et destin de la nation, Paris 1965

Gerfin, H.: Langfristige Wirtschaftsprognose, Tübingen—Zürich 1964

Gerschenkron, A.: Soziale Haltungen, Unternehmertum und wirtschaftliche Entwicklung, in: Zeitschrift für Nationalökonomie, Nr. 15, 1956

Gesellschaft für übernationale Zusammenarbeit (ed.), Frankreichs Wirtschaft, Köln 1961

Giersch, H.: Wachstum und Konjunktur, in: Bombach, G.; Giersch, H.; Senf, P. (ed.), Wachstum und Konjunktur, Darmstadt und Opladen 1960

Gold, B.: Foundations of Productivity Analysis, Pittsburgh 1955

Görgens, E.: Wettbewerb und Wirtschaftswachstum, Freiburg 1969

Granger, G. G.: Méthodologie économique, Paris 1955

Grimm, J.: Wachstumsprozesse industrieller Unternehmungen, Berlin 1966

Grochla, E.: Artikel „Betriebliche Planung", in: Handwörterbuch der Sozialwissenschaften, Bd. 8, Stuttgart—Tübingen—Göttingen 1964

Gross, H., und J. *Meier:* Größe und Größenstruktur der Unternehmen, Köln 1964

Gutenberg, E.: Die Unternehmung als Gegenstand betriebswirtschaftlicher Theorie, Berlin und Wien 1929

— Einführung in die Betriebswirtschaftslehre, Wiesbaden 1958

— Grundlagen der Betriebswirtschaftslehre, Bd. 1, Die Produktion, 6. Aufl., Berlin—Göttingen—Heidelberg 1961

Gusten, R.: Zum Begriff der Gesamtproduktivität, in: Jahrbücher für Nationalökonomie und Statistik, Bd. 178, 1965

Habakkuk, H.: Die grundlegenden Bedingungen des wirtschaftlichen Fortschritts, in: Zeitschrift für Nationalökonomie, Bd. XV, 1956

Haberler, G.: Artikel „Außenhandel", in: Handwörterbuch der Sozialwissenschaften, Bd. 1, Stuttgart—Tübingen—Göttingen 1956

Haller, H.: Einige Gedanken zum Thema: Öffentliche Finanzen im Wirtschaftswachstum, in Schneider, E. (ed.), Wirtschaftskreislauf und Wirtschaftswachstum, Carl Föhl zum 65. Geburtstag, Tübingen 1966

Harrod, R. F.: Towards a Dynamic Economic, London—New York 1948

Hax, K.: Industrielle Entwicklung, gesamtwirtschaftliches Wachstum und Unternehmenswachstum, in: Zeitschrift für betriebswirtschaftliche Forschung, 16. Jg., 1964

— Die Kapitalwirtschaft des wachsenden Industrieunternehmens, in: Zeitschrift für betriebswirtschaftliche Forschung, 16. Jg., 1964

Heinen, E.: Die Zielfunktion der Unternehmung, in: Koch, H. (ed.), Zur Theorie der Unternehmung, Festschrift zum 65. Geburtstag von Erich Gutenberg, Wiesbaden 1962

Hellwig, A.: Kooperation und Produktivität, in: Zeitschrift für Betriebswirtschaft, 1966

Helmstätter, R. E.: Komponenten des Wachstums, in: Der Volkswirt, 21. Jg., Nr. 36 vom 8. September 1967

Herschlag, Z. Y.: Theory of Stages of Economic Growth in Historical Perspective, in: Kyklos, Vol. XXII, 1969

Hill, W.: Unternehmensplanung, Stuttgart 1966

Hirschmann, A. E.: The Strategy of Economic Development, New Haven 1958

Hoffmann, W. G.: Stadien und Typen der Industrialisierung, Ein Beitrag zur quantitativen Analyse historischer Wirtschaftsprozesse, Jena 1931

— Das Wachstum der deutschen Wirtschaft seit der Mitte des 19. Jahrhunderts, Berlin—Heidelberg—New York 1965

Hofmann, M.: Das unternehmerische Element der Betriebswirtschaft, Berlin 1968

Hofstätter, P. R.: Das Fischer Lexikon „Psychologie", Frankfurt 1957

Hoselitz, B.: Sociological Aspects of Economic Growth, New York 1960

Hughes, J. R. T.: Foreign Trade and Balanced Growth: The Historical Framework, in: American Economic Review, Vol. XLIX, 1959

Humblet, E. J.: Industrie und Mittelstand, in: Utz, A. F. (ed.), Der Mittelstand in der Wirtschaftsordnung heute, Heidelberg-Löwen 1959

Hundhausen, C.: Der Absatzbereich der Industrieunternehmung und seine Bedeutung für den Wachstumsprozeß, in: Zeitschrift für betriebswirtschaftliche Forschung, 16. Jg., 1964

INSEE, Annuaire Statistique de la France 1965, Paris 1966

Intermarket, Die Situation mittelständischer Unternehmen im Lande Nordrhein-Westfalen, Düsseldorf 1964

Jahn, G.: Die historische Schule der Nationalökonomie, in: Montaner, A. (ed.), Geschichte der Volkswirtschaftslehre, Köln—Berlin 1967

Jansen, H. L.: Die Selbsthilfe des mittelständischen Unternehmers, in: Utz, A. F. (ed.), Der Mittelstand in der Wirtschaftsordnung heute, Heidelberg—Löwen 1959

Johanson, H. G.: Gleichgewichtiges Wachstum in offenen Volkswirtschaften, in: König, H. (ed.), Wachstum und Entwicklung der Wirtschaft, Köln—Berlin 1968

Kaiser, E.: Das Aggregationsproblem in der Theorie der ökonomischen Entscheidung mit besonderer Berücksichtigung der Theorie der kollektiven Nachfrage, Diss. Köln 1968

Kaldor, N., und J. A. *Mirrlees*: Ein neues Modell des wirtschaftlichen Wachstums, in: König, H. (ed.), Wachstum und Entwicklung der Wirtschaft, Köln—Berlin 1968

Kalveram, W.: Industriebetriebslehre, 7. Aufl., Wiesbaden 1960

Kantzenbach, E.: Die Funktionsfähigkeit des Wettbewerbs, 2., durchgesehene Aufl., Göttingen 1967

Katona, G.: Das Verhalten der Verbraucher und Unternehmer, Tübingen 1960

Kemp, T.: Structural Factors in the Retardition of French Economic Growth, in: Kyklos, Vol. XV (1962)

Kerschagl, R.: Was kann uns Marx heute noch sagen?, in: Montaner, A. (ed.), Geschichte der Volkswirtschaftslehre, Köln—Berlin 1967

Kilger, W.: Produktions- und Kostentheorie, Wiesbaden 1958

Klatt, S.: Zur Theorie der Industrialisierung, Köln und Opladen 1959

Klein, L. R.: An Introduction to Econometrics, New York 1962

Klein-Blenkers, E.: Die Leitung in mittleren und kleinen Betrieben als Ansatzstelle für Rationalisierungsmaßnahmen, in: Zeitschrift für Betriebswirtschaft, 36. Jg., 1966

Kloten, N.: Mikro- und Makroanalyse als Grundlage wirtschaftspolitischer Entscheidungen, in: Zeitschrift für die gesamte Staatswissenschaft, Bd. 114, 1958

König, H.: Ansätze und Probleme der Wachstumstheorie, in: König, H. (ed.), Wachstum und Entwicklung der Wirtschaft, Köln—Berlin 1968

Kosiol, E.: Die Unternehmung als wirtschaftliches Aktionszentrum, Reinbek bei Hamburg 1966

Kremp, H.: Zur Größe gezwungen, in: Die Zeit, Nr. 10 vom 4. 3. 1966

Krelle, W.: Produktionstheorie, Tübingen 1969

Krengel, R.: Einige Bemerkungen zur Brauchbarkeit von Arbeitsproduktivität und Kapitalproduktivität als Instrumente der langfristigen Wirtschaftsprognose, in: Zeitschrift für die gesamte Staatswissenschaft, Bd. 124, 1968

— Möglichkeiten und Grenzen der Messung des technischen Fortschritts, in: Strecker, H., und Bihn, W. R. (ed.), Die Statistik in der Wirtschaftsforschung, Festschrift für Rolf Wagenführ zum 60. Geburtstag, Berlin 1967

Krieghoff, H.: Technischer Fortschritt und Produktivitätssteigerung, Berlin 1958

Kuhlo, K. C.: Die Wachstumsprognose, insbesondere auch: Die Prognose der Produktivitätsentwicklung, in: Giersch, H., und Borchardt, K. (ed.), Diagnose und Prognose als wirtschaftswissenschaftliche Methodenprobleme, Berlin 1962.

Landes, D. S.: French Entrepreneurship and Industrial Growth in the 19th Century, in: The Journal of Economic History, Bd. IX (I), 1949

Lauterbach, A.: Psychologie des Wirtschaftslebens, Reinbek bei Hamburg 1962

Lave, L. B.: Technological Change: Its Conception and Measurement, Englewood Cliffs, N. J. 1966

Leibenstein, H.: Allocative Efficiency versus X-Efficiency, in: American Economic Review, Vol. LVI, 1966

Lewis, E. A.: Theorie des wirtschaftlichen Wachstums, Tübingen—Zürich 1956

Linder, A.: Statistische Methoden, Stuttgart 1960

Littmann, K.: Zunehmende Staatstätigkeit und wirtschaftliche Entwicklung, Köln und Opladen 1957

Lücke, W.: Produktions- und Kostentheorie, Würzburg—Wien 1969

Lütge, F.: Ausgangstatsachen der Volkswirtschaftslehre, in: Hax, K., und Wessels, Th. (ed.), Handbuch der Wirtschaftswissenschaften, Bd. 2, Volkswirtschaft, 2., überarb. und erweiterte Aufl., Köln und Opladen 1966

Machlup, F.: Der Wettstreit zwischen Mikro- und Makrotheorien in der Nationalökonomie, Tübingen 1960

Mansfield, S.: The Speed of Response of Firms to New Techniques, in: Quarterly Journal of Economics, 1963

March, J. G., and H. A. *Simon*: Organizations, New York 1958

Marchal, A.: Die Theorien des wirtschaftlichen Fortschritts, in: Zeitschrift für Nationalökonomie, Bd. XV, 1956

Marx, K.: Das Kapital, Kritik der politischen Ökonomie, 3 Bde., Hamburg 1867—1894

Mayntz, R.: Soziologie der Organisation, Reinbek bei Hamburg 1963

McClelland, D.: The Achieving Society, Princeton 1961; deutsche Ausgabe: Die Leistungsgesellschaft, hrsg. von Wendt, J., und Fleischmann, G., Stuttgart—Berlin—Köln—Mainz 1966

Mead, J. E.: A Neo-Classical Theory of Economic Growth, London 1962

Meier, J.: Small business und Industrieforschung, in: Andrae, C. A., Seidenfus, H. St., Passern, W., Meier, J. (ed.), Der industrielle Mittelstand in der Wettbewerbsordnung, FIW-Schriftenreihe, Köln—Berlin—Bonn—München 1963

Mentrup, W.: Darstellung und Kritik der Maßstäbe für Betriebsgröße und Unternehmungswachstum, unveröff. Diplomarbeit, Köln 1967

Messner, J.: L'entrepreneur propriétaire, in: Bloch-Lainé, F., et Perroux, F. (ed.), L'entreprise et l'économie du XXe siècle, Paris 1966

Meyer, K.: Zur Theorie der wirtschaftlichen Integration, in: Kyklos, Vol. XIX, 1966

Mill, J. S.: Grundsätze der politischen Ökonomie; deutsche Ausgabe hrsg. von Gehrig, W., 2. Bd., Jena 1921

Moore, W. E.: The Social Frame-Work of Economic Development, in: Braibanti, R. and Spengler, J. (ed.), Tradition, Values and Socioeconomic Development, London 1961

Moravcik, I.: The Marxian Model of Growth and the "General Plan" of Sovjet Economic Development, in: Kyklos, Vol. XIV, 1961

Müller, H. J.: Produktionstheorie, in: Ehrlicher, W., Essenwein-Rothe, I., Jürgensen, H., Rose, K. (ed.), Kompendium der Volkswirtschaftslehre, Bd. 1, Göttingen 1967

Müller-Ohlsen, L.: Wirtschaftsplanung und Wirtschaftswachstum Frankreichs, Tübingen 1967

Myrdal, G.: Das politische Element in der nationalökonomischen Doktrinenbildung, Berlin 1932

Nelson, R.: Aggregative Production Functions and Economic Policy, in: Brown, M. (ed.), The Theory and Empirical Analysis of Production, New York and London 1967

Neumann, M.: Unternehmungsgewinn und wirtschaftliches Wachstum, Diss. Köln 1963

— Kapitalbildung, Wettbewerb und ökonomisches Wachstum, Berlin—Heidelberg—New York 1968

Niehans, J.: Strukturwandlungen als Wachstumsprobleme, in: Schriften des Vereins für Socialpolitik N. F., Bd. 30/I, Berlin 1964

Oelschläger, K., und K. *Tiepelmann*: Finanzierungsverhalten und Unternehmenswachstum, in: Blätter für Genossenschaftswesen, Nr. 19/20, 1969

Okun, B., und R. W. *Richardson*: Studies in Economic Development, New York—Chicago—San Francisco—Toronto—London 1964

Oppenländer, K.: Die moderne Wachstumstheorie, 2. Aufl., Berlin—München 1963

Ott, A. E.: Marx und die moderne Wachstumstheorie, in: Der Volkswirt, 21. Jg. Nr. 16 vom 21. April 1967

— Produktionsfunktion, technischer Fortschritt und Wirtschaftswachstum, in: König, H. (ed.), Wachstum und Entwicklung der Wirtschaft, Köln—Berlin 1968

Parsons, T.: Beiträge zur soziologischen Theorie, Neuwied 1964

— and N. J. *Smelser*: Economic and Society, London 1957

Passern, W.: Die industrielle Kleinunternehmung in der Wirtschaftspolitik der Bundesrepublik, in: Andrea, C. A., Seidenfus, H. St., Passern, W., Meier, I. (ed.), Der industrielle Mittelstand in der Wettbewerbsordnung, FIW-Schriftenreihe, Köln—Berlin—Bonn—München 1963

Pawlowsky, P.: Voraussetzungen industriellen Wachstums in der Bundesrepublik, in: Mitteilungen der List-Gesellschaft, Fasc. 6, Nr. 44

Peikert, H.: Frankreichs Wirtschaft heute, Struktur und Tendenzen, Wiesbaden 1961

Penrose, E. T.: The Theory of the Growth of the Firm, London New York—Oxford 1959

Pfanzagl, J.: Allgemeine Methodenlehre der Statistik, Bd. 2, Berlin 1966

Pfeiffer, W.: Überlegungen zu einer allgemeinen Theorie der technischen Entwicklung, in: Zeitschrift für Betriebswirtschaft, 37. Jg., 1967

Phillippi, G.: Produktivität und Produktion, in: Konjunkturpolitik, 10. Jg., 1964

Poletajew, J. A.: Kybernetik, Berlin 1962

Popper, K.: Logik der Forschung, 2. Aufl., Tübingen 1966

Popper, K. H.: Das Elend des Historismus, Tübingen 1965

Preiser, E.: Das Rationalprinzip in der Wirtschaft und in der Wirtschaftspolitik, in: Jahrbuch für Nationalökonomie und Statistik, Bd. 158, 1953

Raynal, A.-J,: L'Entreprise Familiale. Psychologie — Gestion — Fiscalité, Paris 1963

Redl, F.: Versuch einer ökonomischen Theorie des Kapitalkoeffizienten, in: Jahrbücher für Nationalökonomie und Statistik, Bd. 166, 1964

Redlich, F.: Der Unternehmer — Wirtschafts- und sozialgeschichtliche Studien, Göttingen 1964

Rémery, R.: The Use of Value Added as an Approach to Measurement of Global Productivity, in: Productivity Measurement Review, Nr. 16, Februar 1959

Reuss, E. G.: Produktivitätsanalyse, Basel—Tübingen 1960

Reuter, A. L.: Konzentration und Wirtschaftswachstum, Abhandlungen zur Mittelstandsforschung Nr. 29, Köln und Opladen 1967

Rexhausen, F.: Der Unternehmer und die volkswirtschaftliche Entwicklung, Berlin 1960

Riebel, P.: Umgestaltung des Produktionsbereiches in wachsenden Industrieunternehmungen, in: Zeitschrift für betriebswirtschaftliche Forschung, 16. Jg., 1964

RKW — Anleitungen für den Betriebsbegehungsdienst zur Wahrnehmung betrieblicher Schwerpunkte, Anleitung 1—4, Frankfurt 1965/66

Rose, K.: Der Erkenntniswert der Wachstumsmodelle, in: Jahrbücher für Nationalökonomie und Statistik, Bd. 168, Stuttgart 1956

— Artikel „Produktivität", in: Handwörterbuch der Sozialwissenschaften, Bd. 8, Stuttgart—Tübingen—Göttingen 1964

Rostow, W. W.: Stadien wirtschaftlichen Wachstums — eine Alternative zur marxistischen Entwicklungstheorie, Göttingen 1960

Rudolph, J.: Ein theoretisches Makromodell des Reproduktionsprozesses, in: Beirat für ökonomische Forschung der Deutschen Demokratischen Republik (ed.), Ökonomische Modelle, Berlin 1967

Rühli, E.: Grundzüge einer betriebswirtschaftlichen Entscheidungstheorie, in: Angehrn, O., und Künzi, P. (ed.), Beiträge zur Lehre von der Unternehmung, Festschrift für K. Käfer, Stuttgart 1968

Sachverständigenrat zur Begutachtung der gesamtwirtschaftlichen Entwicklung, Stabilisierung ohne Stagnation, Jahresgutachten 1965/66, Stuttgart und Mainz 1965

Sanwald, R., und I. Stohler: Wirtschaftliche Integration, 2., durchgesehene Aufl., Basel—Tübingen 1961

Sawyer, J. E.: The Entrepreneur and the Social Order in France and the United States, in: Men in Business—Studies in the History of Entrepreneurship, Cambridge 1951

Schäffer, K.-A.: Faktorenanalyse und ihre Anwendungsmöglichkeiten, in: Allgemeines Statistisches Archiv, Bd. 53, 1969

Schätzle, G.: Technischer Fortschritt und Produktionsfunktion, in: Moxter, A., Schneider, D., Wittmann, W. (ed.), Produktionstheorie und Produktionsplanung, Karl Hax zum 65. Geburtstag, Köln und Opladen 1966

Scherhorn, G.: Bedürfnis und Bedarf, Berlin 1959

— Methodologische Grundlagen der sozialökonomischen Verhaltensforschung, Köln und Opladen 1961

— Aufgaben der sozialökonomischen Verhaltensforschung, in: Wirtschaftstheorie als Verhaltenstheorie. Ein Symposion der Forschungsstelle für empirische Sozialökonomik, Berlin 1969

— Empirische Theorie der Nachfrage, unveröff. Habilitatiosschrift, Köln 1966

Scheuing, E.: Der Unternehmer als Entscheidungszentrum, in: Zeitschrift für Betriebswirtschaft, 37. Jg., 1967

Scheuplein, H.: Wirtschaftlichkeitsprinzip und soziale Konflikte, in: Zeitschrift für Betriebswirtschaft, 38. Jg., 1968

Schmölders, G.: Ökonomische Verhaltensforschung, in: ORDO — Jahrbuch, Bd. V, Düsseldorf und München 1953

— Ökonomische Verhaltensforschung, in: Arbeitsgemeinschaft für Forschung des Landes Nordrhein-Westfalen, Heft 71, Köln und Opladen 1957

Schmölders, G.: Das Problem der Koordinierung von Geld- und Finanzpolitik im Hinblick auf die Sicherung stetigen Wirtschaftswachstums, in: Finanz- und währungspolitische Bedingungen stetigen Wirtschaftswachstums, Schriften des Vereins für Socialpolitik N. F., Bd. 15, Berlin 1959

— Konjunkturen und Krisen, Hamburg 1962

— 10 Jahre sozialökonomische Verhaltensforschung in Köln, in: ORDO, Bd. 14, Düsseldorf und München 1963

— Der Beitrag der Verhaltensforschung zur Theorie der wirtschaftlichen Entwicklung, in: Kloten, N. et al. (ed.), Systeme und Methoden in den Wirtschafts- und Sozialwissenschaften, Erwin von Beckerath zum 75. Geburtstag, Tübingen 1964

— Finanzpolitik, 2. Aufl., Berlin—Heidelberg—New York 1965

— Volkswirtschaftslehre als Sozialwissenschaft, Krefeld 1965

— Psychologie des Geldes, Reinbek bei Hamburg 1966

— Vorlesung „Sozialökonomische Verhaltensforschung", SS 1968, 12. Stunde: Unternehmerverhalten I

— Der private Haushalt als Gegenstand der Verhaltensforschung, in: Schneider, E. (ed.), Die Finanzen des privaten Haushalts, Festschrift für Walter Kaminsky zum 70. Geburtstag, Frankfurt 1969

— Geleitwort zu: Wirtschaftstheorie als Verhaltenstheorie — ein Symposion der Forschungsstelle für empirische Sozialökonomik, Berlin 1969

Schmoller, G.: Grundriß der allgemeinen Volkswirtschaftslehre, 1. Teil, Leipzig 1923

Schneeweiß, H.: Das Aggregationsproblem, in: Statistische Hefte, 6. Jg., 1965

Schneider, E.: Einige Bemerkungen zur Theorie des wirtschaftlichen Wachstums, in: Money, Growth and Methodology, Festschrift für Johan Åkerman, Lund 1961

— Artikel „Produktionstheorie", in: Handwörterbuch der Sozialwissenschaften, Bd. 8, Stuttgart—Tübingen—Göttingen 1964

— Einführung in die Wirtschaftstheorie, Teil I, 10., revidierte Aufl., Tübingen 1963

— Einführung in die Wirtschaftstheorie, Teil III, 8., verbesserte Aufl., Tübingen 1964

— Das Spiel mit den Wachstumsraten, in: Frankfurter Allgemeine Zeitung vom 14. 3. 1967

— Der gegenwärtige Stand der Theorie der Beschäftigung, in: Weber, W. (ed.), Konjunktur und Beschäftigungstheorie, Köln—Berlin 1967

— Ein halbes Jahrhundert Wirtschaftswissenschaften, in: Frankfurter Allgemeine Zeitung vom 25. 1. 1969

Schnettner, A.: Der Betriebsvergleich, 3. Aufl., Stuttgart 1961

Scholl, F.: Die Einbeziehung von Lehrgängen in ökonomische Modelle, Diss. Köln 1968

Schöpf, A.: Othmar Spann und die Schule von Cambridge, in: Zeitschrift für Ganzheitsforschung, Heft 1, 1966

— Das Prognosenproblem in der Nationalökonomie, Berlin 1966

Schreiterer, G.: Ungenutzte Chancen des Klein- und Mittelbetriebes, in: Auch der Kleinbetrieb hat Zukunft, Schriftenreihe der Stiftung „Im Gruene", Bd. 25, Düsseldorf—Wien 1962

— Wachstum im Einzelhandel, Düsseldorf 1963

Schumann, I.: Ein dynamischer Ansatz zur reinen Theorie des internationalen Handels: Effizientes Wachstum offener Wirtschaften, in: Zeitschrift für die gesamte Staatswissenschaft, Bd. 121 (1968)

Schumpeter, J.: Kapitalismus, Sozialismus und Demokratie, deutsche Ausgabe, 2. Aufl., München 1950

— Theorie der wirtschaftlichen Entwicklung — eine Untersuchung über Unternehmergewinn, Kapital, Kredit, Zins und den Konjunkturzyklus, 5. Aufl., Berlin 1952

Schwarz, H.: Optimale Investitionsentscheidungen, München 1967

Scitowsky, T., Economic Theory and Western European Integration, London 1958

Seashore, St. E., and D. G. *Bowers*: Changing the Structure of Functioning of an Organization, Ann Arbor, Mich. 1964

Sell, J.: Hier werden Kosten gesenkt, in: Planen und Beraten, Heft 5, 1966

Servan-Schreiber, J. J.: Le defi américain, Paris 1967

Seyffert, R.: Handbuch des Einzelhandels, Stuttgart 1932

— Wirtschaftslehre des Handels, Köln und Opladen 1961

Sieber, E. H.: Führungsprobleme mittlerer Betriebe, in: Linhardt, H. (ed.), Betriebsgrößen und Unternehmenskonzentration, Nürnberger Abhandlungen zu den Wirtschafts- und Sozialwissenschaften, Heft 10, Berlin 1959

Siebert, G.: Wachstumsorientierte Wirtschaftspolitik, in: Offene Welt, Nr. 93, Oktober 1966

Simon, H. A.: Administrative Behaviour, 2. Aufl., New York 1959

Simpfendörfer, J. M.: Methoden der Personal- und Ausbildungspolitik, in: Deutsches Institut für Betriebswirtschaft (ed.), Führungskräfte heute und morgen, Düsseldorf—Wien 1966

Singer, K.: Zur Wirtschaftspolitik und Theorie der englischen Klassiker, in: Montaner, A. (ed.), Geschichte der Volkswirtschaftslehre, Köln—Berlin 1967

Solow, R. M.: A Contribution to the Theory of Economic Growth, in: Quarterly Journal of Economics, Bd. 70, 1956

Sonquist, J. A., and J. N. Morgan: The Detection of Interaction Effects, Ann Arbor, Mich. 1964

Stavenhagen, G.: Geschichte der Wirtschaftstheorie, 2. Aufl., Göttingen 1957

Stöwe, H.: Ökonometrie und makroökonomische Theorie, Stuttgart 1959

Strümpel, B.: Steuersystem und wirtschaftliche Entwicklung — Funktion und Technik der Personalbesteuerung im sozioökonomischen Wandel, Berlin 1968

— Konsumentenverhalten und wirtschaftliche Entwicklung. in: Wirtschaftstheorie als Verhaltenstheorie — ein Symposion der Forschungsstelle für empirische Sozialökonomik, Berlin 1969

Stützel, W.: Kein Schema für die heutige Wirtschaftspolitik, in: Frankfurter Allgemeine Zeitung vom 14. 1. 1967

Syndicat Général des Fondeurs de France (ed.), La Faiblesse de la Productivité Française vue par les Américains, Paris 1950

Theil, H.: Linear Aggregation of Economic Relation, Amsterdam 1954

Timm, H.: Staat, Wachstum und Preisniveau, in: König, H. (ed.), Wachstum und Entwicklung der Wirtschaft, Köln—Berlin 1967

Tinbergen, J.: Zur Theorie der langfristigen Wirtschaftsentwicklung, in: Weltwirtschaftliches Archiv, Bd. 55, Jena 1942

— Einführung in die Ökonometrie, Wien—Stuttgart 1952

— International Economic Integration, Amsterdam—Brüssel 1954

Tuchtfeld, E.: Engpässe und Überkapazitäten als Probleme der Strukturpolitik, in: Ohm, H. (ed.), Methoden und Probleme der Wirtschaftspolitik, Gedächtnisschrift für H.-J. Seraphim, Berlin 1964

Verdoorn, P. J., Complementary and Long-Range Projections, in: Econometrica 24 (1956)

Vogt, W.: Theorie des Wirtschaftswachstums, Berlin und Frankfurt 1961

— Wirtschaftswachstum und Strukturwandlungen, Kiel 1964

Weber, H.: Zur Theorie des Wachstums der industriellen Unternehmung, in: Betriebswirtschaftliche Forschung und Praxis, 20. Jg., 1968

Weber, K.: Die Aussagefähigkeit empirischer Kostenfunktionen in betriebswirtschaftlicher Sicht, in: Zeitschrift für Betriebswirtschaft, 1967, 1. Ergänzungsheft

Weber, M.: Die protestantische Ethik und der Geist des Kapitalismus, in: Gesammelte Aufsätze zur Religionssoziologie, Tübingen 1928

— Die „Objektivität" sozialwissenschaftlicher und sozialpolitischer Erkenntnis, in: Gesammelte Aufsätze zur Wissenschaftslehre, 2. Aufl., Tübingen 1951

v. Weizsäcker, C. Chr.: Zur ökonomischen Theorie des technischen Fortschritts, Göttingen 1966

— Möglichkeiten methodischer Neuansätze in der Wachtumstheorie, in: Hoffmann, W. G. (ed.), Beiträge zur Wachstumstheorie, Tübingen 1969

Werner, J.: Das Verhältnis von Theorie und Geschichte bei J. A. Schumpeter, in: Montaner, A. (ed.), Geschichte der Volkswirtschaftslehre, Berlin 1967

Wessels, Th.: Einführung in die Volkswirtschaftslehre, in: Hax, K. und Th. Wessels, Handbuch der Wirtschaftswissenschaften, Bd. 2, Volkswirtschaft, 2., überarb. und erweiterte Aufl., Köln und Opladen 1966

Wittmann, W.: Produktionstheorie, Berlin—Heidelberg—New York 1968

— Die Staatsausgaben in der makroökonomischen Produktionsfunktion, in: Kyklos, Vol. XXII, 1969

Wöhe, G.: Einführung in die Allgemeine Betriebswirtschaftslehre, 9. Aufl., Frankfurt 1967

Wölker, H.: Die Bedeutung der empirischen Verhaltensforschung für die ökonomische Theorie, Geisenheim 1961

Woll, A.: Wachstum als Ziel der Wirtschaftspolitik, Tübingen 1968

Wunderlich, E.: Frankreich, Stuttgart 1930

Zeitel, G.: Der Einfluß veränderter Vorleistungen in einzelnen Unternehmensbereichen auf Produktivität, Wirtschaftlichkeit und Preise, in: Schilcher, R. (ed.), Wirtschaftswachstum, Berlin 1964

Zelditch, M.: A Basic Course in Sociological Statistics, New York—Chicago—San Francisco—Toronto—London 1966

Zimmermann, G.: Sozialer Wandel und ökonomische Entwicklung, Stuttgart 1969

O. V., Frankreich — verbrannte Erde, in: Der Spiegel, 33. Jg., Nr. 19 vom 5. Mai 1969

Kolibri 360 GmbH
Ferdinand-Jühlke-Straße 7
99095 Erfurt, Deutschland
produktsicherheit@kolibri360.de

Druck:
CPI Druckdienstleistungen GmbH
im Auftrag der
Kolibri 360 GmbH
Ferdinand-Jühlke-Str. 7
99095 Erfurt